5개년
기출문제
한국사

신념을 가지고 도전하는 사람은 반드시 그 꿈을 이룰 수 있습니다.
처음에 품은 신념과 열정이 취업 성공의 그 날까지 빛바래지 않도록
서원각이 수험생 여러분을 응원합니다.

Preface

시험의 성패를 결정하는 데 있어 가장 중요한 요소 중 하나는 충분한 학습이라고 할 수 있다. 하지만 무작정 많은 양을 학습하는 것은 바람직하지 않다. 시험에 출제되는 모든 과목이 그렇듯, 전통적으로 중요하게 여겨지는 이론이나 내용들이 존재한다. 그리고 이러한 이론이나 내용들은 회를 걸쳐 반복적으로 시험에 출제되는 경향이 나타날 수밖에 없다. 따라서 모든 시험에 앞서 필수적으로 짚고 넘어가야 하는 것이 기출문제에 대한 파악이다.

한국사는 최근으로 올수록 주어진 사료를 바탕으로 역사적 사실을 유추해 내는 수능형 문제의 비중이 높아지고 있으며, 지엽적인 내용을 묻는 등 난도가 높아지고 있다. 따라서 한국사는 각 시행처별 기출문제를 통해 문제풀이에 대한 응용력을 길러야 하며, 고려와 조선의 정치·경제·사회사와 문화사 등은 출제 빈도가 높은 편으로 각별한 대비가 필요하다. 또한 최근 화제가 되고 있는 사회적 이슈와 결부 지을 수 있는 역사적 사실에 대한 꾸준한 관심도 필요하다. 보다 넓은 안목으로 한국사 학습에 임해야 할 것이다.

9급 공무원 최근 5개년 기출문제 시리즈는 기출문제 완벽분석을 책임진다. 그동안 시행된 국가직·지방직 및 서울시 기출문제를 연도별로 수록하여 매년 빠지지 않고 출제되는 내용을 파악하고, 다양하게 변화하는 출제경향에 적응하여 단기간에 최대의 학습효과를 거둘 수 있도록 하였다. 또한 상세하고 꼼꼼한 해설로 기본서 없이도 효율적인 학습이 가능하도록 하였다.

9급 공무원 시험의 경쟁률이 해마다 점점 더 치열해지고 있다. 이럴 때일수록 기본적인 내용에 대한 탄탄한 학습이 빛을 발한다. 수험생 모두가 자신을 믿고 본서와 함께 끝까지 노력하여 합격의 결실을 맺기를 희망한다.

S tructure

● 기출문제 학습비법

9급 한국사 출제경향

한국사는 최근 들어 사료 및 자료를 제시하고 이를 바탕으로 역사적 사실을 유추하도록 하는 수능형 문제가 꾸준히 높은 비중으로 출제되고 있다. 빈출되는 자료 중심으로 해석 능력 및 응용 능력을 기르는 것이 필요하다. 또한 지엽적인 문제도 출제되기 때문에 세세한 부분에 대한 암기도 놓치지 말아야 한다. 이는 한국사의 전체 흐름을 알고 있을 때 더욱 수월할 수 있다. 최근 화제가 되고 있는 사회적 이슈가 있다면 눈여겨보는 것도 좋을 것이다.

● 본서 특징 및 구성

최근 5개년 기출문제 수록

최신 기출문제를 비롯하여 그동안 시행되어 온 9급 공무원 국가직·지방직 및 서울시 등의 기출문제를 최다 수록하였다. 매년 시험마다 반복적으로 출제되는 핵심내용을 확인하고, 변화하는 출제경향을 파악하여 실제 시험에 대한 완벽대비를 할 수 있도록 구성하였다.

꼼꼼하고 자세한 해설

정답에 대한 상세한 해설을 통해 한 문제 한 문제에 대한 완전 학습을 꾀하였다. 더하여 정답에 대한 설명뿐만 아니라 오답에 대한 보충 설명도 첨부하여 따로 이론서를 찾아볼 필요 없이 효율적인 학습이 될 수 있도록 구성하였다.

C ontents

5개년 기출문제 한국사

2016 ~ 2020 기출문제

2016. 3. 19.	사회복지직 시행	8
2016. 4. 9.	인사혁신처 시행	16
2016. 6. 18.	제1회 지방직 시행	25
2016. 6. 25.	서울특별시 시행	34
2017. 3. 18.	제1회 서울특별시 시행	41
2017. 4. 8.	인사혁신처 시행	49
2017. 6. 17.	제1회 지방직 시행	58
2017. 6. 24.	제2회 서울특별시 시행	66
2017. 12. 16.	지방직 추가선발 시행	73
2018. 3. 24.	제1회 서울특별시 시행	80
2018. 4. 7.	인사혁신처 시행	90
2018. 5. 19.	제1회 지방직 시행	98
2018. 6. 23.	제2회 서울특별시 시행	106
2019. 4. 6.	인사혁신처 시행	114
2019. 6. 15.	제1회 지방직 시행	123
2019. 6. 15.	제2회 서울특별시 시행	132
2020. 5. 30.	제1차 경찰공무원(순경) 시행	140
2020. 6. 13.	제1회 지방직 / 제2회 서울특별시 시행	149
2020. 6. 13.	제2회 서울특별시 시행	157
2020. 6. 20.	소방공무원 시행	166
2020. 7. 11.	인사혁신처 시행	176

정답 및 해설

2016~2020 정답 및 해설

기출지문 O/X

하루 10분! key word로 보는 기출지문 O/X

5개년

기출문제

1 조선 후기 실학자 박제가에 대한 설명으로 옳은 것은?

① 조선에서 처음으로 지전설을 주장하였다.
② 제2차 예송에서 기년설을 주장하였다.
③ 토지 개혁을 위해 여전제 실시를 제안하였다.
④ 서얼 출신으로 규장각 검서관에 등용되었다.

2 다음 사실들을 시기 순으로 바르게 나열한 것은?

> ㉠ 서울 올림픽 개최
> ㉢ 금융실명제 개시(開始)
>
> ㉡ 한·일 월드컵대회 개최
> ㉣ 제3차 경제개발 5개년 계획 실시

① ㉠→㉣→㉡→㉢
② ㉡→㉢→㉣→㉠
③ ㉢→㉡→㉣→㉠
④ ㉣→㉠→㉢→㉡

3 밑줄 친 '그'가 활동한 시기의 상황에 대한 설명으로 옳은 것은?

> 그가 돌아와 흥덕왕을 찾아보고 말하기를 "중국에서는 널리 우리나라 사람을 노비로 삼으니, 청해진을 만들어 적으로 하여금 사람들을 약탈하지 못하도록 하기를 원하나이다."라고 하였다. … (중략) … 대왕은 그에게 군사 만 명을 거느리고 해상을 방비하게 하니, 그 후로는 해상으로 나간 사람들이 잡혀가는 일이 없었다.
>
> ─「삼국사기」─

① 산둥 반도와 양쯔 강 하류에 신라방과 신라소가 있었다.
② 삼한통보, 해동통보, 해동중보 등의 화폐가 주조되었다.
③ 시전을 설치하고, 개경·서경 등 대도시에 주점, 다점 등 관영 상점을 두었다.
④ 「농상집요」를 통해 이앙법이 남부지방에 보급될 정도로 논농사가 발전하였다.

4 다음은 광복 이후 발표된 글이다. 밑줄 친 '7원칙'의 내용으로 옳은 것은?

> 조선의 좌우 합작은 민주 독립의 단계요, 남북통일의 관건인 점에서 3천만 민족의 지상 명령이며, 국제 민주화의 필연적 요청이었음에도 불구하고 저간의 복잡다단한 내외 정세로 오랫동안 파란곡절을 거듭해 오던 바, 10월 4일 좌우 대표가 회담한 결과 좌측의 5원칙과 우측의 8원칙을 절충하여 <u>7원칙</u>을 결정하였다.

① 미·소 공동위원회의 속개를 요청하는 공동 성명 발표
② 신탁통치 반대와 남북한에서 외국 군대의 철수
③ 토지의 유상 분배 및 중요 산업 사유화
④ 유엔 감시 하의 남북한 총선거 실시

5 다음은 고려시대 토지제도에 대한 설명이다. ㉠, ㉡에 들어갈 말을 바르게 나열한 것은?

> 태조 23년에 처음으로 [㉠] 제도를 설정하였는데, 삼한을 통합할 때 조정의 관료들과 군사들에게 그 관계(官階)가 높고 낮은 지를 논하지 않고 그 사람의 성품과 행동이 착하고 악한 지, 공로가 크고 작은 지를 참작하여 [㉠]을 차등 있게 주었다. 경종 원년 11월에 비로소 직관(職官), 산관(散官) 각 품의 [㉡]을(를) 제정하였는데, 관품의 높고 낮은 것은 논하지 않고 다만 인품만 가지고 [㉡]의 등급을 결정하였다.
>
> — 「고려사」 —

	㉠	㉡
①	훈전	공음전
②	역분전	전시과
③	군인전	외역전
④	내장전	둔전

6 다음 글을 게재한 신문에 대한 설명으로 옳은 것은?

> 천하의 일이 측량하기 어렵도다. 천만 뜻밖에도 5조약을 어떤 이유로 제출하였는고. 이 조약은 비단 우리나라만 아니라 동양 3국이 분열하는 조짐을 나타내는 것인즉 이토 히로부미의 본래 뜻이 어디에 있느냐? …(중략)… 오호라 찢어질 듯한 마음이여! 우리 2,000만 동포들이여! 살았느냐? 죽었느냐? 단군 기자이래 4,000년 국민정신이 하룻밤 사이에 졸연히 망하고 멈추지 않았는가? 아프고 아프도다. 동포여 동포여!

① 오세창 등 천도교 측에서 발행하여 일진회 등의 매국행위를 비판하였다.
② 언론 검열을 피하기 위해 영국인 베델을 발행인으로 초빙하였다.
③ 남궁억이 창간한 국한문혼용체의 신문으로 민족의식을 고취하였다.
④ 윤치호가 주필이 된 후 관민공동회를 주도하는 역할을 수행하였다.

7 다음 자료와 관련 있는 국가에 대한 설명으로 옳은 것은?

> 지형이 동북은 좁고 서남은 길어서 1,000리 정도나 된다. 북쪽은 읍루·부여, 남쪽은 예맥과 맞닿아 있다. … (중략) … 나라가 작아서 큰 나라 틈바구니에서 핍박받다가 결국 고구려에 복속되었다. … (중략) … 땅은 기름지며 산을 등지고 바다를 향해 있어 오곡이 잘 자라며, 농사짓기에 적합하다.
>
> － 「삼국지」 －

① 형사취수혼과 서옥제가 행해졌다.
② 해산물이 풍부하였으며, 민며느리제가 있었다.
③ 철이 많이 생산되어 낙랑, 왜 등에 수출하였다.
④ 12월에 제천행사가 열렸으며, 1세기 초에 왕호를 사용하였다.

8 다음 사건들이 일어난 시기를 〈보기〉에서 고르면?

> 대한민국 임시정부의 노선과 활동을 재평가하고 분열된 독립운동 전선을 통일하기 위해 상하이에서 국민대표회의가 소집되었다. 그러나 이 모임에서 임시 정부의 조직만 개조하자는 개조파와 완전히 해체한 후 새 정부를 구성하자는 창조파 등이 팽팽하게 맞섰다. 그 후 헌법을 개정하여 국무령 중심의 의원내각제로 바꾸고, 박은식을 제2대 대통령으로, 이상룡을 국무령으로 추대하였다.

〈보기〉

1910년	(가)	1919년	(나)	1931년	(다)	1937년	(라)	1945년
한일 강제병합		3·1 운동		만주 사변		중·일 전쟁		광복

① (가) ② (나)

③ (다) ④ (라)

9 다음 자료의 ㉠에 해당하는 것은?

> 호조에서 아뢰기를, ㉠ 은(는) 진제(賑濟)와 환상(還上)을 위해 설치한 것이고, 국고(國庫)는 군국(軍國)의 수요에 대비한 것입니다. 최근 몇 년 사이에 여러 번 흉년이 들어, 백성의 생활이 오로지 진제와 환상만 바라고 있으니, 이 때문에 ㉠ 이(가) 넉넉하지 못하므로 부득이 국고로 지급하여 구휼하게 되어 군수(軍需)가 점차로 거의 없어지게 되니 진실로 염려할 만한 일입니다.
>
> ─「세종실록」─

① 흑창 ② 의창

③ 광학보 ④ 제위보

10 삼국 통일 과정의 역사적 사실들을 일어난 순서대로 바르게 나열한 것은?

> ㉠ 나·당 연합군의 공격으로 사비성이 함락되자 웅진에 있던 의자왕이 항복하였다.
> ㉡ 나·당 연합군의 공격으로 평양성을 지키던 연개소문의 아들인 남산이 항복하였다.
> ㉢ 신라는 사비성을 탈환하고 웅진도독부를 대신하여 소부리주를 설치하였다.
> ㉣ 신라군이 당나라 군대 20만 명을 매소성에서 크게 물리쳤다.

① ㉠→㉡→㉢→㉣
② ㉠→㉢→㉡→㉣
③ ㉡→㉠→㉣→㉢
④ ㉡→㉣→㉠→㉢

11 밑줄 친 '국왕'에 대한 설명으로 옳은 것은?

> 국왕은 병부를 설치하여 직접 병권을 장악하였고, 건원이라는 독자적인 연호를 사용하였다. 또한 영토 확장에 힘을 기울여 금관가야를 정복하였다.

① 자장의 권유로 황룡사 9층탑을 건립하였다.
② 율령을 공포하고, 백관의 공복을 제정하였다.
③ 청소년 조직인 화랑도를 국가적인 조직으로 개편하였다.
④ 원광에게 수나라에 군사를 청하는 걸사표를 짓게 하였다.

12 조선시대 북방 정책과 관련된 인물에 대한 설명으로 옳은 것은?

① 최명길 – 청나라의 군신관계 요구에 대해 무력항쟁을 주장하였다.
② 남이 – 기병을 주축으로 하는 별무반을 조직하여 여진과의 싸움에 대비하였다.
③ 김종서 – 세종의 명으로 두만강 유역의 여진족을 몰아내고 6진을 개척하였다.
④ 임경업 – 효종을 도와 북벌을 계획하고 국방력 강화에 주력하였다.

13 조선 후기의 문화에 대한 설명으로 옳지 않은 것은?

① 주자학에 대한 비판이 높아짐에 따라 역사서술에서 강목체는 사라졌다.

② '진경산수'가 유행하여 우리 산천에 대한 사실적인 묘사가 많아졌다.

③ 서양인이 제작한 세계지도의 전래로 조선인들의 세계관이 확대되었다.

④ 판소리나 탈춤이 유행하여 서민들의 문화생활을 풍요롭게 하였다.

14 삼국시대 금속 제작기술에 대한 설명으로 옳지 않은 것은?

① 철광석 생산이 풍부하고 제작기술이 발달한 가야에서는 철로 만든 불상이 유행하였다.

② 백제에서 제작해 왜에 보낸 칠지도는 강철로 만들고 금으로 글씨를 상감해 새겨 넣었다.

③ 고구려 고분 벽화에는 철을 단련하고 수레바퀴를 제작하는 인물의 모습이 그려져 있다.

④ 신라 고분에서 출토된 금관은 뛰어난 제작기법과 형태를 보여주고 있다.

15 밑줄 친 '왕의 업적으로 옳은 것은?

> 경연에서 신하들이 "붕당(朋黨)이 나누어지는 것은 전랑(銓郎)으로부터 비롯되었으므로 그 권한을 없애야 합니다."라고 하였다. 왕도 역시 이를 인정하여 이조 낭관(郎官)과 한림(翰林)들이 자신의 후임을 자천(自薦)하는 제도를 폐지하도록 명하였다. 그 결과 이조 전랑의 인사 권한이 축소되었다.

① 「속대전」, 「속오례의」 등을 편찬하였다.

② 주자소를 설치하고 계미자를 주조하였다.

③ 초계문신제를 시행하여 관리들을 재교육하였다.

④ 호포제를 실시하여 양반들에게도 군포를 징수하였다.

16 밑줄 친 ㉠, ㉡과 관련된 설명으로 옳은 것은?

> • 일제는 한민족을 일본인으로 동화시켜 '충성스럽고 선량한 황국신민'으로 만들기 위하여 ㉠황
> 국 신민화 정책을 본격적으로 추진하였다.
> • 일제는 한국의 엄청난 자원을 약탈하고, ㉡한국인을 침략 전쟁에 동원하기 위해 끌고가 강제
> 수용하고 노예처럼 혹사시켰다.

① ㉠ – '황국신민서사'를 아동은 물론 성인에게도 암송하도록 강요하였다.
② ㉠ – '궁성요배'라 하여 서울의 남산을 비롯하여 전국 각지의 중요한 장소에 신사를 세우고
　　 예배하도록 하였다.
③ ㉡ – 군 인력 보충을 위해 처음에 '징병 제도'를 실시했으나 이후에는 '지원병 제도'로 바꾸었다.
④ ㉡ – '만보산 사건'을 일으키기 직전에 국가총동원법을 제정·공포하였다.

17 밑줄 친 ㉠, ㉡에 해당하는 석탑을 바르게 나열한 것은?

> 　우리나라 탑의 양식은 목탑 양식에서 석탑 양식으로 이행되었다. 우리의 산천에는 화강암이
> 널려 있어 석재를 구하기가 쉬웠기 때문이었다. 반면 중국에서는 황토가 많아 전탑이 유행하였
> 는데, ㉠신라에서 이를 본떠 석재를 벽돌 모양으로 잘라서 만든 탑을 만들기도 하였다. 통일
> 이후 신라는 백제의 석탑 양식을 받아들여 비례와 균형을 갖춘 새로운 석탑 양식을 만들어 내
> 었다. 불교가 더욱 대중화되고 토착화되던 고려시대에는 안정감은 부족하나 층수가 높아지고
> 다양한 형태의 석탑이 건립되었다. ㉡고려 후기에는 원나라의 영향을 받은 석탑도 만들어졌다.

	㉠	㉡
①	불국사 3층 석탑	진전사지 3층 석탑
②	불국사 3층 석탑	감은사지 3층 석탑
③	분황사탑	경천사 10층 석탑
④	분황사탑	원각사지 10층 석탑

18 (가)와 (나) 시기 사이에 있었던 역사적 사건으로 옳은 것은?

> (가) 병인년에 프랑스인이 강화도를 점령하자 양헌수가 정족산성에 들어가 그들과 맞서 싸웠다.
>
> (나) 신미년에 미국인이 강화도를 침범하자 어재연이 광성보에서 그들과 맞서 싸웠다.

① 운요호가 강화도 초지진을 공격하였다.

② 영남지역의 유생들이 만인소를 올렸다.

③ 미국과 '조·미수호통상조약'이 체결되었다.

④ 오페르트가 남연군의 무덤을 도굴하려 하였다.

19 다음의 경제적 구국운동에 대한 설명으로 옳은 것은?

> 남자는 담배를 끊고 부녀자들은 비녀·가락지 등을 팔아서 민족 언론 기관에 다양한 액수의 돈을 보내며 호응했다. 이는 정부가 일본으로부터 빌린 차관 1,300만 원이라는 액수를 상환하여 경제적 독립을 이룩하기 위한 것이었다.

① 보안회가 주도하였다.

② 총독부의 탄압과 방해로 실패하였다.

③ 대구에서 시작되어 전국적으로 확대되었다.

④ '내 살림 내 것으로', '조선 사람 조선 것' 등의 표어를 내걸었다.

20 다음 연표에서 (가)~(라) 시기의 정치적 상황으로 옳은 것은?

1776		1800		1834		1849		1863
	(가)		(나)		(다)		(라)	
정조 즉위		순조 즉위		헌종 즉위		철종 즉위		고종 즉위

① (가) - 홍경래의 난이 일어나 평안도 청천강 이북 지역을 장악하였다.

② (나) - 이인좌는 소론·남인 세력을 규합하여 난을 일으켰다.

③ (다) - 천주교 신자를 박해하는 과정에서 '황사영 백서사건'이 일어났다.

④ (라) - 농민들의 불만을 무마하기 위해 삼정이정청을 설치하였다.

☞ 정답 및 해설 P.4

1 (개와 (내)에 들어길 역사서에 대한 설명으로 옳은 것은?

- [(개)]은(는) 현존하는 우리나라의 가장 오래된 역사서로 고려 인종 때 편찬되었다. 본기 28권, 연표 3권, 지 9권, 열전 10권 등 총 50권으로 구성되어 있다.
- [(내)]은(는) 충렬왕 때 한 승려가 일정한 역사 서술 체계에 구애받지 않고 자유로운 형식으로 저술한 역사서이다. 총 5권으로 구성되었으며, 민간 설화와 불교에 관한 내용들이 많이 수록되어 있다.

① (개) — 고조선의 역사를 중시하였다.
② (개) — 고구려 계승의식을 강조하였다.
③ (내) — 민족적 자주의식을 고양하였다.
④ (내) — 도덕적 합리주의를 표방하였다.

2 밑줄 친 '그'에 대한 설명으로 옳은 것은?

그는 즉위하여 정방을 폐지하고 사림원을 설치하는 등의 관제 개혁을 추진하는 한편, 권세가들의 농장을 견제하고 소금 전매제를 실시하여 국가 재정을 확충하고자 하였다.

① 만권당을 통해 고려와 원나라 학자들의 문화 교류에 힘썼다.
② 도병마사를 도평의사사로 개편하여 국정을 총괄하게 하였다.
③ 철령 이북의 영토 귀속 문제를 계기로 요동 정벌을 단행하였다.
④ 기철을 비롯한 부원 세력을 숙청하고 자주적 반원 개혁을 추진하였다.

3 다음 글을 근거로 할 때, 사료를 탐구하는 자세로 옳지 않은 것은?

> 역사라는 말은 사람에 따라 다양한 뜻으로 사용되고 있지만, 일반적으로 '과거에 있었던 사실'과 '조사되어 기록된 과거'라는 두 가지 뜻을 지니고 있다. 즉, 역사는 '사실로서의 역사'와 '기록으로서의 역사'라는 두 측면이 있다. 전자가 객관적 의미의 역사라면, 후자는 주관적 의미의 역사라 할 수 있다. 우리가 역사를 배운다고 할 때, 이것은 역사가들이 선정하여 연구한 '기록으로서의 역사'를 배우는 것이다.

① 사료는 '과거에 있었던 사실'이므로 그대로 '사실로서의 역사'라고 판단한다.
② 사료를 이해하기 위해 그 사료가 기록된 당시의 전반적인 시대 상황을 살펴본다.
③ 사료 또한 사람에 의해 '기록된 과거'이므로, 기록한 역사가의 가치관을 분석한다.
④ 동일한 사건 또는 같은 시대를 다루고 있는 여러 다른 사료와 비교·검토해 본다.

4 다음 결정문에 근거하여 실행된 사실로 옳은 것은?

> 조선을 독립시키고 민주국가로 발전시키는 동시에, 가혹한 일본의 조선 통치 잔재를 빨리 청산하기 위해 조선에 임시 민주주의 정부를 수립한다.

① 미·소 공동위원회가 개최되었다.
② 서울에서 건국준비위원회가 조직되었다.
③ 유엔 감시 하에 남한에서 총선거가 실시되었다.
④ 한반도에서 미군과 소련군의 군정이 시작되었다.

5 밑줄 친 '사건'에 대한 설명으로 옳은 것은?

> 4~5명의 개화당이 <u>사건</u>을 일으켜서 나라를 위태롭게 한 다음 청나라 사람의 억압과 능멸이 대단하였다. …(중략)… 종전에는 개화가 이롭다고 말하면 그다지 싫어하지 않았으나 이 <u>사건</u> 이후 조야(朝野) 모두 '개화당은 충의를 모르고 외인과 연결하여 매국배종(賣國背宗)하였다'고 하였다.
>
> — 「윤치호일기」 —

① 정동구락부 세력이 주도하였다.
② 일본군과 함께 경복궁을 침범하였다.
③ 차관 도입을 위한 수신사 파견의 계기가 되었다.
④ 일본 공사관이 불타고 일본군이 청군에 패퇴하였다.

6 개항기 체결된 통상 협약에 대한 설명으로 옳지 않은 것은?

① 조·일 통상장정(1876) – 곡물 유출을 막는 방곡령 규정이 합의되었다.
② 조·청 수륙무역장정(1882) – 서울에서 청국 상인의 개점이 허용되었다.
③ 개정 조·일 통상장정(1883) – 일본과 수출입하는 물품에 일정 세율이 부과되었다.
④ 한·청 통상조약(1899) – 대한제국 황제와 청 황제가 대등한 위치에서 조약을 체결하였다.

7 (가) ~ (라)의 시기에 해당하는 백제 역사에 대한 설명으로 옳지 않은 것은?

① (가) – 관등제를 정비하고 공복제를 도입하는 등 국가 통치 체제의 근간을 마련하였다.
② (나) – 남쪽의 마한 잔여 세력을 정복하고, 수군을 정비하여 요서 지방까지 진출하였다.
③ (다) – 신라와 연합하여 한강 유역 일부 지역을 수복했으나 얼마 후 신라에게 빼앗겼다.
④ (라) – 복신과 도침 등이 주류성에서 군사를 일으켜 사비성의 당나라 군대를 공격하였다.

8 다음 자료에 나타난 통일신라시대의 신분층과 연관된 설명으로 옳은 것은?

> (그들의) 집에는 녹(祿)이 끊이지 않았다. 노동(奴僮)이 3천 명이며, 비슷한 수의 갑병(甲兵)이 있다. 소, 말, 돼지는 바다 가운데 섬에서 기르다가 필요할 때 활로 쏘아 잡아먹는다. 곡식을 남에게 빌려 주어 늘리는데, 기간 안에 갚지 못하면 노비로 삼아 부린다.
>
> — 「신당서」 —

① 관등 승진의 상한은 아찬까지였다.　② 도당 유학생의 대부분을 차지하였다.

③ 돌무지덧널무덤을 묘제로 사용하였다.　④ 식읍·전장 등을 경제적 기반으로 하였다.

9 임진왜란 때의 주요 전투를 벌어진 순서대로 바르게 나열한 것은?

> ㉠ 권율 장군이 행주산성에서 왜군을 크게 무찔렀다.
> ㉡ 조선과 명나라 군대가 합세하여 평양성을 탈환하였다.
> ㉢ 진주목사 김시민이 왜의 대군을 맞아 격전 끝에 진주성을 지켜냈다.
> ㉣ 이순신 장군이 한산도 앞바다에서 왜의 수군을 격퇴하고 제해권을 장악하였다.

① ㉠→㉡→㉢→㉣　　② ㉠→㉢→㉡→㉣

③ ㉣→㉡→㉢→㉠　　④ ㉣→㉢→㉡→㉠

10 밑줄 친 '이 법'에 대한 설명으로 옳지 않은 것은?

> 현물로 바칠 벌꿀 한 말의 값은 본래 목면 3필이지만, 모리배들은 이를 먼저 대납하고 4필 이상을 거두어 갑니다. 이런 폐단을 없애기 위해 이 법을 시행하면 부유한 양반 지주가 원망하고 시행하지 않으면 가난한 농민이 원망한다는데, 농민의 원망이 훨씬 더 큽니다. 경기와 강원에서 이미 시행하고 있으니 충청과 호남 지역에도 하루빨리 시행해야 합니다.

① 토지 결수를 과세 기준으로 삼았다.

② 인조 때 처음으로 경기도에서 시행하였다.

③ 이 법이 시행된 후에도 왕실에 대한 진상은 계속되었다.

④ 이 법을 시행하면서 관할 관청으로 선혜청을 설치하였다.

11 밑줄 친 '왕' 때의 사실로 옳은 것은?

> • 왕 재위 2년에 전진 국왕 부견이 사신과 승려 순도를 보내며 불상과 경문을 전해왔다. (이에 우리) 왕께서 사신을 보내 사례하며 토산물을 보냈다.
> • 왕 재위 5년에 비로소 초문사를 창건하고 순도를 머물게 하였다. 또 이불란사를 창건하고 아도를 머물게 하였다. 이것이 해동 불법(佛法)의 시작이었다.
>
> — 「삼국사기」 —

① 역사서인 「신집」을 편찬하였다.
② 진휼 제도로 진대법을 도입하였다.
③ 유학 교육 기관인 태학을 설치하였다.
④ 왜에 종이와 먹의 제작 방법을 전해 주었다.

12 1920년대 만주지역 독립운동에 대한 설명으로 옳지 않은 것은?

① 대종교 계통 인사들이 신민부를 결성하였다.
② 독립군 연합부대가 봉오동 전투에서 승리하였다.
③ 민족 유일당운동의 일환으로 국민부를 결성하였다.
④ 한국독립군이 한·중 연합작전으로 동경성에서 승리하였다.

13 다음 자료와 같은 현상이 나타난 시기의 사회 모습에 대한 설명으로 옳지 않은 것은?

> 근래 세상의 도리가 점점 썩어가서 돈 있고 힘 있는 백성들이 갖은 방법으로 군역을 회피하고 있다. 간사한 아전과 한통속이 되어 뇌물을 쓰고 호적을 위조하여 유학(幼學)이라 칭하면서 면역하거나 다른 고을로 옮겨 가서 스스로 양반 행세를 하기도 한다. 호적이 밝지 못하고 명분의 문란함이 지금보다 심한 적이 없다.
>
> — 「일성록」 —

① 사족들이 형성한 동족 마을이 증가하였다.
② 향회가 수령의 부세자문기구로 변질되었다.
③ 유향소를 통제하기 위하여 경재소가 설치되었다.
④ 부농층이 관권과 결탁하여 향임직에 진출하였다.

14 밑줄 친 '이 사람'에 대한 설명으로 옳은 것은?

> 이 사람은 34세에 문과에 급제하여 관직 생활을 시작하였지만 곧 모친상을 당하여 3년간 상복을 입었다. 삼년상이 끝나고 관직에 복귀하였으나 을사사화 등으로 조정이 어지러워지자 이내 관직 생활의 뜻을 접고, 1546년 40대 중반의 나이에 향리로 퇴거하여 학문 연구에 전념하였다. 이후 경상도 풍기군수로 있으면서 주세붕이 창설한 백운동서원에 대한 사액을 청원하여 실현을 보게 되었으니, 이것이 조선 왕조 최초의 사액서원인 '소수서원'이다.

① 서리망국론을 부르짖으며 당시 서리의 폐단을 강력하게 비판하였다.
② 아홉 차례의 과거 시험에 모두 장원하여 '구도장원공'이라는 별칭을 얻었다.
③ 주희의 성리설을 받아들였으며, 이기철학에서 이(理)의 절대성을 주장하였다.
④ 우주자연은 기(氣)로 구성되어 있으며, 기는 영원불멸하면서 생명을 낳는다고 보았다.

15 다음 선언문을 강령으로 했던 단체의 활동으로 옳지 않은 것은?

> 우리는 일본 강도 정치 즉 이족 통치가 우리 조선 민족 생존의 적임을 선언하는 동시에, 우리는 혁명 수단으로 우리 생존의 적인 강도 일본을 살벌함이 곧 우리의 정당한 수단임을 선언하노라.

① 민족혁명당 창당에 가담하였다.
② 경성 부민관에 폭탄을 투척하였다.
③ 일본 제국의회와 황궁을 공격할 계획을 세웠다.
④ 임시정부 요인과 제휴한 투탄 계획을 추진하였다.

16 다음 상황이 나타난 시기에 추진한 정부 정책으로 옳지 않은 것은?

> 외국 사람들이 조계지를 지키지 않고 도성의 좋은 곳에 있는 집은 후한 값으로 사고 터를 넓히니 잔폐(殘廢)한 인민의 거주지가 침범을 당한다. 또한 여러 해 동안 도로를 놓고 있기 때문에 집들이 줄어들었다. 탑동(塔洞) 등지에 집을 헐고 공원을 만든다 하니 …(중략)… 결국 집 없는 사람이 태반이 될 것이다.
>
> — 매일신문 —

① 경운궁을 정궁으로 삼았다.
② 한성은행, 대한천일은행 등 민족계 은행을 지원하였다.
③ 중추원을 개조하여 우리 옛 법령과 풍속을 연구하였다.
④ 한성전기회사를 통하여 서울에 전차노선을 개통하였다.

17 밑줄 친 '이 사상'에 대한 설명으로 옳지 않은 것은?

> 신라 말기에 도선과 같은 선종 승려들이 중국에서 유행한 <u>이 사상</u>을 전하였다. 이는 산세와 수세를 살펴 도읍·주택·묘지 등을 선정하는, 경험에 의한 인문 지리적 사상이다. 아울러 지리적 요인을 인간의 길흉 화복과 관련하여 생각하는 자연관 및 세계관을 내포하고 있다.

① 신라 말기에 안정된 사회를 염원하는 일반 백성의 인식이 반영되었다.
② 신라 말기에 호족이 자기 지역의 중요성을 자부하는 근거로 이용하였다.
③ 고려시대에 묘청이 서경 천도의 필요성을 주장하는 논리로 활용하였다.
④ 고려시대에 국가와 왕실의 안녕과 번영을 기원하는 초제로 행하여졌다.

18 전시과 제도의 변천 과정을 나타낸 것이다. ㈎ 제도에 대한 〈보기〉의 설명으로 옳은 것만을 모두 고른 것은?

시정전시과
(경종 1년, 976)
→
개정전시과
(목종 1년, 998)
→
㈎
(문종 30년, 1076)

〈보기〉
㉠ 4색 공복을 기준으로 등급을 나누었다.
㉡ 산직(散職)이 전시의 지급 대상에서 배제되었다.
㉢ 등급별 전시의 지급 액수가 전보다 감소하였다.
㉣ 무반과 일반 군인에 대한 대우가 전반적으로 향상되었다.

① ㉠, ㉡　　　　　　　　　　　　② ㉢, ㉣
③ ㉠, ㉡, ㉢　　　　　　　　　　④ ㉡, ㉢, ㉣

19 ㈎와 ㈏ 시기 고조선에 대한 〈보기〉의 설명으로 옳은 것만을 고른 것은?

㈎　　　　㈏

기원전 2333년
단군의 등장

기원전 194년
위만의 집권

기원전 108년
왕검성 함락

〈보기〉
㉠ ㈎ - 왕 아래 대부, 박사 등의 직책이 있었다.
㉡ ㈎ - 고조선 지역에 한(漢)의 창해군이 설치되었다.
㉢ ㈏ - 철기 문화를 본격적으로 수용하며, 중계 무역의 이득을 취하였다.
㉣ ㈏ - 비파형동검과 고인돌의 분포를 통하여 통치 지역을 알 수 있다.

① ㉠, ㉢　　　　　　　　　　　　② ㉠, ㉣
③ ㉡, ㉢　　　　　　　　　　　　④ ㉡, ㉣

20 다음 법령에 대한 설명으로 옳은 것은?

> 제17관 임시토지조사국은 토지대장 및 지도를 작성하고, 토지의 조사 및 측량한 것을 사정하여 확정한 사항 또는 재결을 거친 사항을 이에 등록한다.

① 토지와 임야를 함께 조사하도록 하였다.

② 토지 등급은 물론 지적, 결수, 지목 등을 신고하도록 하였다.

③ 지역별 지가와 그것의 1.3%를 지세로 하는 과세 표준을 명시하였다.

④ 본 법령에 따라 토지 소유를 증명하는 토지가옥증명규칙과 시행세칙이 공포되었다.

1 밑줄 친 '이 토기'가 주로 사용되었던 시대에 대한 설명으로 옳은 것은?

> 이 토기는 팽이처럼 밑이 뾰족하거나 둥글고, 표면에 빗살처럼 생긴 무늬가 새겨져 있다. 곡식을 담는 데 많이 이용된 이 토기는 전국 각지에서 출토되고 있는데, 대표적 유적지는 서울 암사동, 봉산 지탑리 등이다.

① 농경과 정착 생활이 이루어졌다.
② 고인돌이나 돌널무덤을 만들었다.
③ 빈부의 격차가 나타나고 계급이 발생하였다.
④ 군장이 부족의 풍요와 안녕을 기원하는 제사를 지냈다.

2 다음과 같은 문서가 작성되었던 시대에 대한 설명으로 옳지 않은 것은?

> 토지는 논, 밭, 촌주위답, 내시령답 등 토지의 종류와 면적을 기록하고, 사람들은 인구, 가호, 노비의 수와 3년 동안의 사망, 이동 등 변동 내용을 기록하였다. 그 밖에 소와 말의 수, 뽕나무, 잣나무, 호두나무의 수까지 기록하였다.

① 관료에게는 관료전을, 백성에게는 정전을 지급하였다.
② 인구는 남녀 모두 연령에 따라 6등급으로 나누어 파악하였다.
③ 전국을 9주로 나누고, 주 아래에는 군이나 현을 두어 지방관을 파견하였다.
④ 국가에 봉사하는 대가로 관료에게 토지를 나누어 주는 전시과 제도를 운영하였다.

3 다음 ㉠의 주민에 대한 설명으로 옳은 것은?

> 고려 시기에 [㉠]은(는) 금, 은, 구리, 쇠 등 광산물을 채취하거나 도자기, 종이, 차 등 특정한 물품을 생산하여 국가에 공물로 바쳤다.

① 군현민과 같은 양인이지만 사회적 차별을 받았다.
② 죄를 지으면 형벌로 귀향을 시키는 처벌을 받았다.
③ 지방 호족 출신으로 지방 행정의 실무를 담당하였다.
④ 재산으로 간주되어 매매 · 상속 · 증여의 대상이 되었다.

4 다음 대화에 나타난 수취 제도에 대한 설명으로 옳은 것은?

> • 갑 : 호(戸)에 부과하던 공물을 토지에 부과하게 되면서 땅이 많은 대가(大家)와 거족(巨族)이 불만을 가져 원망을 하고 있으니 가뜩이나 어려운 시기에 심히 걱정스럽군.
> • 을 : 부자는 토지 소유에 비례하여 많은 액수의 세금을 한꺼번에 내기 어렵다고 불평하지만, 수확과 노동력이 많은 부자가 가난한 사람도 여태껏 그럭저럭 납부해온 것을 왜 못 내겠소?

① 광해군 때 경기도에서 처음으로 실시되었다.
② 농민의 군포 부담을 1년에 1필로 줄여 주었다.
③ 지주에게 토지 1결당 2두의 결작미를 징수하였다.
④ 농민 부담을 낮추기 위해 전세를 토지 1결당 미곡 4두로 고정하였다.

5 다음 법령의 시행 결과에 대한 설명으로 옳은 것은?

> 제5조 정부는 다음에 의하여 농지를 매수한다.
> 1. 다음의 농지는 정부에 귀속한다.
>   ㈎ 법령 및 조약에 의하여 몰수 또는 국유로 된 토지
>   ㈏ 소유권의 명의가 분명하지 않은 농지
> 2. 다음의 농지는 본법 규정에 의하여 정부가 매수한다.
>   … (중략) …
> 제12조 농지의 분배는 1가구당 총 경영 면적 3정보를 초과하지 못한다.

① 협동조합이 모든 농지를 소유하게 되었다.
② 많은 일반 민유지가 총독부 소유로 되었다.
③ 소작지가 크게 줄어들고 자작지가 늘어났다.
④ 지주 소유 토지를 몰수하여 농민에게 무상으로 분배하였다.

6 다음 사실들을 시기 순으로 바르게 나열한 것은?

> ㉠ 고구려 – 살수에서 수 양제의 군대를 격파하였다.
> ㉡ 백제 – 사비로 도읍을 옮기고 국호를 남부여로 고쳤다.
> ㉢ 신라 – 율령을 반포하고 백관의 공복을 제정하였다.
> ㉣ 가야 – 고령 지역의 대가야가 신라의 공격으로 멸망하였다.

① ㉡→㉢→㉣→㉠
② ㉡→㉣→㉢→㉠
③ ㉢→㉡→㉣→㉠
④ ㉢→㉣→㉠→㉡

7 밑줄 친 '왕'의 재위 기간에 있었던 사실로 옳은 것은?

> 주전도감에서 왕에게 아뢰기를 "백성들이 화폐를 사용하는 유익함을 이해하고 그것을 편리하게 생각하고 있으니 이 사실을 종묘에 알리십시오."라고 하였다. 이 해에 또 은병을 만들어 화폐로 사용하였는데, 은 한 근으로 우리나라의 지형을 본떠서 만들었고 민간에서는 활구라고 불렀다.

① 주요 지역에 12목을 설치하고 목사를 파견하였다.
② 여진 정벌을 위해 윤관이 건의한 별무반을 설치하였다.
③ 지방 호족을 견제하기 위해 사심관과 기인 제도를 도입하였다.
④ 왕권을 강화하기 위해 과거 제도를 시행하고 독자적인 연호를 사용하였다.

8 다음 내용을 주장한 인물에 대한 설명으로 옳은 것은?

> • 한 마음(一心)을 깨닫지 못하고 한없는 번뇌를 일으키는 것이 중생인데, 부처는 이 한 마음을 깨달았다. 깨닫는 것과 깨닫지 못하는 것은 오직 한 마음에 달려 있으니 이 마음을 떠나서 따로 부처를 찾을 수 없다.
> • 먼저 깨치고 나서 후에 수행한다는 뜻은 못의 얼음이 전부 물인 줄은 알지만 그것이 태양의 열을 받아 녹게 되는 것처럼 범부가 곧 부처임을 깨달았으나 불법의 힘으로 부처의 길을 닦게 되는 것과 같다.

① 국청사를 창건하고 천태종을 창시하였다.
② 부석사를 창건하고 화엄 사상을 선양하였다.
③ 불교계를 개혁하기 위해 수선사 결사를 주도하였다.
④ 십문화쟁론을 저술하여 종파 간의 사상적 대립을 조화시키고자 하였다.

9 다음 정책을 시행한 왕에 대한 설명으로 옳은 것은?

> • 속대전을 편찬하여 법령을 정비하였다.
> • 사형수에 대한 삼복법(三覆法)을 엄격하게 시행하였다.
> • 신문고 제도를 부활시켜 백성들의 억울함을 풀어주고자 하였다.

① 신해통공을 단행해 상업 활동의 자유를 확대하였다.
② 삼정이정청을 설치해 농민의 불만을 해결하려 하였다.
③ 붕당의 폐단을 제거하기 위해 서원을 대폭 정리하였다.
④ 환곡제를 면민이 공동출자하여 운영하는 사창제로 전환하였다.

10 다음 법령이 시행되던 시기에 볼 수 있는 모습으로 옳은 것은?

> 제1조 3개월 이하의 징역 또는 구류에 처하여야 할 자는 그 정상에 따라 태형에 처할 수 있다.
> 제6조 태형은 태로써 볼기를 치는 방법으로 집행한다.
> 제13조 본령은 조선인에 한하여 적용한다.

① 회사령 공포를 듣고 있는 상인
② 경의선 철도 개통식을 보는 학생
③ 동양척식주식회사의 설립식에 참석한 기자
④ 대한광복군정부의 군사 훈련에 참여한 청년

11 다음 자료에 나타난 시기에 대한 설명으로 옳은 것은?

> 곳곳에서 도적이 벌 떼같이 일어났다. 이에, 원종, 애노 등이 사벌주(상주)에 의거하여 반란을 일으키니, 왕이 나마 벼슬의 영기에게 명하여 잡게 하였다.

① 지방에서는 호족 세력이 성장하였다.
② 신진 사대부가 대두하여 권문세족을 비판하였다.
③ 농민들은 전정, 군정, 환곡 등 삼정의 문란으로 고통을 받았다.
④ 봄에 곡식을 빌려 주었다가 가을에 추수한 것으로 갚게 하는 진대법을 실시하였다.

12 다음 사건에 대한 설명으로 옳은 것은?

> 임오년 서울의 영군(營軍)들이 큰 소란을 피웠다. 갑술년 이후 대내의 경비가 불법으로 지출되고 호조와 선혜청의 창고도 고갈되어 서울의 관리들은 봉급을 못 받았으며, 5영의 병사들도 가끔 결식을 하여 급기야 5영을 2영으로 줄이고 노병과 약졸들을 쫓아냈는데, 내쫓긴 사람들은 발붙일 곳이 없으므로 그들은 난을 일으키려 했다.

① 군대 해산에 반발한 군인들은 의병 부대에 합류하였다.
② 보국안민, 제폭구민의 대의를 위해 봉기할 것을 호소하였다.
③ 정부의 개화 정책에 반대하는 서울의 하층민들도 참여하였다.
④ 충의를 위해 역적을 토벌한다는 명분을 내걸고 유생들이 주동하였다.

13 다음 내용이 포함된 개혁에 대한 설명으로 옳지 않은 것은?

> • 공 · 사 노비 제도를 모두 폐지하고, 인신 매매를 금지한다.
> • 연좌법을 폐지하여 죄인 자신 외에는 처벌하지 않는다.
> • 과부의 재혼은 귀천을 막론하고 그 자유에 맡긴다.

① 중국 연호의 사용을 폐지하였다.
② 독립 협회 활동의 영향을 받았다.
③ 군국기무처의 주도 하에 추진되었다.
④ 동학 농민 운동의 요구를 일부 수용하였다.

14 밑줄 친 '무덤 주인'이 왕위에 있었던 시기의 사실로 옳은 것은?

> 1971년 7월, 공주시 송산리 고분군 배수로 공사 도중 벽돌무덤 하나가 우연히 발견되었다. 무덤 입구를 열자, 무덤 주인을 알려주는 지석이 놓여 있었으며, 백제는 물론 중국의 남조와 왜에서 만들어진 갖가지 유물들이 고스란히 남아 있었다.

① 중앙에는 22부 관청을 두고 지방에는 5방을 설치하였다.
② 고구려의 남진 정책에 맞서 나제동맹을 처음 결성하였다.
③ 활발한 대외 정복 전쟁으로 한강 유역을 차지하고 가야를 완전히 정복하였다.
④ 지방에 22개의 담로를 두고 왕족을 파견하여 지방에 대한 통제를 강화하였다.

15 밑줄 친 '그'에 대한 설명으로 옳은 것은?

> 묘청의 천도 운동에서 그가 패하고 묘청이 이겼더라면 조선사는 독립적 · 진취적으로 진전하였을 것이니 이것이 어찌 일천년래 제일 사건이라 하지 아니하랴.

① 성리학적 유교 사관에 입각한 사략을 저술하였다.
② 현존하는 우리나라의 최고(最古) 역사서를 편찬하였다.
③ 우리나라 역사를 단군에서부터 서술한 역사서를 저술하였다.
④ 동명왕의 업적을 칭송한 영웅 서사시인 동명왕편을 저술하였다.

16 (가)~(라)의 시기에 있었던 사실로 옳은 것은?

① (가) - 국정을 총괄하는 교정도감이 처음 설치되었다.
② (나) - 망이 · 망소이 등 명학소민이 봉기하였다.
③ (다) - 금속활자로 상정고금예문을 인쇄하였다.
④ (라) - 고려대장경을 다시 조판하여 완성하였다.

17 밑줄 친 '왕'의 재위 기간에 있었던 사실로 옳지 않은 것은?

> 왕이 이순지, 김담 등에게 명하여 중국의 선명력, 수시력 등의 역법을 참조하여 새로운 역법을 만들게 하였다. 이 역법은 내편과 외편으로 구성되었다. 내편은 수시력의 원리와 방법을 해설한 것이며, 외편은 회회력(이슬람력)을 해설, 편찬한 것이다.

① 천체 관측 기구인 혼의, 간의 등을 제작하였다.
② 경기 지역의 농사 경험을 토대로 금양잡록을 편찬하였다.
③ 경자자(庚子字), 갑인자(甲寅字) 등 금속 활자를 주조하였다.
④ 우리 풍토에 맞는 약재와 치료법을 정리한 향약집성방을 편찬하였다.

18 다음 자료에 나타난 시기의 사회 모습에 대한 설명으로 옳은 것은?

> 옷차림은 신분의 귀천을 나타내는 것이다. 그런데 어찌된 까닭인지 근래 이것이 문란해져 상민·천민들이 갓을 쓰고 도포를 입는 것을 마치 조정의 관리나 선비와 같이 한다. 진실로 한심스럽기 짝이 없다. 심지어 시전 상인들이나 군역을 지는 상민들까지도 서로 양반이라 부른다.

① 불교의 신앙 조직인 향도가 널리 확산되었다.
② 서얼의 청요직 진출이 부분적으로 허용되었다.
③ 양민의 대다수를 차지한 농민을 백정(白丁)이라고 하였다.
④ 선현 봉사(奉祀)와 교육을 위한 서원이 설립되기 시작하였다.

19 다음 사실들을 시기 순으로 바르게 나열한 것은?

> ㉠ 김좌진을 중심으로 한 신민부가 조직되었다.
> ㉡ 민족협동전선론에 따라 정우회가 조직되었다.
> ㉢ 노동 조건의 개선을 요구한 원산 노동자 총파업이 일어났다.
> ㉣ 백정의 사회적 차별을 철폐하고자 하는 형평사가 창립되었다.

① ㉠→㉡→㉣→㉢
② ㉠→㉣→㉢→㉡
③ ㉣→㉠→㉡→㉢
④ ㉣→㉢→㉠→㉡

20 다음과 같이 주장한 붕당에 대한 설명으로 옳은 것은?

> 기해년의 일은 생각할수록 망극합니다. 그때 저들이 효종 대왕을 서자처럼 여겨 대왕대비의 상복을 기년복(1년 상복)으로 낮추어 입도록 하자고 청했으니, 지금이라도 잘못된 일은 바로잡아야 하지 않겠습니까?

① 인조반정으로 몰락하였다.
② 기사환국으로 다시 집권하였다.
③ 경신환국을 통해 정국을 주도하였다.
④ 정제두 등이 양명학을 본격적으로 수용하였다.

☞ 정답 및 해설 P.7

1 다음 자료와 관련된 나라에 대한 설명으로 가장 옳지 않은 것은?

> • 풍속에 장마와 가뭄이 연이어 오곡이 익지 않을 때, 그 때마다 왕에게 허물을 돌려 '왕을 마땅히 바꾸어야 한다.'라거나 혹은 '왕은 마땅히 죽어야 한다.'라고 하였다.
> • 정월에 지내는 제천 행사는 국중 대회로 날마다 마시고 먹고 노래하고 춤추는데 그 이름은 영고라 한다.
>
> — 「삼국지」 위서 동이전 —

① 쑹화 강 유역의 평야 지대에서 성장하였다.
② 왕 아래 가축의 이름을 딴 여러 가(加)들이 있었다.
③ 왕이 죽으면 노비 등을 함께 묻는 순장의 풍습이 있었다.
④ 국력이 쇠퇴하여 광개토대왕 때 고구려에 완전 병합되었다.

2 삼국 간의 경쟁 과정에서 일어난 사건을 순서대로 바르게 나열한 것은?

> (가) 백제 성왕이 관산성 전투에서 전사하였다.
> (나) 백제 의자왕은 신라의 대야성을 함락시켰다.
> (다) 고구려 광개토대왕은 신라 지역으로 쳐들어온 왜국의 침략을 격퇴하였다.
> (라) 백제는 고구려의 침략으로 말미암아 수도를 웅진으로 옮겼다.

① (나) – (다) – (라) – (가) ② (다) – (가) – (라) – (나)
③ (다) – (라) – (가) – (나) ④ (라) – (다) – (나) – (가)

3 삼국시대의 사상과 문화에 대한 설명으로 가장 옳지 않은 것은?

① 부여 능산리에서 발견된 백제대향로에는 신선이 산다는 봉래산이 조각되어 있어 백제인의 신선사상을 엿볼 수 있다.

② 삼국 불교의 윤회설은 왕이나 귀족, 노비는 전생의 업보에 의해 타고났다고 보기 때문에 신분 질서를 정당화하는 관념을 제공하였다.

③ 신라 후기 민간사회에서는 주문으로 질병 치료나 자식 출산 등을 기원하는 현실구복적 밀교가 유행하였다.

④ 고구려의 겸익은 인도에서 율장을 가지고 돌아온 계율종의 대표적 승려로서 일본 계율종의 성립에도 영향을 주었다.

4 빈칸에 들어갈 왕의 재임 시기에 일어난 사실로 가장 옳은 것은?

> 발해와 당은 발해 건국 과정에서부터 대립적이었으며 발해의 고구려 영토 회복 정책으로 양국의 대립은 더욱 노골화되었다. 당은 발해를 견제하기 위해 흑수말갈 지역에 흑수주를 설치하고 통치관을 파견하였다. 이러한 당과 흑수말갈의 접근을 막기 위하여 발해의 [   ]은 흑수말갈에 대한 정복을 추진하였다. 이 계획을 둘러싼 갈등이 비화되어 발해는 산둥 지방의 덩저우에 수군을 보내 공격하였다. 이에 대응하여 당은 발해를 공격하는 한편, 남쪽의 신라를 끌어들여 발해를 제어하려고 하였다.

① 3성 6부를 비롯한 중앙 관서를 정비하였다.

② 융성한 발해는 '해동성국'이라는 칭호를 얻었다.

③ 왕을 '황상(皇上)'이라고 칭하여 황제국을 표방하였다.

④ 일본에 보낸 외교문서에서 고구려 계승 의식을 천명하였다.

5 고려시대의 대장경을 설명한 것으로 가장 옳지 않은 것은?

① 대장경이란 경(經)·율(律)·논(論) 삼장으로 구성된 불교 경전을 말한다.

② 초조대장경의 제작은 거란의 침입을 받으면서 시작되었다.

③ 의천은 송과 금의 대장경 주석서를 모아 속장경을 편찬하였다.

④ 초조대장경과 속장경은 몽골의 침입으로 소실되었다.

6 다음 사건을 일어난 순서대로 바르게 나열한 것은?

> (가) 김보당의 난 발생 (나) 이의민의 권력 장악
> (다) 김사미와 효심의 난 발생 (라) 교정도감의 설치

① (가) – (나) – (다) – (라) ② (가) – (나) – (라) – (다)
③ (나) – (가) – (다) – (라) ④ (나) – (가) – (라) – (다)

7 고려의 정치와 사회에 대한 설명으로 가장 옳지 않은 것은?

① 정치제도는 당과 송의 제도를 참고하여 2성 6부제로 정비하였다.
② 지방제도는 5도 양계 및 경기로 구성되었고 태조 때부터 12목을 설치하였다.
③ 관리 등용 제도로는 과거와 음서 등이 있었으며 무과는 거의 실시되지 않았다.
④ 성종 대에 최승로는 시무 28조를 건의하는 등 유교정치 이념의 토대를 닦았다.

8 충선왕 대의 개혁 정책으로 옳은 것은?

① 원나라 연호와 관제를 폐지하였다.
② 몽골풍의 의복과 변발을 폐지하였다.
③ 왕권을 강화하고 개혁을 주도하기 위한 기구로 사림원을 두었다.
④ 정치도감을 두어 부원 세력을 척결하였다.

9 고려 말에서 조선 초에 있었던 요동정벌 운동을 설명한 것으로 옳지 않은 것은?

① 우왕 때 최영은 명이 철령위 설치를 통고하자 요동을 공격할 계획을 세웠다.
② 태조 이성계는 요동정벌을 추진하였고 정도전과 남은은 군사 훈련을 강화하였다.
③ 명은 정도전을 '조선의 화근'이라며 명으로 압송할 것을 요구하였다.
④ 이방원은 태조의 요동정벌 운동을 적극 지지하였다.

10 다음 중 영조 대에 편찬된 서적은?

① 「동국문헌비고」   ② 「동국지리지」

③ 「동사강목」   ④ 「동의보감」

11 조선 전기 일본과 관계된 주요 사건이다. (가)~(라) 각 시기에 있었던 사건으로 옳지 않은 것은?

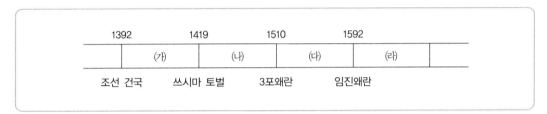

① (가) : 부산포, 제포, 염포 등 3포를 개항하였다.

② (나) : 계해약조를 체결하여 쓰시마 주의 제한적 무역을 허락하였다.

③ (다) : 왜선이 침입하여 을묘왜변을 일으켰다.

④ (라) : 조선은 포로의 송환 교섭을 위해 일본에 사신을 파견하였다.

12 다음 (가)~(다)의 설명에 해당하는 인물을 바르게 연결한 것은?

> (가) 스승 이벽의 권유로 북경에 갔다가 서양인 신부의 세례를 받고 귀국하였다.
> (나) 성리학의 입장에서 천주교를 비판하는 천학문답을 저술하였다.
> (다) 신부가 되어 충청도 당진(솔뫼)을 근거로 포교하다가 붙잡혀 처형되었다.

	(가)	(나)	(다)
①	이가환	안정복	황사영
②	이승훈	이기경	황사영
③	이승훈	안정복	김대건
④	이가환	이기경	김대건

13 근대의 구국 계몽 운동에 대한 설명으로 가장 옳은 것은?

① 송수만, 심상진은 대한자강회를 조직하고 일본의 황무지 개척에 반발하는 운동을 전개하여 이를 철회시켰다.

② 이종일은 순한글로 간행한 황성신문을 발간하여 정치논설보다 일반 대중을 위한 사회계몽 기사를 많이 실었다.

③ 최남선은 을지문덕, 강감찬, 최영, 이순신 등의 애국 명장에 관한 전기를 써서 애국심을 고취하였다.

④ 고종은 을사늑약의 불법성을 폭로하는 친서를 양기탁과 영국인 베델의 대한매일신보를 통하여 발표하였다.

14 대한제국의 성립 과정에 대한 설명으로 가장 옳지 않은 것은?

① 을미사변 이후 위축된 국가 주권을 지키고 고종의 위상을 높여야 한다는 여론이 높아졌다.

② 고종은 러시아 공사관에 있는 동안 경운궁을 증축하였다.

③ 고종은 연호를 광무라 하고 경운궁에서 황제 즉위식을 거행하였다.

④ 대한제국의 헌법이라 할 수 있는 대한국 국제를 발표하였다.

15 일본이 대한제국의 정부 기관에 자신들이 추천하는 고문을 두게 하여 대한제국의 내정에 간섭함으로써 실질적으로 주권을 침해하는 결과를 가져왔던 조약은?

① 1904년 2월 한 · 일 의정서

② 1904년 8월 제1차 한 · 일 협약(한 · 일 협정서)

③ 1905년 제2차 한 · 일 협약(을사늑약)

④ 1907년 한 · 일 신협약(정미7조약)

16 다음 약력에 해당하는 인물은?

- 1872년 철종의 딸 영혜옹주와 결혼
- 1884년 갑신정변에 참여함. 실패 후 일본 망명
- 1894년 내무대신에 임명됨. 다음해 일본 망명
- 1910년 국권 피탈 이후 일본의 작위를 받고 동아일보사 초대사장, 중추원의장·부의장, 일본 귀족원 의원 등 역임

① 박영효　　　　　　　　　　② 윤치호
③ 김옥균　　　　　　　　　　④ 김홍집

17 대한민국 정부 수립 이후에 일어난 사건을 〈보기〉에서 모두 고른 것은?

〈보기〉
㉠ 반민족 행위 특별 조사 위원회 설치　　㉡ 농지 개혁법 시행
㉢ 안두희의 김구 암살　　　　　　　　　㉣ 제주 4·3 사건 발생
㉤ 여수·순천 10·19 사건 발생

① ㉠, ㉡, ㉤　　　　　　　　② ㉠, ㉡, ㉢, ㉤
③ ㉠, ㉡, ㉣, ㉤　　　　　　④ ㉠, ㉡, ㉢, ㉣, ㉤

18 1950년대 정치와 사회에 대한 설명으로 가장 옳지 않은 것은?

① 이승만 정권은 1951년 국민회, 대한청년당, 노동총연맹, 농민총연맹, 대한부인회 등 우익단체를 토대로 자유당을 조직하였다.
② 이승만 정권은 신국가보안법을 제정하였고 반공청년단을 조직하였으며 진보당의 조봉암을 간첩 혐의로 사형에 처하였다.
③ 미국의 원조로 소비재 공업이 성장하였고 밀가루, 설탕, 면화 산업 등 삼백산업이 중심을 이루었다.
④ 이승만 정권은 1954년 의회에서 부결된 대통령 직선제 개헌안을 사사오입의 논리로 통과시켰다.

19 다음 자료와 관련된 사업에 대한 설명으로 가장 옳지 않은 것은?

> 만약 지주가 정해진 기한 내에 조사국 혹은 조사국 출장소원에게 신고 제출을 게을리 하거나 신고를 제출하지 아니하는 때는 당국에서 이 토지에 대해 지주의 소유권 유무 등을 심사하여 만약 소유자로 인정하지 못할 경우에는 이 토지를 지주가 없는 것으로 간주하여 당연히 국유지로 편입하는 수단을 집행할 것이니, 일반 토지 소유자는 고시에 의한 신고 제출을 게을리 하지 말도록 하였더라.
>
> – 「매일신보」 –

① 소유권 분쟁을 인정하지 않아 분쟁은 발생하지 않았다.
② 명의상의 주인을 내세우기 어려운 동중·문중 토지의 상당 부분이 조선 총독부의 소유가 되었다.
③ 한·일 병합 조약이 체결된 직후 신속하게 사업이 시작되었다.
④ 사업의 결과 조선 총독부의 재정 수입이 크게 증가하였다.

20 다음 사건들을 일어난 순서대로 바르게 나열한 것은?

> (가) 김영삼 신민당 당수 국회 제명
> (나) 김대중 납치 사건 발생
> (다) 유신 헌법의 국민투표 통과
> (라) 국민교육헌장 제정
> (마) 7·4 남북 공동 성명 발표

① (라) – (마) – (다) – (가) – (나)
② (라) – (마) – (다) – (나) – (가)
③ (마) – (다) – (라) – (가) – (나)
④ (마) – (다) – (라) – (나) – (가)

☞ 정답 및 해설 P.8

1 다음의 유적지에 대한 설명으로 가장 옳은 것은?

① 사천 늑도 유적에서 반량이라는 글자가 새겨진 청동 화폐가 출토되었다.
② 부산 동삼동 패총에서는 주춧돌을 사용한 지상가옥이 발견 되었다.
③ 단양 수양개에서 발견된 아이의 뼈를 '흥수아이'라 부른다.
④ 울주 반구대에는 시각형 또는 방패 모양의 그림이 주로 새겨져 있다.

2 삼국시대 정치제도에 대한 설명으로 가장 옳은 것은?

① 신라 화백회의는 만장일치 원칙이며 회의의 의장은 상좌평이다.
② 백제는 관품 구별에 따라 자·단·비·녹색의 공복을 입었다.
③ 신라는 진덕여왕대 집사부와 창부를 통합해 정무기관인 품주를 설치하였다.
④ 국상, 대대로, 막리지 등은 고구려에서 재상의 직위를 지칭한다.

3 1898년 관민공동회에서 채택된 '헌의 6조'에 해당하지 않는 것은?

① 외국인에게 기대지 아니하고 관민이 동심 협력하여 전제 황권을 견고케 할 것
② 전국의 재정은 궁내부 내장원으로 이속하고 예산과 결산은 중추원의 승인을 거칠 것
③ 모든 중대 범죄는 공개 재판을 시행하되, 피고가 끝까지 설명하여 마침내 자복(自服)한 후에 시행할 것
④ 칙임관은 황제가 정부에 자문을 구하여 그 과반수에 따라 임명할 것

4 밑줄 친 내용과 관련된 사실로 가장 옳지 않은 것은?

> 전일 ㉠세자가 심양에 있을 때 집을 지어 고운 빨간 빛의 흙을 발라서 단장하고, 또 ㉡포로로 잡혀간 조선 사람들을 모집하여 둔전을 경작해서 곡식을 쌓아 두고는 그것으로 진기한 물품과 무역을 하느라 ㉢관소의 문이 마치 시장 같았으므로, ㉣임금이 그 사실을 듣고 불평스럽게 여겼다.

① ㉠ 세자 – 북경에서 아담 샬과 만나 교류하였다.
② ㉡ 포로 – 귀국한 여성 중에는 가족들의 천대와 멸시를 받는 이도 있었다.
③ ㉢ 관소 – 심양관은 외교적 기능을 담당하기도 하였다.
④ ㉣ 임금 – 전쟁의 치욕을 벗기 위해 북벌론을 적극 추진하였다.

5 다음의 밑줄 친 주체에 대한 설명으로 가장 옳지 않은 것은?

> 운봉을 넘어온 ~중략~ 이 싸움에서 아군은 1,600여 필의 군마와 여러 병기를 노획하였고, 살아 도망간 자는 70여 명 밖에 없었다고 한다.
>
> <고려사>에서 인용 · 요약

① 그들로부터 개경을 수복한 정세운, 이방실, 김득배는 김용의 주도하에 살해되었다.
② 조운선이 그들의 목표물이 되어 국가 재정이 곤란해졌다.
③ 그들의 소굴인 대마도가 정벌되어 그 기세가 꺾이게 되었다.
④ 그들이 자주 출몰하자 수도를 옮기자는 주장이 제기되었다.

6 다음의 자료와 관련된 조약에 해당하는 것은?

> 1. 청·일 양국 군대는 4개월 이내에 조선에서 동시 철병할 것
> 2. 청·일 양국은 조선국왕의 군대를 교련하여 자위할 수 있게 하되, 외국 무관 1인 내지 여러 명을 채용하고 두 나라의 무관은 조선에 파견하지 않을 것
> 3. 장차 조선에서 변란이나 중대사로 두 나라 중 한 나라가 출병할 필요가 있을 때는 먼저 문서로 조회하고 사건이 진정된 뒤에는 즉시 병력을 전부 철수하여 잔류시키지 않을 것

① 한성 조약
② 제물포 조약
③ 시모노세키 조약
④ 톈진 조약

7 다음 중 「성학집요」의 저자에 대한 설명으로 옳지 않은 것은?

① 이기이원론적 이기론을 통하여 이(理)의 자발성이나 독자성을 강조하였다.
② 신하는 성학을 군주에게 가르쳐 기질을 변화시켜야 한다고 하였다.
③ 향약의 전국 시행, 수미법의 실시 등을 제시하였다.
④ 기자의 행적을 정리한 「기자실기」를 편찬했다.

8 다음은 정약용의 토지제도 개혁안의 일부이다. ㉠과 ㉡에 들어갈 말로 옳은 것은?

> (㉠)법은 시행할 수 없다. (㉠)은 모두 한전이었는데, 수리시설이 갖춰지고 메벼와 찰벼가 맛이 좋으니 수전을 버리겠는가. (㉠)이란 평평한 농지인데 나무를 베어 내노라 힘을 들였고 산과 골짜기가 이미 개간되었으니, 이러한 밭을 버리겠는가.
> (㉡)법은 시행할 수 없다. (㉡)은 농지와 인구를 계산하여 분배해 주는 것인데, 호구의 증감이 달마다 다르고 해마다 다르다. 금년에는 갑의 비율로 분배하였다가 명년에는 을의 비율로 분배해야 하므로 조그마한 차이는 산수에 능한 자라도 살필 수 없고 토지의 비옥도가 경마다 묘마다 달라 한정이 없으니, 어떻게 균등하게 하겠는가.

	㉠	㉡		㉠	㉡
①	한전	균전	②	정전	여전
③	여전	한전	④	정전	균전

9 조선정부는 강화도 조약 체결 이후에 근대 문물을 살펴보고 국정 개혁의 자료를 모으기 위하여 여러 나라에 사절단을 파견하였다. 각 사절단의 파견 순서를 바르게 나열한 것은?

> ㉠ 1차 수신사절   ㉡ 보빙사
> ㉢ 조사시찰단   ㉣ 영선사
> ㉤ 2차 수신사절

① ㉠ → ㉢ → ㉣ → ㉤ → ㉡   ② ㉠ → ㉣ → ㉢ → ㉤ → ㉡
③ ㉠ → ㉤ → ㉢ → ㉣ → ㉡   ④ ㉠ → ㉤ → ㉣ → ㉢ → ㉡

10 다음 지문이 가리키는 신문과 관련된 내용으로 옳은 것은?

> 그러므로 우리 조정에서도 박문국을 설치하고 관리를 두어 외국의 기사를 폭넓게 번역하고 아울러 국내의 일까지 기재하여 국중에 알리는 동시에 열국에까지 널리 알리기로 하고, 이름을 旬報라 하며…

① 우리나라 최초의 신문으로 1883년 창간되었으며, 한문체로 발간된 관보의 성격을 띠었다.
② 최초로 국한문을 혼용하였고, 내용에 따라 한글 혹은 한문만을 쓰기도 하며 독자층을 넓혀 나가고자 하였다.
③ 한글판, 영문판을 따로 출간하여 대중 계몽을 통한 근대화를 촉진하고, 외국인에게 조선의 실정을 제대로 홍보하여 조선이 국제사회에서 완전한 근대적 자주독립국가로 자리매김하는 것을 목표로 하였다.
④ 국한문 혼용체를 사용한 일간지로 주로 유학자층의 계몽에 앞장섰다.

11 다음 〈보기〉의 (   )에 들어갈 낱말을 바르게 나열한 것은?

> 〈보기〉
>
> 고려의 지배층과 피지배층 사이에는 중류층이 자리잡고 있었다. 중앙 관청의 말단 서리인 (㉠), 궁중 실무 관리인 (㉡), 직업 군인으로 하급 장교인 (㉢) 등이 있었다.

	㉠	㉡	㉢		㉠	㉡	㉢
①	잡류	역리	군반	②	남반	군반	역리
③	잡류	남반	군반	④	남반	군반	잡류

12 다음 중 고조선에 대한 설명으로 가장 옳지 않은 것은?

① 중국 측 기록인 「관자」나 「산해경」등에는 고조선과 관련된 기록이 등장한다.

② 「삼국지」〈동이전〉에 인용된 「위략」에 따르면 연나라가 강성해져 스스로 왕을 칭하자 조선후가 왕을 자칭하지 않았다는 기록이 있다.

③ 기원전 2세기 초, 위만은 고조선에 망명해 와 있다가 준왕을 몰아내고 왕이 되었다.

④ 위만조선은 기원전 108년 한나라의 침입에 의해 멸망했고, 이 지역에는 한의 군현이 설치되었다.

13 다음 지문과 관계있는 단체의 활동으로 옳은 것은?

> 이제 폭력의 목적물을 대략 열거하건대, 조선 총독 및 각 관공리, 일본 천황 및 각 관공리, 정탐노 · 매국적, 적의 일체 시설물, 이 밖에 각 지방의 신사나 부호가 비록 현저히 혁명운동을 방해한 죄가 없을지라도 언어 혹 행동으로 우리의 운동을 완화하고 중상하는 자는 폭력으로써 대응할지니라.

① 1932년 1월 이봉창은 도쿄에서 관병식을 마치고 돌아가는 일왕 히로히토를 저격하였다.

② 1932년 4월 윤봉길은 상하이 훙커우 공원에서 일제의 요인들을 폭살시키는 의거를 결행하였다.

③ 1920년 박재혁은 밀양 경찰서에 폭탄을 투척하는 의거를 결행하였다.

④ 1926년 나석주는 식민지 대표 착취 기관인 식산 은행과 동양 척식 주식회사에 들어가 폭탄을 던지고 권총으로 관리들을 저격하였다.

14 다음 중 통일신라시대의 사회와 경제 관련 내용으로 가장 옳지 않은 것은?

① 신문왕은 관료전을 지급하고 녹읍을 폐지하였다.

② 성덕왕대에는 일반 백성들에게 정전을 지급하였다.

③ 헌강왕대에 녹읍이 부활되고, 경덕왕대에 관료전이 폐지 되었다.

④ 일본 정창원에서 발견된 '신라 촌락 문서'는 서원경 부근의 4개 촌락을 대상으로 한 것이다.

15 다음의 비문에 관한 설명으로 옳지 않은 것은?

> 오라총관 목극등은 국경을 조사하라는 교지를 받들어 이 곳에 이르러 살펴보고 서쪽은 압록강
> 으로 하고 동쪽은 토문강으로 경계를 정해 강이 갈라지는 고개 위에 비석을 세워 기록하노라.

① 조선과 청의 대표는 현지 답사를 생략한 채 비를 세웠다.

② 토문강의 위치는 간도 귀속 문제와도 관련이 되었다.

③ 국경 지역 조선인의 산삼 채취나 사냥이 비 건립의 한 배경이었다.

④ 조선 숙종대 세워진 비석의 비문 내용이다.

16 조선시대의 교육제도에 관한 설명으로 옳지 않은 것은?

① 왕세자는 궁 안의 시강원에서 교육을 받았다.

② 성균관에는 생원이나 진사만 입학할 수 있었다.

③ 서울에는 서학, 동학, 남학, 중학이 설치되었다.

④ 향교의 교생 가운데 시험 성적이 나쁜 사람은 군역에 충정 되기도 하였다.

17 다음 저서에 대한 설명으로 옳지 않은 것은?

> 가. 「산림경제」 나. 「색경」
> 다. 「과농소초」 라. 「농가집성」

① 가 : 홍만선의 저술로 농업, 임업, 축산업, 식품가공 등을 망라하였다.

② 나 : 박세당의 저술로 과수, 축산, 기후 등에 중점을 두었다.

③ 다 : 정약용의 저술로 농업기술과 농업정책에 관하여 논하였다.

④ 라 : 신속의 저술로 이앙법을 언급하였다.

18 모스크바 3국 외상 회의에서 결정한 한국정부 수립 방안을 순서대로 바르게 나열한 것은?

> ㉠ 미 · 소 공동위원회 개최
> ㉡ 미 · 소 공동위원회와 임시민주정부 협의하에 미, 영, 중, 소에 의한 신탁통치 방안 결정
> ㉢ 미 · 소 공동위원회와 한국의 정당 및 사회단체의 협의
> ㉣ 임시민주정부 수립

① ㉠ → ㉢ → ㉡ → ㉣

② ㉠ → ㉢ → ㉣ → ㉡

③ ㉢ → ㉠ → ㉣ → ㉡

④ ㉢ → ㉣ → ㉠ → ㉡

19 고려시대 귀족의 특징에 대한 설명으로 옳은 것은?

① 귀족 세력은 왕족을 비롯하여 7품 이상의 고위 관료가 주류를 형성하였다.

② 귀족은 대대로 고위 관직을 차지하여 사림 세력을 형성하였다.

③ 귀족의 자제는 음서를 통해 관직에 진출할 수 있었다.

④ 향리의 자제는 과거를 통하여 귀족의 대열에 들 수 없었다.

20 다음의 (　　) 안에 들어갈 말을 바르게 나열한 것은?

> 일제의 민족분열정책과 자치운동론의 등장에 대응하여, 민족해방운동의 단결과 통일적 대응을 모색하던 사회주의 진영과 비타협적 민족주의 진영은 1926년 (㉠) 선언을 계기로, 1927년 1월 (㉡)를 발기하였다. 이어서 서울청년 회계 사회주의자와 물산장려운동계열이 연합한 (㉢)와도 합동할 것을 결의, 마침내 2월 15일 YMCA 회관에서 (㉡) 창립대회를 가졌다.

	㉠	㉡	㉢
①	북풍회	정우회	고려 공산 청년회
②	정우회	신간회	조선민흥회
③	정우회	근우회	고려 공산 청년회
④	북풍회	신간회	조선민흥회

1 ㉠과 ㉡ 두 인물의 공통된 신분상의 특징으로 옳은 것은?

> • [㉠] 은(는) 신문왕에게 화왕계를 통하여 조언하였다.
> • [㉡] 은(는) 진성여왕에게 시무책 10여 조를 올렸다.

① 왕이 될 수 있는 신분이었다.

② 자색(紫色)의 공복을 착용하였다.

③ 중앙 관부의 최고 책임자를 독점하였다.

④ 관등 승진에서 중위제(重位制)를 적용받았다.

2 (가)~(다)는 고구려의 발전 과정을 시기 순으로 나열한 것이다. (나)에 들어갈 내용으로 옳은 것만을 〈보기〉에서 모두 고른 것은?

> (가) 낙랑군을 차지하여 한반도로 진출하는 발판을 마련하였다.
> (나) [   ]
> (다) 평양으로 도읍을 옮기고, 백제의 수도인 한성을 함락하였다.

> 〈보기〉
> ㉠ 태학을 설립하였다.
> ㉡ 진대법을 도입하였다.
> ㉢ 천리장성을 축조하였다.
> ㉣ 신라를 도와 왜를 격퇴하였다.

① ㉠, ㉡

② ㉠, ㉣

③ ㉡, ㉢

④ ㉢, ㉣

3 다음 제도를 시행한 목적에 해당하는 것만을 〈보기〉에서 모두 고른 것은?

> • 무릇 민호(民戶)는 그 이웃과 더불어 모으되, 가족 숫자의 다과(多寡)와 재산의 빈부에 관계없이 다섯 집마다 한 통(統)을 만들고, 통 안에 한 사람을 골라서 통수(統帥)로 삼아 통 안의 일을 맡게 한다.
> • 1리(里) 마다 5통 이상에서 10통까지는 소리(小里)를 삼고, … (중략) … 리(里) 안에서 또 이정(里正)을 임명한다.
>
> ─「비변사등록」─

> 〈보기〉
> ㉠ 농민들의 도망과 이탈 방지
> ㉡ 부세와 군역의 안정적인 확보
> ㉢ 재지사족 중심의 향촌 자치 활성화
> ㉣ 향권을 둘러싼 구향과 신향 간의 향전 억제

① ㉠, ㉡   ② ㉠, ㉣
③ ㉡, ㉢   ④ ㉢, ㉣

4 갑신정변 이후 국내외 정세로 옳지 않은 것은?

① 독일 부영사 부들러는 조선의 영세 중립국화를 건의하였다.
② 러시아의 남하정책에 대응하여 영국 함대가 거문도를 불법 점령하였다.
③ 조·청 상민수륙무역장정을 체결하여 청나라 상인에게 통상 특혜를 허용하였다.
④ 청·일 양국 군대가 조선에서 철수하는 것 등을 내용으로 하는 톈진조약이 체결되었다.

5 다음 발의로 개최된 ㉠에 대한 설명으로 옳은 것은?

> 　베이징 방면의 인사는 분열을 통탄하며 통일을 촉진하는 단체를 출현시키고 상하이 일대의 인사는 이를 고려하여 개혁을 제창하고 있다. … (중략) … 근본적 대해결로써 통일적 재조를 꾀하여 독립운동의 신국면을 타개하려고 함에는 다만 민의뿐이므로 이에 [　㉠　]의 소집을 제창한다.

① 창조파와 개조파 등의 주장이 대립되었다.
② 한국국민당을 통한 정당정치 실시가 결정되었다.
③ 삼균주의를 바탕으로 한 건국강령이 채택되었다.
④ 파리강화회의에 김규식을 파견하는 것이 논의되었다.

6 (가)~(라) 시기에 있었던 사실로 옳은 것은?

① (가) - 현량과를 실시하였다.
② (나) - 무오사화와 갑자사화가 일어났다.
③ (다) - 두 차례에 걸친 예송이 일어났다.
④ (라) - 신해통공으로 금난전권을 폐지하였다.

7 다음 자료에 나타난 나라에 대한 설명으로 옳은 것은?

> 해마다 10월이면 하늘에 제사를 지내는데, 밤낮으로 술을 마시고 노래 부르며 춤을 추니 이를 무천이라 한다. 또 호랑이를 신(神)으로 여겨 제사지낸다. 읍락을 함부로 침범하면 노비와 소, 말로 변상하는데, 이를 책화라 한다.

① 후 · 읍군 · 삼로 등이 하호를 통치하였다.
② 국읍마다 천신에 대한 제사를 주관하는 천군이 있었다.
③ 사람이 죽으면 가매장한 다음 뼈만 추려 목곽에 안치하였다.
④ 아이가 출생하면 돌로 머리를 눌러 납작하게 하는 풍습이 있었다.

8 밑줄 친 '이 기구'가 설치된 왕 대에 있었던 사실로 옳은 것은?

> 조정은 중국의 화약 제조 기술을 터득하여 <u>이 기구</u>를 두고, 대장군포를 비롯한 20여 종의 화기를 생산하였으며, 화약과 화포를 제작하였다.

① 복원궁을 건립하여 도교를 부흥시켰다.
② 흥덕사에서 직지심체요절을 간행하였다.
③ 교장도감을 설치하여 속장경을 간행하였다.
④ 시무 28조를 수용하여 유교정치를 구현하였다.

9 다음 건의문이 결의된 이후에 일어난 사실로 옳은 것은?

> 1. 외국인에게 의지하지 말고, 관·민이 힘을 합하여 전제 황권을 견고하게 할 것
> 2. 외국과의 이권에 관한 조약은 각 대신과 중추원 의장이 합동 날인하여 시행할 것
> 3. 국가 재정은 탁지부에서 전관하고, 예산과 결산을 국민에게 공포할 것
> 4. 중대 범죄를 공판하되, 피고의 인권을 존중할 것
> 5. 칙임관을 임명할 때에는 정부의 자문을 받아 다수의 의견에 따를 것
> 6. 정해진 규정을 실천할 것

① 군국기무처를 중심으로 개혁이 추진되었다.
② 황제권 강화 작업의 일환으로 원수부가 설치되었다.
③ 고종이 러시아 공사관으로 거처를 옮기게 되었다.
④ 서재필을 중심으로 민중 계몽을 위한 독립신문이 창간되었다.

10 독도가 우리나라 영토임을 입증하는 근거로만 옳게 짝지어진 것은?

① 이범윤의 보고문 – 은주시청합기
② 대한제국 칙령 제41호 – 삼국접양지도
③ 미쓰야 협정 – 시마네 현 고시 제40호
④ 조선국교제시말내탐서 – 어윤중의 서북경략사 임명장

11 다음에서 설명하는 화폐가 사용된 시기의 경제 상황으로 옳은 것은?

> 초기에는 은 1근으로 우리나라 지형을 본떠 만들었는데 그 가치는 포목 100필에 해당하는 고액이었다. 주로 외국과의 교역에 사용되었으며 후에 은의 조달이 힘들어지고 동을 혼합한 위조가 성행하자, 크기를 축소한 소은병을 만들었다.

① 이앙법이 전국적으로 보급되었다.
② 책, 차 등을 파는 관영상점을 두었다.
③ 동시전이 설치되어 시장을 감독하였다.
④ 청해진이 설치되어 무역권을 장악하였다.

12 밑줄 친 '그'에 대한 설명으로 옳은 것은?

> 그는 이성계를 추대하여 조선 왕조를 개창한 공으로 개국 1등 공신이 되었으며, 의정부를 중심으로 하는 재상 중심의 관료정치를 주창하였다. 그리고 「불씨잡변」을 저술하여 불교의 사회적 폐단을 비판하였다.

① 왜구의 소굴인 쓰시마 섬을 정벌하였다.
② 백성들의 윤리서인 「삼강행실도」를 편찬하였다.
③ 여진족을 두만강 밖으로 몰아내고 6진을 개척하였다.
④ 「조선경국전」을 편찬하여 왕조의 통치 규범을 마련하였다.

13 밑줄 친 '이곳'에서 전개된 민족운동으로 옳은 것은?

> 1903년에 우리나라 공식 이민단이 이곳에 도착하였다. 이주 노동자들은 사탕수수 농장, 개간 사업장, 철도 공사장 등에서 일하며 한인 사회를 형성하여 갔다. 노동 이민과 함께 사진 결혼에 의한 부녀자들의 이민도 이루어졌다. 또한 한인합성협회 등과 같은 한인 단체가 결성되었다.

① 독립운동 기지인 한흥동이 건설되었다.
② 독립운동 단체인 권업회가 조직되었다.
③ 자치 기관인 경학사와 부민단이 만들어졌다.
④ 군사 양성 기관인 대조선 국민군단이 창설되었다.

14 다음과 같이 주장한 조선후기의 실학자에 대한 설명으로 옳은 것은?

> 천체가 운행하는 것이나 지구가 자전하는 것은 그 세가 동일하니, 분리해서 설명할 필요가 없다. 생각건대 9만 리의 둘레를 한 바퀴 도는 데 이처럼 빠르며, 저 별들과 지구와의 거리는 겨우 반경(半徑)밖에 되지 않는데도 오히려 몇 천만 억의 별들이 있는지 알 수가 없다. 하물며 은하계 밖에도 또 다른 별들이 있지 않겠는가!

① 「북학의」에서 소비를 권장하여 생산을 촉진하자고 주장하였다.
② 「임하경륜」에서 성인 남자에게 2결의 토지를 나누어 주자고 주장하였다.
③ 「반계수록」에서 신분에 따라 토지를 차등 있게 재분배하자고 주장하였다.
④ 「우서」에서 상업적 경영을 통해 농업 생산성을 높여야 한다고 주장하였다.

15 다음 조칙이 발표된 이후의 상황에 대한 설명으로 옳은 것만을 〈보기〉에서 모두 고른 것은?

> ≪관보≫ 호외
> 짐이 생각건대 쓸데없는 비용을 절약하여 이용후생에 응용함이 급무라. 현재 군대는 용병으로서 상하의 일치와 국가 안전을 지키는 방위에 부족한지라. 훗날 징병법을 발표하여 공고한 병력을 구비할 때까지 황실시위에 필요한 자를 빼고 모두 일시에 해산하노라.

> 〈보기〉
> ㉠ 신돌석과 같은 평민 출신의 의병장이 처음으로 등장하였다.
> ㉡ 단발령의 실시로 위정척사 사상에 바탕을 둔 의병 운동이 시작되었다.
> ㉢ 연합 의병 부대인 13도 창의군이 결성되어 서울 진공작전을 계획하였다.
> ㉣ 일본군의 '남한 대토벌 작전'으로 의병 부대의 근거지가 초토화되었다.

① ㉠, ㉡   ② ㉠, ㉣
③ ㉡, ㉢   ④ ㉢, ㉣

16 국권이 침탈되기까지의 과정을 시기 순으로 바르게 나열한 것은?

> ㉠ 헤이그 특사 파견을 문제 삼아 고종 황제를 강제로 퇴위시켰다.
> ㉡ 일본인 메가타를 재정 고문으로, 미국인 스티븐스를 외교 고문으로 임명하도록 하였다.
> ㉢ 대한제국의 사법권을 빼앗고 감옥 사무를 장악하였다.
> ㉣ 통감이 추천한 일본인을 대한제국의 관리로 임명하도록 하였다.

① ㉠→㉡→㉢→㉣   ② ㉡→㉠→㉣→㉢
③ ㉡→㉢→㉠→㉣   ④ ㉣→㉡→㉠→㉢

17 다음의 자료에 보이는 시기의 경제 상황에 대한 설명으로 옳지 않은 것은?

> 황해도 관찰사의 보고에 따르면, 수안군에는 본래 금광이 다섯 곳이 있었다. 올해 여름에 새로 39개소의 금혈을 뚫었는데, 550여 명의 광꾼들이 모여들었다. 도내의 무뢰배들이 농사를 짓지 않고 다투어 모여들 뿐만 아니라 다른 지방에서 이익을 좇는 무리들도 소문을 듣고 몰려온다. …(중략)… 금점을 설치한 지 이미 여러 해가 된 곳에는 촌락이 즐비하고 상인들이 물품을 유통시켜 큰 도회지를 이루고 있다.

① 밭농사에서는 견종법이 보급되었다.
② 면화, 담배 등 상품 작물을 재배하였다.
③ 일부 지방에서 도조법으로 지대를 납부하였다.
④ 개간을 장려하기 위해 사패전을 부농층에 분급하였다.

18 다음에 나타난 사상에 대한 설명으로 옳지 않은 것은?

> 신(臣)들이 서경의 임원역 지세를 관찰하니, 이곳이 곧 음양가들이 말하는 매우 좋은 터입니다. 만약 궁궐을 지어서 거처하면 천하를 병합할 수 있고, 금나라가 폐백을 가지고 와 스스로 항복할 것이며, 36국이 모두 신하가 될 것입니다.

① 서경 천도 운동의 배경이 되었다.
② 문종 때 남경 설치의 배경이 되었다.
③ 하늘에 제사 지내는 초제의 사상적 근거가 되었다.
④ 공민왕과 우왕 때 한양 천도 주장의 근거가 되었다.

19 다음 주장을 한 인물에 대한 설명으로 옳은 것은?

> 계급투쟁은 민족의 내부 분열을 초래할 것이며, 민족의 내쟁은 필연적으로 민족의 약화에 따르는 다른 민족으로부터의 수모를 초래할 것이다. 계급투쟁의 길은 우리가 반드시 취해야 할 필요는 없고, 민족 균등이 실현되는 날 그것은 자연 해소되는 문제다. …(중략)… 이 세계적 기운과 민족적 요청에서 민족사관은 출발하는 것이며, 민족사는 그 향로와 방법을 명백하게 과학적으로 지시하여야 할 것이다.
>
> ─「조선민족사 개론」─

① 「조선상고사」와 「조선사연구초」를 저술하였다.
② 대동사상을 수용한 유교 구신론을 주장하였다.
③ 「진단학보」를 발간한 진단학회의 발기인으로 활동하였다.
④ 「5천년간 조선의 얼」이라는 글을 동아일보에 연재하였다.

20 고려시대 의주에 대한 설명으로 옳지 않은 것은?

① 청천강변에 위치하며 도호부가 설치된 곳이다.
② 강동 6주 가운데 하나인 흥화진이 있던 곳이다.
③ 요(遼)와 물품을 거래하던 각장이 설치된 곳이다.
④ 효(遼)와 금(金)의 분쟁을 이용하여 회복하려고 시도한 곳이다.

☞ 정답 및 해설 P.11

1 한반도 선사시대에 대한 설명으로 옳지 않은 것은?

① 구석기시대 전기에는 주먹도끼와 슴베찌르개 등이 사용되었다.

② 신석기시대 집터는 대부분 움집으로 바닥은 원형이나 모서리가 둥근 사각형이다.

③ 신석기시대 사람들은 조개류를 많이 먹었으며, 때로는 장식으로 이용하기도 하였다.

④ 청동기시대의 전형적인 유물로는 비파형동검·붉은간토기·반달돌칼·홈자귀 등이 있다.

2 다음 자료를 쓴 역사가의 활동으로 옳은 것은?

> 역사란 무엇이뇨. 인류 사회의 아와 비아의 투쟁이 시간부터 발전하며 공간부터 확대하는 심적 활동의 상태의 기록이니, 세계사라 하면 세계 인류의 그리되어 온 상태의 기록이며, 조선사라 하면 조선 민족의 그리되어 온 상태의 기록이니라.

① 「여유당전서」를 발간하여 조선후기 실학자들을 재평가하였다.

② 을지문덕, 최영, 이순신 등 애국명장의 전기를 써서 애국심을 고취하였다.

③ 「조선사회경제」를 저술하여 세계사적 보편성 속에서 한국사를 해석하였다.

④ '5천 년간 조선의 얼'이라는 글을 동아일보에 연재하여 민족정신을 고취하였다.

3 군사제도가 실시된 시기순으로 바르게 나열한 것은?

	중앙	지방
㉠	9서당	10정
㉡	5위	진관체제
㉢	5군영	속오군
㉣	2군과 6위	주현군과 주진군

① ㉠→㉡→㉢→㉣ ② ㉠→㉣→㉡→㉢

③ ㉡→㉠→㉢→㉣ ④ ㉡→㉣→㉠→㉢

4 (가), (나)의 특징을 가진 국가에 대한 설명으로 옳은 것은?

> (가) 옷은 흰색을 숭상하며, 흰 베로 만든 큰 소매 달린 도포와 바지를 입고 가죽신을 신는다.
> (나) 부여의 별종(別種)이라 하는데, 말이나 풍속 따위는 부여와 많이 같지만 기질이나 옷차림이 다르다.
>
> — 「삼국지」 위서 동이전 —

① (가) - 혼인풍속으로 민며느리제가 있었다.

② (나) - 제사장인 천군이 다스리는 소도가 있었다.

③ (가) - 남의 물건을 훔쳤을 때는 12배로 배상하게 하였다.

④ (나) - 단궁이라는 활과 과하마·반어피 등이 유명하였다.

5 다음 글을 지은 사람들의 공통점으로 옳은 것은?

> (가) 낭혜화상백월보광탑비문(朗慧和尙白月葆光塔碑文)
> (나) 대견훤기고려왕서(代甄萱寄高麗王書)
> (다) 낭원대사오진탑비명(朗圓大師悟眞塔碑銘)

① 골품제를 비판하고 호족 억압을 주장하였다.

② 국립 교육기관인 태학(太學)에서 공부하였다.

③ 신라뿐만 아니라 고려왕조에서도 벼슬하였다.

④ 당나라에 유학하여 빈공과(賓貢科)에 급제하였다.

6 다음 밑줄 친 '대사'에 대한 내용으로 옳지 않은 것은?

> 이 엔닌은 <u>대사</u>의 어진 덕을 입었기에 삼가 우러러 뵙지 않을 수 없습니다. 저는 이미 뜻한 바를 이루기 위해 당나라에 머물러 왔습니다. 부족한 이 사람은 다행히도 <u>대사</u>께서 발원하신 적산원(赤山院)에 머물 수 있었던 것에 대해 감경(感慶)한 마음을 달리 비교해 말씀드리기가 어렵습니다.
>
> — 「입당구법순례행기」 —

① 법화원을 건립하고 이를 지원하였다.
② 당나라에 가서 서주 무령군 소장이 되었다.
③ 회역사, 견당매물사 등의 교역 사절을 파견하였다.
④ 웅주를 근거지로 반란을 일으켜 장안(長安)이라는 나라를 세웠다.

7 다음 (가)에서 이루어진 합의제도를 시행한 국가의 통치체제로 옳은 것은?

> 호암사에는 ⟨(가)⟩(이)라는 바위가 있다. 나라에서 장차 재상을 뽑을 때에 후보 3, 4명의 이름을 써서 상자에 넣고 봉해 바위 위에 두었다가 얼마 후에 가지고 와서 열어 보고 그 이름 위에 도장이 찍혀 있는 사람을 재상으로 삼았다.
>
> — 「삼국유사」 —

> ㉠ 중앙정치는 대대로를 비롯하여 10여 등급의 관리들이 나누어 맡았다.
> ㉡ 중앙관청을 22개로 확대하고 수도는 5부, 지방은 5방으로 정비하였다.
> ㉢ 16품의 관등제를 시행하고, 품계에 따라 옷의 색을 구별하여 입도록 하였다.
> ㉣ 지방 행정 조직을 9주 5소경 체제로 정비하였다.
> ㉤ 중앙에 3성 6부를 두고, 정당성을 관장하는 대내상이 국정을 총괄하도록 하였다.

① ㉠, ㉡
② ㉡, ㉢
③ ㉢, ㉣
④ ㉣, ㉤

8 다음 글을 쓴 사람에 대한 설명으로 옳은 것은?

> 오늘날 백성을 다스리는 자는 백성에게서 걷어들이는 데만 급급하고 백성을 부양하는 방법은 알지 못한다. …… '심서(心書)'라고 이름 붙인 까닭은 무엇인가? 백성을 다스릴 마음은 있지만 몸소 실행할 수 없기 때문에 그렇게 이름 붙인 것이다.

① 우리나라에서 처음으로 지전설을 주장하였다.
② 「농가집성」을 펴내 이앙법 보급에 공헌하였다.
③ 홍역 관련 의서를 종합해 「마과회통」을 저술하였다.
④ 조선시대의 역사를 서술한 「열조통기」를 편찬하였다.

9 다음 상황이 나타난 시기에 볼 수 있는 모습으로 옳은 것은?

> 대외 무역이 발전하면서 예성강 어귀의 벽란도가 국제 무역항으로 번성했으며, 대식국(大食國)으로 불리던 아라비아 상인들도 들어와 수은 · 향료 · 산호 등을 팔았다.

① 해동통보와 은병(銀瓶) 같은 화폐를 만들어 사용하였다.
② 인구 · 토지면적 등을 기록한 장적(帳籍, 촌락문서)이 작성되었다.
③ 개성의 송상은 전국에 송방(松房)이라는 지점을 개설해서 활동하였다.
④ 지방 장시의 객주와 여각은 상품의 매매뿐 아니라 숙박 · 창고 · 운송 업무까지 운영하였다.

10 (가)와 (나)의 인물에 대한 〈보기〉의 설명으로 옳은 것은?

> (가)는 "교(敎)를 배우는 이는 대개 안의 마음을 버리고 외면에서 구하고, 선(禪)을 익히는 이는 인연을 잊고 안의 마음을 밝히기를 좋아하니, 모두 한쪽에 치우친 것으로 두 극단에 모두 막힌 것이다."라고 주장하였다.
>
> (나)는 "정(定)은 본체이고 혜(慧)는 작용이다. 작용은 본체를 바탕으로 존재하므로 혜가 정을 떠나지 않고, 본체가 작용을 가져오게 하므로 정은 혜를 떠나지 않는다."라고 주장하였다.

> 〈보기〉
> ㉠ (가)와 (나)는 서로 다른 방법으로 교종과 선종의 통합을 시도하였다.
> ㉡ (가)와 (나)는 지방 호족과 연합하여 신라 정부의 권위를 약화시켰다.
> ㉢ (가)는 불교와 유교 모두 도를 추구한다는 점에서 같다는 유·불 일치설을 주장하였다.
> ㉣ (나)는 수선사 결성을 제창하여 불교계의 개혁을 추진하였다.

① ㉠, ㉡

② ㉠, ㉣

③ ㉡, ㉢

④ ㉡, ㉣

11 조선시대 도성 한양에 대한 설명으로 옳지 않은 것은?

① 경복궁 근정전의 이름은 정도전이 지었다.

② 경복궁의 동쪽에 사직이, 서쪽에 종묘가 각각 배치되었다.

③ 유교사상인 인·의·예·지 덕목을 담아 도성 4대문의 이름을 지었다.

④ 도성 밖 10리 안에는 개인의 무덤을 쓰거나 벌채를 하지 못하도록 규제하였다.

12 밑줄 친 제도에 대한 설명으로 옳은 것은?

> 국왕이 말했다. "나는 일찍부터 이 제도를 시행해 여러 해의 평균을 파악하고 답험(踏驗)의 폐단을 영원히 없애려고 해왔다. 신하들부터 백성까지 두루 물어보니 반대하는 사람은 적고 찬성하는 사람이 많았으므로 백성의 뜻도 알 수 있다."

① 토지의 비옥도에 따라 조세를 차등 징수하였다.

② 풍흉에 상관없이 1결당 4~6두를 조세로 징수하였다.

③ 토지 소유자에게 1결당 미곡 12두를 조세로 징수하였다.

④ 토지 소유자에게 수확량의 10분의 1을 조세로 징수하였다.

13 임진왜란의 전개 과정에 대한 설명으로 옳지 않은 것은?

① 휴전협상이 진행되는 동안 조선은 훈련도감을 설치해 군대의 편제를 바꾸었다.

② 조선군은 명나라 지원군과 연합하여 일본군에게 뺏긴 평양성을 탈환하였다.

③ 전세가 불리해지고 도요토미 히데요시가 죽자 일본군이 철수함으로써 전란이 끝났다.

④ 첨사 정발은 부산포에서, 도순변사 신립은 상주에서 일본군과 맞서 싸웠지만 패배하였다.

14 다음 지시에 따라 실시된 제도로 옳은 것은?

> 왕이 양역을 절반으로 줄이라고 명령했다. "…… 호포(戶布)나 결포(結布) 모두 문제가 있다. 이제 1필을 줄이는 것으로 온전히 돌아갈 것이니 경들은 1필을 줄였을 때 생기는 세입 감소분을 보충할 방법을 강구하라."

① 지조법을 시행하고 호조로 재정을 일원화하였다.

② 토산물로 징수하던 공물을 쌀이나 무명, 동전 등으로 통일하였다.

③ 황폐해진 농지를 개간하도록 권장하고 전국적인 양전 사업을 시행하였다.

④ 일부 양반층에게 선무군관이라는 칭호를 주고 군포 1필을 납부하게 하였다.

15 우리나라 족보에 대한 설명으로 옳지 않은 것은?

① 조선후기에 부유한 농민들은 족보를 사거나 위조하기도 하였다.

② 조선초기의 족보는 친손과 외손을 구별하지 않고 모두 수록하였다.

③ 현존하는 가장 오래된 족보는 성종 7년에 간행된 「문화류씨가정보」이다.

④ 조선시대에는 족보가 배우자를 구하거나 붕당을 구별하는 데 중요한 자료로 활용되기도 하였다.

16 다음 ㈎～㈑를 내용으로 하는 헌법이 적용되던 시기에 일어난 사건으로 바르게 연결한 것은?

> ㈎ 대통령의 임기는 7년이며 중임할 수 없다.
>
> ㈏ 대통령과 부통령은 국회에서 무기명 투표로 각각 선거한다.
>
> ㈐ 대통령과 부통령의 임기는 4년으로 하며, 1차 중임할 수 있다. 단, 이 헌법 공포 당시의 대통령에 대하여 중임 제한을 적용하지 아니한다.
>
> ㈑ 6년 임기의 대통령은 통일 주체 국민회의에서 선출된다.

① ㈎ – 남한과 북한은 함께 유엔에 가입하였다.

② ㈏ – 판문점에서 휴전 협정이 체결되었다.

③ ㈐ – 평화통일론을 주장한 진보당의 정당등록이 취소되었다.

④ ㈑– 민족 통일을 위한 남북 공동 성명이 발표되었다.

17 다음 자료가 조선 조정에 소개된 이후에 일어난 사건으로 옳지 않은 것은?

> 러시아를 막을 수 있는 조선의 책략은 무엇인가? 중국과 친하고 〔親中〕 일본과 맺고 〔結日〕 미국과 연합해 〔聯美〕 자강을 도모하는 길 뿐이다.

① 육영공원(育英公院)을 설립해 서양의 새 학문을 교육했다.

② 임오군란이 일어나고 제물포조약이 체결되어 일본에 배상금을 지불하였다.

③ 개화파가 우정총국 개국 축하연을 이용해 정변을 일으켜 정권을 장악하였다.

④ 최익현은 일본과 통상을 반대하는 「오불가소(五不可疏)」를 올렸다.

18 다음 자료에 나타난 사상을 정립한 인물에 대한 설명으로 옳지 않은 것은?

> 우리나라의 건국정신은 삼균제도(三均制度)의 역사적 근거를 두었으니 선조들이 분명히 명한 바 「수미균평위(首尾均平位)하야 흥방보태평(興邦保泰平)하리라」 하였다. 이는 사회 각층 각급의 지력과 권력과 부력의 향유를 균평하게 하야 국가를 진흥하며 태평을 보유(保維)하려 함이니 홍익인간(弘益人間)과 이화세계(理化世界)하자는 우리 민족의 지킬 바 최고 공리(公理)임

① 한국독립당을 창당하였다.　　　　② 임시정부의 국무위원이었다.
③ 제헌 국회의원에 당선되었다.　　　④ 정치·경제·교육의 균등을 주장하였다.

19 시대별 교육문화의 변화에 대한 설명으로 옳지 않은 것은?

① 미군정기 : 미국식 민주주의 교육과 6-3-3학제가 도입되었다.
② 1950년대 : 경제적 어려움 속에서도 초등학교 의무교육제가 시행되었다.
③ 1960년대 : 입시과열을 막기 위해 중학교 무시험 추첨제가 도입되었다.
④ 1970년대 : 국가주의 이념을 강조한 국민교육헌장이 제정되었다.

20 다음 법령에 대한 설명으로 옳지 않은 것은?

> 제1조 일본 정부와 통모하여 한·일 합병에 적극 협력한 자, 한국의 주권을 침해하는 조약 또는 문서에 조인한 자와 모의한 자는 사형 또는 무기 징역에 처하고, 그 재산과 유산의 전부 혹은 2분의 1 이상을 몰수한다.
> 제2조 일본 정부로부터 작위를 받은 자 또는 일본 제국 의회의 의원이 되었던 자는 무기 또는 5년 이상의 징역에 처하고 그 재산과 유산의 전부 혹은 2분의 1 이상을 몰수한다.
> 제3조 일본 치하 독립운동자나 그 가족을 악의로 살상·박해한 자 또는 이를 지휘한 자는 사형, 무기 또는 5년 이상의 징역에 처하고 그 재산의 전부 혹은 일부를 몰수한다.

① 이 법령에 따라 특별 재판부가 설치되었다.
② 이 법령의 제정은 제헌헌법에 명시된 사항이었다.
③ 이 법령에 따라 반민족행위자들이 실형을 선고받았다.
④ 이 법령은 여수·순천 10·19 사건 직후에 국회에서 통과되었다.

☞ 정답 및 해설 P.13

1 조선 후기에 전개된 국학 연구에 대한 설명으로 옳지 않은 것은?

① 유희는 「언문지」를 지어 우리말의 음운을 연구하였다.
② 이의봉은 「고금석림」을 편찬하여 우리의 어휘를 정리하였다.
③ 한치윤은 「기언」을 지어 토지제도의 개혁을 주장하였다.
④ 이종휘는 「동사」를 지어 고구려사에 대한 관심을 고조시켰다.

2 조선 후기 경제 변화에 대한 설명으로 옳지 않은 것은?

① 소라 불리는 특수지역에서 수공업이 이루어졌다.
② 도고라 불리는 독점적 도매상인이 활동하였다.
③ 인삼 · 담배 등의 상품작물이 널리 재배되었다.
④ 금광 · 은광을 몰래 개발하는 잠채가 번창하였다.

3 다음 지도와 같이 영토 수복이 이루어진 왕대에 일어난 사실은?

① 과전법의 시행   ② 철령위의 설치

③ 이승휴의 「제왕운기」 편찬   ④ 전민변정도감의 설치

4 고려시대 토지제도에 대한 설명으로 옳은 것은?

① 6품 이상의 관리는 전시과 이외에도 공음전을 받아 자손에게 물려줄 수 있었다.

② 전시과에서는 문무관리, 군인, 향리 등을 9등급으로 나누어, 토지를 주었다.

③ 후삼국을 통일한 태조 왕건은 공신, 군인 등을 대상으로 그들의 공로에 따라 차등을 두어 역분전을 지급하였다.

④ 국가는 왕실 경비를 마련하기 위해서 공해전을 지급하였다.

5 (가), (나) 문서에 대한 설명으로 옳은 것은?

> (가) 조선 인민의 노예 상태에 유의하여 적당한 시기에 맹세코 조선을 자주 독립시킬 것을 결의한다.
>
> (나) 조선 임시 정부의 구성을 원조할 목적으로 먼저 그 적절한 방안을 마련하기 위하여 남조선 합중국 관구와 북조선 소련 관구의 대표자들로 공동위원회가 설치될 것이다.

① (가)는 포츠담 회담에서 발표되었다.

② (나)의 결정에는 미국, 영국, 소련이 참여하였다.

③ (나)의 결정에 따라 좌우합작위원회가 만들어졌다.

④ (가), (나)는 8 · 15 해방 직전에 발표되었다.

6 거문도 사건이 전개된 동안, 당시 사람들이 볼 수 있었던 모습은?

① 당오전을 발행하는 기사

② 한성순보를 배포하는 공무원

③ 서유견문을 출간한 유길준

④ 일본과의 무관세 무역을 항의하는 동래 부민

7 다음은 「고려사」에 나타난 고려 중기 두 세력의 대표적 인물의 주장이다. 이들에 대한 설명으로 옳은 것을 〈보기〉에서 고르면?

> (가) 제가 보건대 서경 임원역의 땅은 풍수지리를 하는 사람들이 말하는 아주 좋은 땅입니다. 만약 이곳에 궁궐을 짓고 전하께서 옮겨 앉으시면 천하를 다스릴 수 있습니다. 또한 금나라가 선물을 바치고 스스로 항복할 것이고 주변의 36나라가 모두 머리를 조아릴 것입니다.
>
> (나) 금년 여름 서경 대화궁에 30여 개소나 벼락이 떨어졌습니다. 서경이 만일 좋은 땅이라면 하늘이 이렇게 하였을 리 없습니다. 또 서경은 이직 추수가 끝나시 않았습니다. 지금 거동하시면 농작물을 짓밟을 것이니 이는 백성을 사랑하고 물건을 아끼는 뜻과 어긋납니다.

> 〈보기〉
> ㉠ (가) 국호를 대위, 연호를 천개로 정하고 반란을 일으켰다.
> ㉡ (가) 칭제 건원과 요나라 정벌을 주장하였다.
> ㉢ (나) 개경 중심의 문벌 귀족세력의 대표였다.
> ㉣ (나) 편년체 역사서인 「삼국사기」를 편찬하였다.

① ㉠, ㉢ 　　　　　　　　　② ㉠, ㉡, ㉢
③ ㉠, ㉢, ㉣ 　　　　　　　　④ ㉠, ㉡, ㉢, ㉣

8 밑줄 친 '그'에 대한 설명으로 옳은 것은?

> 그는 「묘종초」를 설법하기 좋아하여 언변과 지혜가 막힘이 없었고, 대중에게 참회를 닦기를 권하였다. …(중략)… 대중의 청을 받아 교화시키고 인연을 맺은 지 30년이며, 결사에 들어온 자들이 3백여 명이 되었다.

① 강진의 토호세력의 도움을 받아 백련사를 결성하였다.
② 불교계 폐단을 개혁하기 위해 9산 선문의 통합을 주장하였다.
③ 이론의 연마와 실천을 아울러 강조하는 교관겸수를 제창하였다.
④ 깨달은 후에도 꾸준한 실천이 필요하다는 돈오점수를 중시하였다.

9 다음과 같은 남북합의가 이루어진 정부에서 일어난 사실은?

> 제1조 남과 북은 서로 상대방의 체제를 인정하고 존중한다.
> 제2조 남과 북은 상대방의 내부 문제에 간섭하지 아니한다.
> 제3조 남과 북은 상대방에 대한 비방, 중상을 하지 아니한다.
> 제4조 남과 북은 상대방을 파괴, 전복하는 일체 행위를 하지 아니한다.

① 남북조절위원회 회담   ② 금융실명제 전면 실시
③ 남북정상회담 개최   ④ 북방외교의 적극 추진

10 다음 중 단군조선의 역사를 다룬 책으로 옳은 것은?

① 「삼국사기」   ② 「표제음주동국사략」
③ 「연려실기술」   ④ 「고려사절요」

11 삼국 통일 과정에서 나타난 사건을 순서대로 바르게 나열한 것은?

> (가) 나·당 연합군이 평양성을 함락시켰다.
> (나) 신라가 매소성에서 당군을 크게 물리쳤다.
> (다) 계백의 저항에도 불구하고 사비성이 함락되었다.
> (라) 백제·왜 연합군이 나·당 연합군과 백강에서 전투를 벌였다.

① (나) - (가) - (다) - (라)
② (나) - (다) - (가) - (라)
③ (다) - (라) - (가) - (나)
④ (라) - (다) - (가) - (나)

12 임진왜란으로 발생한 문제를 해결하기 위해 광해군 재위기간 중에 추진된 정책에 해당하지 않는 것은?

① 토지 대장과 호적을 새로 정비하였다.

② 공납제도의 문제점을 보완하기 위해 대동법을 실시하였다.

③ 임진왜란 때 활약한 충신과 열녀를 조사하여 추앙하였다.

④ 진관 체제에서 제승방략 체제로 변경하였다.

13 (가)의 사건에 대한 설명으로 옳은 것은?

> 심문자 : 작년 3개월간 무슨 사연으로 고부 등지에서 민중을 크게 모았는가?
> 답변자 : 고부 군수의 수탈이 심하여 민심이 억울하고 통한스러워 의거를 하였다.
> 심문자 : 흩어져 돌아간 후에는 무슨 일로 봉기하였는가?
> 답변자 : 안핵사 이용태가 의거 참가자 대다수를 동학도로 몰아 체포하여 살육하였기 때문이다.
> 심문자 : (가) 이후 다시 봉기를 일으킨 이유는 무엇인가?
> 답변자 : 일본이 군대를 거느리고 경복궁을 침범하였기 때문이다.

① 일본군이 풍도의 청군을 공격하면서 성립하였다.

② 법규교정소를 설치한다는 내용이 들어 있었다.

③ 집강소 및 폐정개혁에 관한 규정이 포함되었다.

④ 제물포 조약을 근거로 실행한 것이다.

14 다음 자료와 관련된 사건을 순서대로 바르게 나열한 것은?

> ㉠ 무엇보다 우리는 이른바 4 · 13 대통령의 특별 조치를 국민의 이름으로 무효임을 선언한다.
> ㉡ 우리 시민군은 온갖 방해에도 불구하고 여러분의 안전을 끝까지 지킬 것입니다. 또한 협상이 올바른 방향대로 진행되면 우리는 즉각 총을 놓겠습니다.
> ㉢ 오늘의 이 시점에서 저는 사회적 혼란을 극복하고, 국민적 화해를 이룩하기 위하여 대통령 직선제를 택하지 않을 수 없다는 결론에 이르게 되었습니다.

① ㉠ - ㉡ - ㉢

② ㉡ - ㉠ - ㉢

③ ㉡ - ㉢ - ㉠

④ ㉢ - ㉡ - ㉠

15 다음의 협약 이후 일어난 일로 옳지 않은 것은?

> • 한국 정부는 시정 개선에 관하여 통감의 지도를 받을 것
> • 한국 정부의 법령 제정 및 중요한 행정상의 처분은 미리통감의 승인을 거칠 것
> • 한국 고등 관리의 임면은 통감의 동의로써 이를 행할 것
> • 한국 정부는 통감이 추천하는 일본인을 한국 관리에 임명할 것

① 13도 창의군의 서울진공작전　　　② 고종의 헤이그 특사 파견

③ 대한제국 군대 해산　　　　　　　④ 대한제국 경찰권 박탈

16 밑줄 친 '왕'에 대한 설명으로 옳은 것은?

> 　왕은 왕권 강화를 위해 중앙집권체제를 강화하고, 변방중심에서 전국적인 지역 중심 방어체제로 바꾸는 등 국방을 강화하였다. 또 국가재정을 안정시키기 위해 과전을 현직 관료에게만 지급하기 시작하였다.

① 「경국대전」의 편찬을 마무리하여 반포하였다.

② 간경도감을 두어 「월인석보」를 언해하여 간행하였다.

③ 6조 직계제를 채택하고 사간원을 독립시켜 대신을 견제하였다.

④ 대마도주와 계해약조를 맺어 무역선을 1년에 50척으로 제한하였다.

17 밑줄 친 '이 책'의 저자에 대한 설명으로 옳은 것은?

> 　<u>이 책</u>은 왕과 사대부를 위해 왕도정치의 규범을 체계화한 것으로 통설, 수기, 정가, 위정, 성현도통 등으로 구성되어 있다. <u>이 책</u>은 성리학의 정치 이론서인 「대학연의」를 보완함으로써 조선의 사상계에 널리 영향을 미쳤다.

① 경과 의를 근본으로 하는 실천적 성리학풍을 강조하였다.

② 기대승과 8차례 편지를 통해 4단과 7정에 대한 논쟁을 벌였다.

③ 이보다 기를 중심으로 세계를 이해하고 노장사상에 개방적이었다.

④ 사림이 추구하는 왕도정치가 기자에서 시작되었다는 평가를 담은 「기자실기」를 저술하였다.

18 밑줄 친 '그'의 활동에 대한 설명으로 옳은 것은?

> 그는 만동묘와 폐단이 큰 서원을 철폐하도록 명령을 내렸다. 선비들 수만 명이 대궐 앞에 모여 만동묘와 서원을 다시 설립할 것을 청하니, 그가 크게 노하여 병졸로 하여금 한강 밖으로 몰아내도록 하였다.

① 갑오개혁 당시 군국기무처의 총재관으로 활동하였다.

② 갑신정변 당시 청군의 원소를 요청하였다.

③ 임오군란 직후 통리기무아문을 폐지하였다.

④ 강화도 조약 체결 직전 화서학파의 적극적인 지지를 받았다.

19 대한민국 임시 정부에 대한 설명으로 옳지 않은 것은?

① 국내 항일 세력들과 연락하기 위해 연통제를 운영하였다.

② 국외 거주 동포에게 독립 공채를 발행하였다.

③ 만주 지역의 무장 투쟁 세력들도 참여하였다.

④ 임시 정부 수립 직후 임시 의정원을 구성하였다.

20 ㉠~㉣에 대한 설명이 바르게 연결된 것은?

> ㉠ 농경이 발달하였고, 어물과 소금 등 해산물이 풍부하였다.
> ㉡ 도둑질을 하면 물건 값의 12배를 변상하게 하였다.
> ㉢ 산과 내마다 각기 구분이 있어서 함부로 들어가지 못하였다.
> ㉣ 국읍에 각각 한 사람씩 세워 천신의 제사를 주관하게 하였다.

① ㉠ - 10월에 동맹이라는 제천 행사를 실시하였다.

② ㉡ - 형이 죽으면 형수를 아내로 삼는 풍습이 있었다.

③ ㉢ - 족내혼과 함께 민며느리제라는 혼인 풍속이 있었다.

④ ㉣ - 상가, 고추가 등이 제가회의를 열어 국가 대사를 결정하였다.

☞ 정답 및 해설 P.15

1 '신라촌락(민정)문서'를 통해서 알 수 있는 내용으로 옳지 않은 것은?

① 인구를 중시하여 소아의 수까지 파악했다.

② 내시령과 같은 관료에게 토지가 지급되었다.

③ 촌락의 경제력을 파악할 때 유실수의 상황을 반영했다.

④ 촌락을 통제하기 위해서 지방관으로 촌주가 파견되었다.

2 다음과 같은 명을 내린 왕에 대한 설명으로 옳은 것은?

> 삼강은 인도의 근본이니, 군신·부자·부부의 도리를 먼저 알아야 할 것이다. 이제 내가 유신에게 명하여 고금의 사적을 편집하고 아울러 그림을 붙여 만들어 이름을 '삼강행실'이라 하고, 인쇄하게 하여 서울과 외방에 널리 펴고자 한다.

① 압록강과 두만강 지역에 4군 6진을 설치하였다.

② 훈구세력을 견제하기 위해 사림을 적극 중용하였다.

③ 『국조오례의』를 편찬하여 국가의 예법과 절차를 정하였다.

④ 토지 등급을 대부분 하등으로 정하여 전세를 경감해 주었다.

3 밑줄 친 '왕'의 재위 기간에 있었던 사실로 옳은 것은?

> 왕 30년, 달솔 노리사치계를 왜에 보내 석가여래상과 불경을 전했다.

① 불교를 공인하였다.

② 국호를 남부여로 고쳤다.

③ 평양성까지 진군하여 고국원왕을 전사시켰다.

④ 북위에 국서를 보내 고구려를 공격해줄 것을 요청했다.

4 고려시대 토지 종목 중 ⊙에 해당하는 것은?

> 원종 12년 2월에 도병마사가 아뢰기를, "근래 병란이 일어남으로 인해 창고가 비어서 백관의 녹봉을 지급하지 못하여 사인(士人)을 권면할 수 없었습니다. 청컨대 경기 8현을 품등에 따라 (⊙)으로 지급하소서."라고 하였다.
>
> ─ 『고려사』 ─

① 공음전
② 구분전
③ 녹과전
④ 사패전

5 다음 자료에 해당하는 나라에 대한 설명으로 옳지 않은 것은?

> • 대가(大家)들은 농사를 짓지 않고, 앉아서 먹는 자[坐食者]가 1만여 명이나 된다. 하호가 멀리서 쌀, 곡물, 물고기, 소금을 져서 날라 공급한다.
> • 큰 창고가 없고 집집마다 작은 창고가 있어 부경(桴京)이라고 부른다.
>
> ─ 『삼국지』 ─

① 전쟁에 나갈 때 우제점(牛蹄占)을 쳐서 승패를 예측했다.
② 거처의 좌우에 큰 집을 지어 귀신을 제사하고, 영성과 사직에도 제사했다.
③ 금, 은의 폐물로써 후하게 장례를 치렀으며 돌무지무덤(적석총)을 만들었다.
④ 신랑은 처가 쪽에 머물며 자식이 장성한 다음에야 부인을 데리고 본가로 돌아왔다.

6 밑줄 친 '탑'에 대한 설명으로 옳은 것은?

> 신인(神人)이 말하기를, "황룡사의 호법룡은 나의 아들로서 범왕(梵王)의 명을 받아 그 절을 보호하고 있으니, 본국에 돌아가 그 절에 탑을 세우시오. 그렇게 하면 이웃 나라가 항복하고 구한(九韓)이 와서 조공하여 왕업이 길이 태평할 것이오."라고 하였다. …… 백제에서 아비지(阿非知)라는 공장을 초빙하여 이 탑을 건축하고 용춘이 이를 감독했다.
>
> ─『삼국유사』─

① 자장 율사가 건의하여 세워졌다.
② 돌을 벽돌 모양으로 다듬어 쌓았다.
③ 목조탑의 양식을 간직하고 있는 석탑이다.
④ 선종이 보급되면서 승려의 사리를 봉안하기 위해 세웠다.

7 다음 사건으로 즉위한 왕의 재위 기간에 있었던 사실로 옳지 않은 것은?

> 목종의 모후(母后)인 천추태후와 김치양이 불륜 관계를 맺고 왕위를 엿보자, 서북면도순검사 강조가 군사를 일으켜 김치양 일파를 제거하고 목종을 폐위시켰다.

① 대장경 조판 사업을 시작하였다.
② 지방관이 없는 속군에 감무를 파견하였다.
③ 부모의 명복을 빌고자 현화사를 창건하였다.
④ 개성부를 경중(京中) 5부와 경기로 구획하였다.

8 『신편제종교장총록』을 편찬한 승려에 대한 설명으로 옳은 것은?

① 선종의 일파인 임제종을 들여와 전파하였다.
② 거조암, 길상사 등에서 정혜결사를 주도하였다.
③ 우리나라 천태교학의 전통을 원효에게서 찾았다.
④ 성속무애 사상을 주장하면서 종단을 통합하려 하였다.

9 발해의 통치 체제에 대한 설명으로 옳은 것은?

① 사정부를 두어 관리를 감찰하였다.

② 중앙의 핵심 군단으로 9서당이 있었다.

③ 정당성 아래에 있는 6부가 정책을 집행하였다.

④ 중앙과 지방에 각각 6부와 9주를 두어 다스렸다.

10 밑줄 친 인물들이 속한 신분층에 대한 설명으로 옳은 것은?

> • 진덕여왕 2년, <u>김춘추</u>가 돌아오는 길에 고구려의 순라병을 만났는데, 종자인 온군해가 대신 피살되었고 그는 무사히 신라로 귀국했다.
> • 마침 알천의 물이 불어 <u>김주원</u>이 왕궁으로 건너오지 못하니, 상대등 <u>김경신</u>이 왕위에 올랐다.
> — 『삼국사기』 —

① 관등과 상관없이 특정 색깔의 관복을 입었다.

② 골품제의 모순을 비판하며 과거제 도입을 주장하였다.

③ 죄를 지으면 본관지로 귀향시키는 형벌이 적용되었다.

④ 중앙 관부와 지방행정 조직의 장관직에 오를 수 있었다.

11 다음 사건에 대한 설명으로 옳은 것은?

> 미군이 제너럴셔먼호 사건을 구실로 광성보를 침공하였다. 어재연이 이끄는 조선군은 격렬히 항전했지만, 미군에 패하고 말았다. 그러나 조선 정부는 굴복하지 않았고, 결국 미군은 물러갔다.

① 『조선책략』에 대한 반발로 발생한 사건이었다.

② 전국 여러 곳에 척화비가 세워지는 계기가 되었다.

③ 오페르트가 남연군묘 도굴 사건을 일으킨 원인이 되었다.

④ 이 사건 당시 정족산성에서 양헌수 부대가 승리를 거두었다.

12 다음 강령을 채택한 단체에 대한 설명으로 옳은 것은?

> • 우리는 정치적 경제적 각성을 촉구함
> • 우리는 단결을 공고히 함
> • 우리는 기회주의를 일체 부인함

① 조선 물산 장려회를 조직하였다.
② 한글 맞춤법 통일안을 제정하였다.
③ 암태도 소작 쟁의를 주도적으로 이끌었다.
④ 광주 학생 항일 운동의 진상 조사 활동을 펼쳤다.

13 다음 글의 ㉠에 해당하는 것은?

> 국내·외에서 줄기차게 전개된 독립 운동은 연합국이 한국의 독립을 약속하는 데에 영향을 미쳤다. 1943년에 미국의 루스벨트 대통령과 영국의 처칠 수상, 중국의 장제스 총통은 '한국인이 노예적 상태에 있음에 유의하여 적당한 절차(in due course)를 밟아 한국을 독립시키기로 결의한다'는 내용이 담긴 (㉠)을 발표하였다.

① 얄타 협정   ② 카이로 선언
③ 포츠담 선언   ④ 트루먼 독트린

14 밑줄 친 '시기'에 있었던 사실에 대한 설명으로 옳은 것은?

> 제1차 경제 개발 5개년 계획을 시행할 무렵에 우리나라 정부는 국내에서 산업 개발 자금을 확보하려 하였다. 이에 통화 개혁을 실시했으나 목적을 달성하지 못했고, 결국 외국 차관을 들여왔다. 이러한 배경 속에서 섬유·가발 등의 수출 산업이 육성되었다. 제2차 경제 개발 5개년 계획이 적용된 때에는 화학, 철강 산업에 대한 투자도 이루어졌다. 이 두 차례의 경제 개발 계획이 시행된 <u>시기</u>에 수출 주도 성장 전략이 자리를 잡았다.

① 경부 고속 국도가 건설되었다.
② 금융 실명제가 전격적으로 실시되었다.
③ 경제 협력 개발 기구(OECD)에 가입하였다.
④ 연간 수출 총액이 늘어나 100억 달러를 돌파하였다.

15 조선시대 의궤에 대한 설명으로 옳지 않은 것은?

① 가례도감의궤는 임진왜란 이후부터 편찬되기 시작하였다.

② 조선왕조의궤는 유네스코 세계기록유산으로 등재되었다.

③ 정조 때 화성 행차 일정, 참가자 명단, 행차 그림 등을 수록한 의궤가 편찬되었다.

④ 가례도감의궤의 말미에 그려진 반차도에는 당시 왕실 혼례의 행렬 모습이 담겨 있다.

16 조선 후기 평안도에 대한 설명으로 옳지 않은 것은?

① 평안도 사람들은 서북인이라 하여 차별을 받았다.

② 두 차례의 호란 직후 사회가 불안정해져 인구가 급감하였다.

③ 영·정조 대에 들어서 문과 합격자 중 평안도 출신자의 비중이 높아졌다.

④ 중국과의 무역량이 증가하면서 의주, 평양, 정주 등지의 상인들이 많은 부를 축적하였다.

17 (가), (나) 시기에 있었던 사실에 대한 설명으로 옳은 것은?

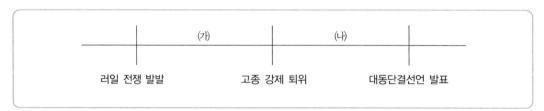

① (가) - 독립협회가 개최한 관민공동회에서 헌의 6조가 결의되었다.

② (가) - 독도를 울릉군 관할로 한다는 내용의 대한제국 칙령 제41호가 공포되었다.

③ (나) - 일제가 '105인 사건'을 일으켜 윤치호 등을 체포하였다.

④ (나) - 일본인 메가타가 재정 고문으로 부임하여 화폐 정리 사업을 시작하였다.

18 조선 후기의 사상 동향에 대한 설명으로 옳은 것만을 모두 고른 것은?

> ㉠ 서울 부근의 일부 남인 학자는 천주교를 수용하였다.
> ㉡ 정조는 기존의 문체에 얽매이지 않는 신문체를 장려하였다.
> ㉢ 복상 기간에 대한 견해차로 인해 예송(禮訟)이 전개되었다.
> ㉣ 노론과 남인 간에 인성(人性)·물성(物性) 논쟁이 전개되었다.

① ㉠, ㉡   ② ㉠, ㉢

③ ㉡, ㉣   ④ ㉢, ㉣

19 밑줄 친 '단체'의 활동에 대한 설명으로 옳은 것은?

>   1919년 김원봉, 윤세주 등이 만주 지린성에서 조직한 이 단체는 일제(日帝)의 요인 암살과 식
> 민 지배 기관 파괴를 목표로 삼았다. 이 단체는 신채호가 작성한 조선혁명선언을 이념적 지표
> 로 내세웠다.

① 중국 충칭에서 한국광복군을 조직하였다.

② 대한민국 임시 정부를 주도한 한국 독립당을 결성하였다.

③ 중국 의용군과 힘을 합쳐 영릉가 전투에서 일본군을 물리쳤다.

④ 이 단체에 속한 김익상이 조선총독부에 폭탄을 투척하였다.

20 다음 사실들을 시기 순으로 바르게 나열한 것은?

> ㉠ 남북이 유엔에 동시 가입하였다.
> ㉡ 분단 후 처음으로 금강산 관광 사업이 실현되었다.
> ㉢ '남북 사이의 화해와 불가침 및 교류·협력에 관한 합의서'가 체결되었다.
> ㉣ 북한 핵시설 동결과 경수로 발전소 건설 지원 등을 명시한 '북·미 제네바 기본 합의서'가
>   채택되었다.

① ㉠→㉡→㉢→㉣   ② ㉠→㉢→㉣→㉡

③ ㉢→㉠→㉣→㉡   ④ ㉢→㉣→㉠→㉡

1 〈보기〉는 일제가 제정한 법령의 일부이다. 이 법령에 의해 처벌된 사건이 아닌 것은?

> 〈보기〉
>
> 국체를 변혁하는 것을 목적으로 결사를 조직하는 자 또는 결사의 임원, 그의 지도자로서의 임무에 종사하는 자는 사형, 무기 또는 5년 이상의 징역 또는 금고에 처한다. (중략)
> 사유재산제도를 부인하는 것을 목적으로 결사를 조직하는 자, 결사에 가입하는 자, 또는 목적 수행을 위한 행위를 돕는 자는 10년 이하의 징역 또는 금고에 처한다.

① 김상옥의 종로경찰서 폭탄투척 사건
② 조선공산당 사건
③ 수양동우회 사건
④ 조선어학회 사건

2 〈보기〉의 유적들이 등장한 시대의 사회상에 대한 설명으로 가장 옳은 것은?

> 〈보기〉
> • 서울 암사동 유적 　　　　• 제주 고산리 유적
> • 양양 오산리 유적 　　　　• 부산 동삼동 유적

① 움집을 청산하고 지상 가옥에서 거주하기 시작하였다.
② 벼농사를 위하여 각종 수리시설이 축조되었다.
③ 조개무지(패총)를 많이 남겼다.
④ 마을을 보호하기 위한 방어시설이 발전하였다.

3 〈보기〉의 백과사전(유서)을 편찬한 순서대로 바르게 나열한 것은?

> 〈보기〉
> ㉠ 대동운부군옥　　　　　　　　㉡ 지봉유설
> ㉢ 성호사설　　　　　　　　　　㉣ 오주연문장전산고

① ㉠→㉡→㉢→㉣
② ㉡→㉢→㉣→㉠
③ ㉠→㉢→㉡→㉣
④ ㉠→㉣→㉢→㉡

4 〈보기〉는 일제강점기 당시 흥행에 성공하였던 영화의 줄거리이다. 이 영화가 상영되던 시기의 문화예술계에 대한 설명으로 가장 옳은 것은?

> 〈보기〉
> 영진은 전문학교를 다닐 때 독립만세를 부르다가 왜경에게 고문을 당해 정신이상이 된 청년이었다. 한편 마을의 악덕 지주 천가의 머슴이며, 왜경의 앞잡이인 오기호는 빚 독촉을 하며 영진의 아버지를 괴롭혔다. 더욱이 딸 영희를 아내로 준다면 빚을 대신 갚아줄 수 있다고 회유하기까지 하였다. (중략) 오기호는 마을 축제의 어수선한 틈을 타 영희를 겁탈하려 하고 이를 지켜보던 영진은 갑자기 환상에 빠져 낫을 휘둘러 오기호를 죽인다. 영진은 살인혐의로 일본 순경에게 끌려가고, 주제곡이 흐른다.

① 역사학 : 민족주의 역사가들 사이에서 이른바 '조선학' 운동이 시작되었다.
② 문학 : 민중생활에 관심을 기울인 신경향파 문학이 대두하여 식민통치에 대한 저항문학으로 발전했다.
③ 음악 : 일본 주류 대중음악의 영향을 받은 트로트 양식이 정립되었다.
④ 영화 : 일제는 조선영화령을 공포하여 영화를 전시체제의 옹호와 선전의 수단으로 사용하였다.

5 〈보기〉의 사건을 시간순으로 바르게 나열한 것은?

〈보기〉
㉠ 일본군이 인천항에 정박한 러시아군함 2척을 공격
㉡ 대한제국정부의 국외중립 선언
㉢ 일본군이 러시아에 선전포고
㉣ 한일의정서 체결

① ㉠ - ㉣ - ㉡ - ㉢
② ㉡ - ㉠ - ㉢ - ㉣
③ ㉠ - ㉢ - ㉣ - ㉡
④ ㉡ - ㉣ - ㉢ - ㉠

6 〈보기〉의 그에 대한 설명으로 가장 옳지 않은 것은?

〈보기〉
그는 평안도 양덕 사람으로 (중략) 체격이 장대하고 지기가 왕성하였는데, 비록 글은 배우지 못하였으나 천성적인 의협심이 있어, 남을 돕는 일을 급무로 삼은 연유로 사람들이 많이 따랐다. 1907년 겨울에 차도선, 송상봉, 허근 등 여러 사람들과 의병을 일으켜 (중략) 전투를 벌였다.

① 산포수들을 모아 의병을 구성하였다.
② 주요 활동지는 함경도 삼수, 갑산 등지였다.
③ 1920년 청산리 전투에서 일본군을 격파하였다.
④ 13도창의군을 결성하고 서울진공작전을 개시하였다.

7 〈보기〉의 선언문을 지침으로 삼은 단체의 활동에 대한 설명으로 가장 옳은 것은?

〈보기〉

　강도 일본이 우리의 국호를 없이 하며, 우리의 정권을 빼앗으며, 우리의 생존적 필요조건을 다 박탈하였다. (중략)

혁명의 길은 파괴부터 개척할지니라. 그러나 파괴만 하려고 파괴하는 것이 아니라 건설하려고 파괴하는 것이니, 만일 건설할 줄을 모르면 파괴할 줄도 모를지며, 파괴할 줄을 모르면 건설할 줄도 모를지니라. 건설과 파괴가 다만 형식상에서 보아 구별될 뿐이요 정신상에서는 파괴가 곧 건설이니, 이를테면 우리가 일본세력을 파괴하려는 것이, (하략)

① 오성륜, 김익상, 이종암이 상해 황포탄에서 일본 육군대장 다나카 기이치를 저격하였다.

② 이봉창이 동경에서 일왕 히로히토에게 폭탄을 던졌다.

③ 백정기, 이강훈, 원심창이 상해 육삼정에서 일본공사 아리요시를 암살하려고 시도하였다.

④ 윤봉길이 상해 홍구공원에서 열린 일본의 천장절 행사에 폭탄을 던졌다.

8 고구려와 관련된 〈보기〉의 사건을 시간순으로 바르게 나열한 것은?

〈보기〉

㉠ 평양천도　　　　　　　　　　㉡ 관구검과의 전쟁

㉢ 고국원왕의 전사　　　　　　　㉣ 광개토왕릉비 건립

① ㉢ － ㉠ － ㉣ － ㉡

② ㉠ － ㉢ － ㉡ － ㉣

③ ㉡ － ㉢ － ㉣ － ㉠

④ ㉣ － ㉡ － ㉠ － ㉢

9 조선시대에 편찬된 서적과 관련된 설명으로 옳은 것을 〈보기〉에서 모두 고른 것은?

〈보기〉
㉠ 『경국대전』 : 조선의 통치 규범과 법을 정리하였다.
㉡ 『동문선』 : 우리 풍토에 맞는 약재와 치료법을 정리하였다.
㉢ 『동의수세보원』 : 중국과 일본의 자료를 참고하여 민족사 인식을 확대하였다.
㉣ 『금석과안록』 : 북한산비가 진흥왕 순수비임을 밝혔다.

① ㉠, ㉡
② ㉡, ㉢
③ ㉠, ㉣
④ ㉡, ㉣

10 〈보기〉는 개항 이후 각국과 맺은 조약이다. ㉠과 ㉡에 들어갈 용어로 옳은 것은?

〈보기〉
⑷ 조선국은 ___㉠___ 으로 일본국과 평등한 권리를 보유한다. 금 후 양국이 화친의 성의를 표하고자 할진대 모름지기 서로 동등한 예의로써 상대할 것이며 추호도 경계를 넘어 침입하거나 시기하여 싫어함이 있어서는 아니될 것이다.
⑷ 수륙무역장정은 중국이 ___㉡___ 을 우대하는 후의에서 나온 것인 만큼 다른 각국과 일체 균점하는 예와는 같지 않으므로 여기에 각항 약정을 한다.

① ㉠ 인근국 – ㉡ 속방
② ㉠ 자주국 – ㉡ 우방
③ ㉠ 인근국 – ㉡ 우방
④ ㉠ 자주국 – ㉡ 속방

11 〈보기〉의 단체가 존속한 기간에 발생한 사건이 아닌 것은?

> 〈보기〉
> • 사회주의계열과 비타협적 민족주의계열의 합작으로 구성되었다.
> • 설립 당시 회장은 이상재, 부회장은 홍명희가 맡았다.
> • 전국에 140여 개소의 지회를 두고, 약 4만 명의 회원을 확보하였다.

① 광주학생독립운동
② 원산총파업
③ 단천산림조합시행령 반대운동
④ 암태도소작쟁의

12 〈보기〉의 내용을 주장한 인물에 대한 설명으로 가장 옳은 것은?

> 〈보기〉
> 　국가는 마땅히 한 집의 생활에 맞추어 재산을 계산해서 토지 몇 부(負)를 한 호의 영업전으로 한다. 그러나 땅이 많은 자는 빼앗아 줄이지 않고 미치지 못하는 자도 더 주지 않으며, 돈이 있어 사고자 하는 자는 비록 천백 결이라도 허락해 주고, 땅이 많아서 팔고자 하는 자는 다만 영업전 몇 부 이외에는 허락한다.

① 『목민심서』를 저술하는 등 실학을 집대성하였다.
② 발해사를 우리나라 역사로 체계화할 목적으로 『발해고』를 저술하였다.
③ 전국의 자연환경과 인물, 풍속 등을 정리한 『택리지』를 저술하였다.
④ 천지 · 인사 · 만물 · 경사 · 시문 등 5개 부문으로 나누어 우리나라와 중국의 문화를 백과사전식으로 소개 · 비판한 『성호사설』을 저술하였다.

13 〈보기〉는 어느 책의 일부를 발췌한 것이다. 이 책을 저술한 사람은?

〈보기〉

하늘이 재능을 균등하게 부여하는데 관리의 자격을 대대로 벼슬하던 집안과 과거 출신으로만 한정하고 있으니 항상 인재가 모자라 애태우는 것은 당연한 일이다. 어느 시대, 어느 나라에서 노비나 서얼이어서 어진 인재를 버려두고, 어머니가 개가했으므로 재능을 쓰지 않는다는 것은 듣지 못했다.

① 이황　　　　　　　　　　　② 이이
③ 허균　　　　　　　　　　　④ 유형원

14 〈보기〉에서 조선 전기 건축물을 모두 고른 것은?

〈보기〉

ㄱ 무위사 극락전　　　　　　ㄴ 법주사 팔상전
ㄷ 금산사 미륵전　　　　　　ㄹ 해인사 장경판전

① ㄱ, ㄹ　　　　　　　　　　② ㄴ, ㄹ
③ ㄷ, ㄹ　　　　　　　　　　④ ㄱ, ㄷ

15 고려와 조선의 지방 행정 제도에 대한 설명으로 가장 옳지 않은 것은?

① 조선에서 지방관은 행정·사법권을, 별도로 파견된 진장·영장은 군사권을 보유하였다.
② 고려에서 상급 향리는 과거 응시에 제한을 두지 않아 고위 관리가 될 수 있었다.
③ 조선에서 지역 양반은 유향소를 구성하여 향리를 규찰하고 향촌 질서를 바로잡았다.
④ 고려의 지방은 지방관이 파견된 주현과 파견되지 않은 속현으로 구성되었다.

16 〈보기〉의 선언에 대한 설명으로 가장 옳은 것은?

> 〈보기〉
>
> 각 군사 사절단은 일본국에 대한 장래의 군사행동을 협정하였다. (중략) 앞의 3대국은 조선 인민의 노예상태에 유의하여 적당한 시기에 맹세코 조선을 자주독립시킬 결의를 한다.

① 이 선언에서 연합국은 일본에 무조건 항복을 요구하였다.

② 미국, 영국, 중국의 정상이 모여 회담을 한 후 나온 선언이다.

③ 소련은 일본과의 전쟁에 참전할 것을 결정했다.

④ 미국의 루즈벨트 대통령이 20~30년간의 신탁통치안을 처음으로 제안하였다.

17 〈보기〉의 북한정권 수립 과정을 시간순으로 바르게 나열한 것은?

> 〈보기〉
>
> ㉠ 북조선임시인민위원회 성립   ㉡ 조선인민군 창설
> ㉢ 토지개혁 실시   ㉣ 최고인민회의 대의원 선거 실시
> ㉤ 북조선노동당 결성   ㉥ 조선민주주의인민공화국 성립

① ㉠ - ㉡ - ㉢ - ㉣ - ㉤ - ㉥

② ㉠ - ㉢ - ㉤ - ㉡ - ㉣ - ㉥

③ ㉠ - ㉤ - ㉢ - ㉣ - ㉡ - ㉥

④ ㉠ - ㉤ - ㉡ - ㉢ - ㉣ - ㉥

18 〈보기〉의 왕 재위기간에 있었던 사실로 가장 옳은 것은?

> 〈보기〉
>
> 나라 안의 여러 주군에서 세금을 바치지 않으니, 창고가 비고 나라의 쓰임이 궁핍하였다. 왕이 독촉하자 곳곳에서 도적이 벌떼같이 일어났다. 이에 원종, 애노 등이 사벌주(상주)에 의거하여 반란을 일으키니, 왕이 나마 벼슬의 영기를 시켜 사로잡게 하였다.
>
> － 『삼국사기』 －

① 관직과 주현의 이름을 중국식 한자로 바꾸었다.
② 귀족과 관리에게 주던 녹읍을 폐지하였다.
③ 해적을 소탕하기 위해 청해진을 세웠다.
④ 위홍 등이 향가를 모아 『삼대목』을 편찬하였다.

19 〈보기〉의 왕에 대한 설명으로 가장 옳은 것은?

> 〈보기〉
>
> 왕은 당이 내분으로 어지러워진 틈을 타서 영토를 넓히고, 수도를 중경에서 상경으로, 다시 동경으로 옮겼다. 또한 대흥, 보력 등 독자적인 연호를 사용하였다.

① 산동지방에 수군을 보내 당을 공격하였다.
② 당으로부터 해동성국이라 불렸다.
③ 전륜성왕을 자처하고 황상이라는 칭호를 사용하였다.
④ 동모산에 나라를 세웠다.

20 〈보기〉에서 설명하고 있는 기구에 대한 설명으로 가장 옳은 것은?

> 〈보기〉
>
> 　재신(宰臣)으로서 이 일을 맡은 사람을 지변재상(知邊宰相)이라고 불렀습니다. 그러나 이것은 일시적인 전쟁 때문에 설치한 것으로 국가의 중요한 모든 일들을 참으로 다 맡긴 것은 아니었습니다. 오늘에 와서 큰 일이건 작은 일이건 중요한 것으로 취급되지 않는 것이 없는데, 정부는 한갓 헛이름만 지니고 육조는 모두 그 직임을 상실하였습니다. 명칭은 '변방의 방비를 담당하는 것'이라고 하면서 과거에 대한 판하(判下)나 비빈(妃嬪)을 간택하는 등의 일까지도 모두 여기를 경유하여 나옵니다.
>
> － 『효종실록』 －

① 대원군에 의해 기능이 강화되었다.

② 의정부의 기능을 약화시켰다.

③ 붕당정치의 폐단을 막기 위해 설치되었다.

④ 왜구의 침입에 대비하여 16세기 초 상설기구로 설치되었다.

☞ 정답 및 해설 P.18

1 시대별 지방 행정 제도에 대한 설명으로 옳은 것은?

① 통일신라 – 촌의 행정은 촌주가 담당하였다.
② 발해 – 전국 330여 개의 모든 군현에 수령을 파견하였다.
③ 고려 – 촌락 지배 방식으로 면리제가 확립되었다.
④ 조선 – 향리 통제를 위하여 사심관을 파견하였다.

2 다음 (갑)과 (을)의 담판 이후에 있었던 (을)의 활동으로 옳은 것은?

> (갑) 그대 나라는 신라 땅에서 일어났고 고구려 땅은 우리의 소유인데 그대들이 침범했다.
> (을) 아니다. 우리야말로 고구려를 이은 나라이다. 그래서 나라 이름도 고려라 했고, 평양에 도
> 읍하였다. 만일 땅의 경계로 논한다면 그대 나라 동경도 모두 우리 강역에 들어 있는 것인
> 데 어찌 침범이라 하겠는가.

① 9성 설치
② 귀주 대첩
③ 강동 6주 경략
④ 천리장성 축조

3 밑줄 친 ㉠의 결과에 해당하는 사실로 옳은 것은?

> (영락) 6년 병신(丙申)에 왕이 직접 수군을 이끌고 백제를 토벌하였다. (백제왕이) 우리 왕
> 에게 항복하면서 "지금 이후로는 영원히 노객(奴客)이 되겠습니다."라고 맹세하였다. … (중략)
> … ㉠10년 경자(庚子)에 왕이 보병과 기병 5만 명을 보내어 신라를 구원하게 하였다.

① 고구려가 신라 내정간섭을 강화하였다.
② 백제가 고구려의 평양성을 공격하였다.
③ 신라가 관산성 전투에서 백제 성왕을 살해하였다.
④ 금관가야가 가야 지역의 중심 세력으로 대두하였다.

4 (가)와 (나)를 주장한 각 인물에 대한 설명으로 옳은 것은?

> (가) 우리는 남방만이라도 임시 정부 혹은 위원회 같은 것을 조직하여 38도선 이북에서 소련이 철퇴하도록 세계 공론에 호소해야 할 것이다.
>
> (나) 나는 통일된 조국을 달성하려다 38도선을 베고 쓰러질지언정 일신의 구차한 안일을 위하여 단독 정부를 세우는 데는 협력하지 아니하겠다.

① (가) – 5 · 10 총선거에 불참하였다.
② (가) – 좌우 합작 7원칙을 지지하였다.
③ (나) – 탁치 반대 국민 총동원 위원회를 조직하였다.
④ (나) – 남조선 과도 입법 의원의 의장을 역임하였다.

5 다음 (가)에 대한 설명으로 옳지 않은 것은?

> 예전에 성종이 [(가)] 시행에 따르는 잡기가 정도(正道)에 어긋나는데다가 번거롭고 요란스럽다 하여 이를 모두 폐지하였다. … (중략) … 이것을 폐지한 지가 거의 30년이나 되었는데, 이때에 와서 정당문학 최항이 청하여 이를 부활시켰다.

① 국제 교류의 장이었다.
② 정월 보름에 개최되었다.
③ 토속 신에게 제사를 지냈다.
④ 훈요 10조에서 시행할 것을 강조하였다.

6 다음과 같이 주장한 인물에 대한 설명으로 옳은 것은?

> 달은 하나이나 냇물의 갈래는 만 개가 된다. … (중략) … 나는 그 냇물이 세상 사람들이라는 것을 안다. 빛을 받아 비추어서 드러나는 것은 사람들의 상이다. 달이라는 것은 태극이요, 태극은 나이다.

① 『해동농서』를 편찬하도록 하였다.
② 갑인예송에서 왕권을 강조하며 기년복을 주장하였다.
③ 이순신에게 현충이라는 시호를 내리고 강감찬 사당을 건립하였다.
④ 민간의 광산개발 참여를 허용하는 설점수세제를 처음 실시하였다.

7 밑줄 친 '국왕'의 재위 기간에 있었던 일로 옳은 것은?

> 지금 국왕께서 풍속을 바꾸려는 데에 뜻이 있으므로 신은 지극하신 뜻을 받들어 완악한 풍속을 고치고자 합니다. … (중략) … 『이륜행실(二倫行實)』로 말하면 신이 전에 승지가 되었을 때에 간행할 것을 청했습니다. 삼강이 중한 것은 아무리 어리석은 부부라도 모두 알고 있으나, 붕우·형제의 이륜에 이르러서는 평범한 사람들이 제대로 모르는 경우가 있습니다.

① 주세붕이 백운동 서원을 세웠다.
② 김시습이 『금오신화』를 저술하였다.
③ 『국조오례의』가 편찬되고 『동국여지승람』이 만들어졌다.
④ 문화와 제도를 유교식으로 갖추기 위해 집현전을 창설하였다.

8 다음의 법률에 근거하여 실시된 식민지 정책으로 옳지 않은 것은?

> 제4조 정부는 전시에 국가총동원상 필요하다고 인정될 때에는 칙령이 정하는 바에 따라서 제국 신민을 징용하여 총동원 업무에 종사하도록 할 수 있다.
> 제7조 정부는 칙령이 정하는 바에 따라 노동 쟁의의 예방 혹은 해결에 관한 명령, 작업소 폐쇄, 작업 혹은 노무의 중지 … (중략) … 등을 명할 수 있다

① 물자통제령을 공포하여 배급제를 확대하였다.
② 육군특별지원병령을 제정하여 지원병을 선발하였다.
③ 금속류회수령을 제정하여 주요 군수 물자를 공출하였다.
④ 국민징용령을 공포하여 강제적인 노무 동원을 실시하였다.

9 (가) 시기에 해당되는 사실로 옳은 것은?

방금 안핵사 이용태의 보고에 따르면 "죄인들이 대다수 도망치는 바람에 조사하지 못하였다."라고 하였다.

— 『승정원일기』 —

↓

| (가) |

↓

전봉준은 금구 원평에 앉아 (전라) 우도에 호령하였으며, 김개남은 남원성에 앉아 좌도를 통솔하였다.

— 『갑오약력』 —

① 논산에서 남·북접의 동학군이 집결하였다.
② 우금치 전투에서 동학군이 일본군과 격전을 벌였다.
③ 동학교도가 궁궐 앞에서 교조 신원을 주장하는 집회를 열었다.
④ 백산에서 전봉준이 보국안민을 위해 궐기하라는 통문을 보냈다.

10 (가) 기구가 존속한 시기의 사람들이 볼 수 있었던 사실로 적절한 것은?

지주는 조선 총독이 정하는 기간 내에 [(가)] 혹은 그것의 출장소 직원에게 신고해야 한다. 만약 제출을 태만히 하거나 신고서를 제출하지 않을 시에는 당국에서 해당 토지에 대해 소유권의 유무 등을 조사하다가 소유자를 알지 못하는 경우에 지주가 없는 것으로 간주하여 국유지로 편입할 수 있다.

① 조선청년연합회에 출입하는 일본인 고문
② 신문에 연재 중인 소설 무정을 읽는 학생
③ 연초 전매 제도에 따라 조합에 수매되는 담배
④ 의열단에 가입하는 신흥 무관 학교 출신 청년

11 밑줄 친 '이 지도'에 대한 설명으로 옳지 않은 것은?

> 1402년 제작된 <u>이 지도</u>는 조선 학자들에 의해 제작된 세계 지도이다. 권근의 글에 의하면 중국에서 수입한 '성교광피도'와 '혼일강리도'를 기초로 하고, 우리나라와 일본의 지도를 합해서 제작하였다고 한다.

① 유럽과 아프리카 대륙까지 묘사하였다.
② 중국이 세계의 중심이라는 중화사상이 반영되었다.
③ 이 지도의 작성에는 이슬람 지도학의 영향이 있었다.
④ 우리나라에 해당하는 부분은 백리척을 사용하여 과학화에 기여하였다.

12 다음 왕의 재위 기간에 있었던 사실로 옳은 것은?

> • 왕 원년 : 소판 김흠돌, 파진찬 홍원, 대아찬 진공 등이 반역을 도모하다가 사형을 당하였다.
> • 왕 9년 : 달구벌로 서울을 옮기려다 실현하지 못하였다.
>
> —『삼국사기』—

① 사방에 우역을 설치하였다.
② 수도에 서시와 남시를 설치하였다.
③ 국학을 설치하여 유학을 교육하였다.
④ 관료에게 지급하는 녹읍을 부활하였다.

13 다음은 발해사에 대한 중국과 러시아 입장이다. 한국사의 입장에서 이를 반박하는 증거로 적절한 것은?

> • 중국 : 소수 민족 지역의 분리 독립 의식을 약화시키려고, 국가라기보다는 당 왕조에 예속된 지방 민족 정권 차원에서 본다.
> • 러시아 : 중국 문화보다는 중앙 아시아나 남부 시베리아의 영향을 강조하여 러시아의 역사에 편입시키려 한다.

① 신라와의 교통로
② 상경성 출토 온돌 장치
③ 유학 교육 기관인 주자감
④ 3성 6부의 중앙 행정 조직

14 신라 문무왕의 유언이다. 밑줄 친 ㉠~㉣의 내용과 부합하지 않는 것은?

> 과인은 운수가 어지럽고 전쟁을 하여야 하는 때를 만나서 ㉠ 서쪽을 정벌하고 ㉡ 북쪽을 토벌하여 영토를 안정시켰고, ㉢ 배반하는 무리를 토벌하고 ㉣ 협조하는 무리를 불러들여 멀고 가까운 곳을 모두 안정시켰다.
>
> ― 『삼국사기』 ―

① ㉠ - 태자로서 참전하여 백제를 멸망시켰다.
② ㉡ - 당나라 군대와 함께 고구려를 멸망시켰다.
③ ㉢ - 백제 부흥 운동을 주도한 복신을 공격하였다.
④ ㉣ - 임존성에서 저항하던 지수신의 투항을 받아주었다.

15 다음은 대한제국 시기에 설립된 어느 회사에 관한 내용이다. 밑줄 친 '이 회사'에 대한 설명으로 옳은 것은?

> • 이 회사의 고금(股金, 주권)은 액면 50원씩이고, 총 1천만 원을 발행하고, 주당 불입금은 5년간 총 10회 5원씩 나눠서 낸다.
> • 이 회사는 국내 진황지 개간, 관개 사무와 산림천택(山林川澤), 식양채벌(殖養採伐) 등의 사무 이외에 금·은·동·철·석유 등의 각종 채굴 사무에 종사한다.

① 종로의 백목전 상인이 주도가 된 직조 회사였다.
② 역둔토나 국유 미간지를 약탈하려는 국책 회사였다.
③ 황무지 개간권 요구에 대응하여 설립된 특허 회사였다.
④ 외국 상인과의 상권 경쟁을 위해 시전 상인이 만든 척식 회사였다.

16 조선 성리학의 학설이나 동향을 시기순으로 바르게 나열한 것은?

> ㉠ 현실세계를 구성하는 기를 중시하여 경장(更張)을 주장하였다.
> ㉡ 우주를 무한하고 영원한 기로 보는 '태허(太虛)설'을 제기하였다.
> ㉢ 정지운의 『천명도』 해석을 둘러싸고 사단칠정 논쟁이 시작되었다.
> ㉣ 향약 보급 운동과 함께 일상에서의 실천 윤리가 담긴 『소학』을 중시하였다.

① ㉡→㉠→㉣→㉢ 　　② ㉡→㉣→㉠→㉢
③ ㉣→㉡→㉢→㉠ 　　④ ㉣→㉢→㉡→㉠

17 일제강점기 조선인의 생활 모습으로 옳지 않은 것은?

① 도시 외곽의 토막촌에는 빈민이 살았다.
② 번화가에서 최신 유행의 모던걸과 모던보이가 활동하였다.
③ 몸뻬를 입은 여성들이 근로보국대에서 강제 노동을 하였다.
④ 상류층이 한식 주택을 2층으로 개량한 영단 주택에 모여 살았다.

18 ㈎와 ㈏는 외국과 맺은 각서이다. 두 각서 사이에 있었던 사실로 옳은 것은?

> ㈎ 일본 측은 한국 측에 무상원조 3억 달러, 유상원조(해외경제협력기금) 2억 달러, 그리고 수출입은행 차관 1억 달러 이상을 제공한다.
> ㈏ 미국 정부가 한국과 약속했던 1억 5천만 달러 규모의 차관 공여와 더불어 … (중략) … 한국의 경제 발전을 돕기 위한 추가 AID차관을 제공한다.

① 경부 고속 국도가 개통되었다.
② 마산에 수출 자유 지역이 건설되었다.
③ 국가 기간 산업인 울산 정유 공장이 가동되었다.
④ 유엔의 지원으로 충주에 비료 공장을 설립하였다.

19 다음은 고려시대 진화의 시이다. 이 시인과 교류를 통해 자부심을 공유한 인물의 작품은?

> 서쪽 송나라는 이미 기울고 북쪽 오랑캐는 아직 잠자고 있네.
> 앉아서 문명의 아침을 기다려라, 하늘의 동쪽에서 태양이 떠오르네.

① 삼국사기   ② 동명왕편

③ 제왕운기   ④ 삼국유사

20 다음 해외 견문 기록을 시기순으로 바르게 나열한 것은?

> ㉠ 『표해록』   ㉡ 『열하일기』
> ㉢ 『서유견문』   ㉣ 『해동제국기』

① ㉠→㉡→㉣→㉢   ② ㉠→㉣→㉢→㉡

③ ㉣→㉠→㉡→㉢   ④ ㉣→㉢→㉠→㉡

1 다음은 각 유물과 그것이 사용되던 시기의 사회 모습에 대한 설명이다. 옳은 것만을 모두 고르면?

> ㉠ 슴베찌르개 – 벼농사를 짓기 시작하였고 나무로 만든 농기구를 사용하였다.
> ㉡ 붉은 간토기 – 거친무늬거울을 사용하여 제사를 지내거나 의식을 거행하였다.
> ㉢ 반달 돌칼 – 농사를 짓기 시작했지만 아직 지배와 피지배 관계는 발생하지 않았다.
> ㉣ 눌러찍기무늬 토기 – 가락바퀴와 뼈바늘을 이용하여 옷이나 그물을 만들어 사용하였다.

① ㉠, ㉡   ② ㉠, ㉢

③ ㉡, ㉣   ④ ㉢, ㉣

2 다음과 같은 불교 사상의 영향을 받아 만들어진 문화재는?

> 이 불교 사상은 개인적 정신 세계를 추구하는 경향이 강하였기 때문에 지방에서 독자적인 세력을 이루어 성주나 장군을 자처하던 자들로부터 큰 호응을 받았다.

① 성덕대왕신종

② 쌍봉사 철감선사탑

③ 경천사지 십층석탑

④ 금동미륵보살 반가사유상

3 밑줄 친 '이곳'에서 일어난 일로 옳은 것은?

> 고려 정종 때 이곳으로 천도 계획을 세웠으나 실현되지 못했고, 문종 때 이곳 주위에 서경기 4도를 두었다.

① 이곳에서 현존 세계 최고의 직지심체요절이 간행되었다.
② 지눌이 이곳을 중심으로 수선사 결사 운동을 전개하였다.
③ 조위총이 정중부 등의 타도를 위해 이곳에서 반란을 일으켰다.
④ 강조가 군사를 이끌고 이곳으로 들어와 김치양 일파를 제거하였다.

4 밑줄 친 '운동'에 대한 설명으로 옳은 것은?

> 조선 사람은 조선 사람이 만든 물건만 쓰고 살자고 하는 운동이 일어나고 있다. 그렇게 하면 조선인 자본가의 공업이 일어난다고 한다. … (중략) … 이 운동이 잘 되면 조선인 공업이 발전해야 하지만 아직 그렇지 않다. … (중략) … 이 운동을 위해 곧 발행된다는 잡지에 회사를 만들라고 호소하지만 말고 기업을 하는 방법 같은 것을 소개해야 한다.
>
> − 개벽 −

① 조선총독부가 회사령을 폐지하는 계기가 되었다.
② 원산총파업을 계기로 조직적으로 전개될 수 있었다.
③ 조만식 등에 의해 평양에서 시작되어 전국으로 확산되었다.
④ 조선노농총동맹의 적극적 참여로 대중적인 기반이 확충되었다.

5 (가) 시기에 해당되는 사실로 옳은 것만을 〈보기〉에서 모두 고르면?

| 문무왕이 왕위에 올랐다. |
| ↓ |
| (가) |
| ↓ |
| 신라가 기벌포에서 당의 수군을 격파하였다. |

〈보기〉
㉠ 신라가 안승을 고구려왕에 봉했다.
㉡ 당나라가 신라를 계림대도독부로 삼았다.
㉢ 신라가 황산벌 전투에서 백제군을 무찔렀다.
㉣ 보장왕이 요동 지역에서 고구려 부흥을 꾀했다.

① ㉠, ㉡   ② ㉠, ㉢
③ ㉡, ㉣   ④ ㉢, ㉣

6 삼국 시대의 정치 제도에 대한 설명으로 옳은 것만을 모두 고르면?

㉠ 삼국의 관등제와 관직제도 운영은 신분제에 의하여 제약을 받았다.
㉡ 고구려는 대성(大城)에는 처려근지, 그 다음 규모의 성에는 욕살을 파견하였다.
㉢ 백제는 도성에 5부, 지방에 방(方)－군(郡) 행정제도를 시행하였다.
㉣ 신라는 10정 군단을 바탕으로 영역을 확장하고 삼국통일을 이룩하였다.

① ㉠, ㉡   ② ㉠, ㉢
③ ㉡, ㉣   ④ ㉢, ㉣

7 성격이 유사한 것끼리 옳게 짝지은 것은?

① 대대로 – 대내상
② 중정대 – 승정원
③ 2성 6부 – 5경 15부
④ 기인 제도 – 녹읍 제도

8 다음 각 문화재에 대한 설명으로 옳지 않은 것은?

① 화엄사 각황전은 다층식 외형을 지녔다.
② 수덕사 대웅전은 주심포 양식의 건물이다.
③ 부석사 무량수전은 배흘림 기둥을 갖고 있다.
④ 덕수궁 석조전은 서양 고딕 양식의 건물이다.

9 다음에서 설명하는 인물의 저술로 옳은 것은?

> • 종래의 조선 농학과 박물학을 집대성하였다.
> • 전국 주요 지역에 국가 시범 농장인 둔전을 설치하여 혁신적 농법과 경영 방법으로 수익을 올려서 국가 재정을 보충할 것을 제안했다.

① 색경
② 산림경제
③ 과농소초
④ 임원경제지

10 고려에서 행한 국가제사에 대한 설명으로 옳지 않은 것은?

① 태조 때에 환구단(圜丘壇)에서 풍년을 기원하는 제사를 올렸다.
② 성종 때에 사직(社稷)을 세워 지신과 오곡 신에게 제사를 지냈다.
③ 숙종 때에 기자(箕子) 사당을 세워 국가에서 제사하였다.
④ 예종 때에 노관(道觀)인 복원궁을 세워 초제를 올렸다.

11 밑줄 친 '대의(大義)'를 이루기 위해 효종이 한 일로 옳은 것은?

> 병자년 일이 완연히 어제와 같은데, 날은 저물고 갈 길은 멀다고 하셨던 성조의 하교를 생각하니 나도 모르게 눈물이 솟는구나. 사람들은 그것을 점점 당연한 일처럼 잊어가고 있고 <u>대의(大義)</u>에 대한 관심도 점점 희미해져 북녘 오랑캐를 가죽과 비단으로 섬겼던 일을 부끄럽게 생각지 않고 있으니 그것을 생각한다면 그 아니 가슴 아픈 일인가.
>
> ─『조선왕조실록』─

① 남한산성을 복구하고 어영청을 확대하였다.

② 훈련별대를 정초군과 통합하여 금위영을 발족시켰다.

③ 명과 후금 사이에서 실리를 추구하는 중립외교 정책을 펼쳤다.

④ 호위청, 총융청, 수어청 등의 부대를 창설하여 국방력을 강화하였다.

12 대한제국 정부가 시행한 정책으로 옳은 것은?

① 별기군을 폐지하고 5군영을 복구하였다.

② 양전 사업을 시행하고자 양지아문을 설치하였다.

③ 통리기무아문을 설치하여 개화 정책을 추진하였다.

④ 화폐 제도를 은본위제로 개혁하고자 신식화폐발행장정을 공포하였다.

13 ㉠ 조직에 대한 설명으로 옳은 것은?

> 1922년 3월, 중국 상하이에서 (㉠)이/가 일본 육군대장 타나카 기이치(田中義一)를 암살하고자 한 사건이 발생했다. 이때 체포된 독립운동가들은 일본 경찰에 인도되어 심문을 받게 되었는데, 그 심문 과정에서 (㉠)에 속한 김익상이 1921년 9월 조선총독부 건물에 폭탄을 던진 의거의 당사자라는 사실이 밝혀졌다.

① 공화주의를 주창하는 내용의 대동단결선언을 작성해 발표하였다.

② 이 조직에 속한 이봉창이 일왕이 탄 마차 행렬에 폭탄을 던졌다.

③ 일부 구성원을 황푸군관학교에 보내 군사 훈련을 받도록 하였다.

④ 새로 부임하는 사이토 조선 총독에게 폭탄을 투척하는 의거를 일으켰다.

14 다음과 같은 특징을 가진 조선 후기 역사서는?

- 단군으로부터 고려에 이르기까지의 우리 역사를 치밀한 고증에 입각하여 엮은 통사이다.
- 마한을 중시하고 삼국을 무통(無統)으로 보는 입장에서 우리 역사를 체계화하였다.

① 허목의 동사
② 유계의 여사제강
③ 한치윤의 해동역사
④ 안정복의 동사강목

15 다음 사건을 발생한 순서대로 바르게 나열한 것은?

㉠ 이순신이 명량에서 일본 수군을 격파하였다.
㉡ 의주로 피난했던 국왕 일행이 한성으로 돌아왔다.
㉢ 권율이 행주산성에서 일본군의 공격을 격파하였다.
㉣ 원균이 이끄는 조선 수군이 칠천량에서 크게 패배하였다.

① ㉡→㉢→㉠→㉣
② ㉡→㉢→㉣→㉠
③ ㉢→㉡→㉠→㉣
④ ㉢→㉡→㉣→㉠

16 고려 전기의 문산계와 무산계에 대한 설명으로 옳지 않은 것은?

① 중앙 문반에게 문산계를 부여하였다.
② 성종 때에 문산계를 정식으로 채택하였다.
③ 중앙 무반에게 무산계를 제수하였다.
④ 탐라의 지배층과 여진 추장에게 무산계를 주었다.

17 밑줄 친 '그'에 대한 설명으로 옳은 것은?

> 그는 신민회 회원으로 활동하면서 해서교육총회에 가담해 교육 사업에 힘을 기울였으며, 안악사건에 연루되어 일제 경찰에 체포되었다. 1923년에 열린 국민대표회의에서 창조파와 개조파가 대립했을 때, 그는 국민대표회의의 해산을 명하는 내무부령을 공포하였다. 그 뒤 그는 한국국민당을 조직하는 등 독립운동 정당을 만들기 위해 노력하였다.

① 평양에서 열린 남북 협상 회의에 참석하였다.
② 조선민족혁명당을 조직하고 조선의용대를 이끌었다.
③ 안재홍과 함께 조선건국준비위원회를 주도적으로 조직하였다.
④ 대통령 직선제를 골자로 하는 발췌 개헌안을 국회에 제출하였다.

18 ㉠ 부대에 대한 설명으로 옳은 것은?

> (㉠)은/는 1933년에 중국인 부대와 연합하여 동경성 전투 등을 치르며 큰 전과를 올렸고, 대전자령에서는 일본군을 기습 공격하여 승리를 거두었다.

① 하와이에 대조선 국민군단을 창설하였다.
② 양세봉의 지휘하에 흥경성 전투에 참여하였다.
③ 만주 지역에서 활동했던 한국독립당의 산하 조직이었다.
④ 중국 의용군과 연합하여 영릉가 전투에서 일본군을 물리쳤다.

19 밑줄 친 '이 협약'에 대한 설명으로 옳은 것은?

> 일제는 군대를 증강해 강압적 분위기를 조성한 다음 친일 내각과 <u>이 협약</u>을 체결했다. <u>이 협약</u>을 체결할 때, 일제는 대한제국 군대의 해산을 요구해 관철시켰다. 이때 해산된 군인의 상당 수는 일본군과 격전을 벌인 후 의병 부대에 합류하였다.

① 고종이 헤이그에 특사를 파견하는 계기가 되었다.
② 최익현이 의병 운동을 처음 시작한 원인이 되었다.
③ 재정고문 메가타가 화폐정리사업을 실시하는 근거가 되었다.
④ 통감이 추천하는 일본인을 한국 관리에 임명한다는 내용을 담고 있다.

20 다음 합의문에 대한 설명으로 옳은 것은?

> 쌍방은 오랫동안 서로 만나보지 못한 결과로 생긴 남북 사이의 오해와 불신을 풀고 긴장의 고조를 완화시키며 나아가서 조국 통일을 촉진시키기 위하여 다음과 같은 문제들에 완전한 견해의 일치를 보았다.
>
> 1. 쌍방은 다음과 같은 조국 통일 원칙들에 합의를 보았다.
>   첫째, 통일은 외세에 의존하거나 외세의 간섭을 받음이 없이 자주적으로 해결하여야 한다.
>   둘째, 통일은 서로 상대방을 반대하는 무력행사에 의거하지 않고 평화적 방법으로 실현하여야 한다.
>
> … (중략) …
>
> 4. 쌍방은 지금 온 민족의 거대한 기대 속에 진행되고 있는 남북적십자회담이 하루빨리 성사되도록 적극 협조하는 데 합의하였다.
>
> … (후략) …

① 남북기본합의서와 동시에 작성된 문서이다.
② 남북조절위원회를 구성하기로 합의한 내용이 담겨 있다.
③ 분단 후 최초로 열린 남북정상회담의 결과로 발표된 성명서이다.
④ 금강산 관광사업을 추진하기로 결정했다는 내용이 수록되어 있다.

1 고려의 문화에 대한 설명 중 가장 옳은 것은?

① 고려의 귀족문화를 대표하는 백자는 상감기법을 이용한 것이다.

② 고려는 세계 최초로 금속활자를 발명하였다.

③ 팔만대장경판은 거란의 침입을 물리치기 위한 염원을 담아 만든 것이다.

④ 고려는 불교국가여서 유교문화가 발전하지 못하였다.

2 조선 전기에 편찬된 서적으로 가장 옳지 않은 것은?

① 『본조편년강목』 　　　　　　　　② 『의방유취』

③ 『삼국사절요』 　　　　　　　　　④ 『농사직설』

3 〈보기〉의 통일신라시대의 경제제도를 시간 순으로 바르게 나열한 것은?

〈보기〉

㉠ 중앙과 지방의 여러 관리에게 매달 주던 녹봉을 없애고 다시 녹읍을 주었다.

㉡ 중앙과 지방 관리들의 녹읍을 폐지하고 해마다 조(租)를 차등 있게 주었으며 이를 일정한 법으로 삼았다.

㉢ 처음으로 백성들에게 정전(丁田)을 지급하였다.

㉣ 교서를 내려 문무 관료들에게 토지를 차등 있게 주었다.

① ㉡→㉠→㉣→㉢ 　　　　　　② ㉡→㉣→㉠→㉢

③ ㉣→㉢→㉡→㉠ 　　　　　　④ ㉣→㉡→㉢→㉠

4 무신집권기 지방민과 천민의 동요에 대한 설명으로 가장 옳지 않은 것은?

① 조위총은 백제 부흥을 위해 봉기하였다.

② 망이·망소이의 난은 일반 군현이 아닌 소에서 일어났다.

③ 경주를 중심으로 한 지역에서는 신라부흥을 내걸고 반란이 일어나기도 했다.

④ 만적은 노비해방을 내세우며 반란을 모의하였다.

5 〈보기〉의 사건을 시간 순으로 바르게 나열한 것은?

〈보기〉

㉠ 아관파천 ㉡ 전주화약 체결
㉢ 홍범 14조 발표 ㉣ 군국기무처 설치

① ㉠→㉢→㉡→㉣ ② ㉡→㉣→㉢→㉠

③ ㉢→㉠→㉣→㉡ ④ ㉣→㉡→㉠→㉢

6 1965년 6월 22일 체결된 한일기본조약에 대한 설명으로 가장 옳은 것은?

제2조 : 1910년 8월 22일 및 그 이전에 대한제국과 일본 제국 간에 체결된 모든 조약 및 협정이 이미 무효임을 확인한다.
제3조 : 대한민국 정부가 국제연합 총회의 결의 제195(Ⅲ)호에 명시된 바와 같이 한반도에 있어서의 유일한 합법정부임을 확인한다.

① 위안부 문제가 주요한 의제로 논의되었다.

② 조약에 반대하여 학생들이 6·10 민주 항쟁을 일으켰다.

③ 조약 협의를 위해 중앙정보부장 이후락이 특사로 파견되었다.

④ 재일 교포의 법적 지위 및 대우에 관한 협정도 함께 체결되었다.

7 고려시대의 경제생활에 대한 설명으로 옳은 것을 〈보기〉에서 모두 고른 것은?

〈보기〉
㉠ 성종은 건원중보를 만들어 전국적으로 사용하게 하려 했으나 성공하지 못하였다.
㉡ 고려후기 관청수공업이 쇠퇴하면서 민간수공업이 발달하였다.
㉢ 예성강 어귀의 벽란도는 고려의 국제무역항이었다.
㉣ 원간섭기에는 원의 지폐인 보초가 들어와 유통되기도 하였다.

① ㉠, ㉡, ㉢　　　　　　　　　　　② ㉠, ㉢, ㉣
③ ㉡, ㉢, ㉣　　　　　　　　　　　④ ㉠, ㉡, ㉢, ㉣

8 〈보기〉의 조선시대의 국방정책을 시간 순으로 바르게 나열한 것은?

〈보기〉
㉠ 서울 주변의 네 유수부가 서울을 엄호하는 체제를 구축하였다.
㉡ 금위영을 발족시켜 5군영 제도가 성립되었다.
㉢ 하멜이 가져온 조총 기술을 도입하여 서양식 무기를 제조하였다.
㉣ 수도방어체계를 강화하고 『수성윤음』을 반포하였다.

① ㉠→㉡→㉢→㉣　　　　　　　　② ㉡→㉣→㉠→㉢
③ ㉢→㉡→㉣→㉠　　　　　　　　④ ㉣→㉢→㉠→㉡

9 구석기시대 사람들의 생활상에 대한 설명으로 가장 옳은 것은?

① 대체로 동굴이나 바위그늘에서 생활하였으며 불을 사용할 줄 알았다.
② 단양 수양개, 연천 전곡리, 공주 석장리 등 강가에 살던 사람들은 주로 고기잡이와 밭농사를 하며 생활하였다.
③ 이 시기의 대표적인 무덤 형식은 고인돌과 돌널무덤이다.
④ 주먹도끼, 가로날도끼, 민무늬토기 등의 도구를 사용했다.

10 통일신라에 대한 설명으로 가장 옳은 것은?

① 통일 후에는 주로 진골귀족으로 구성된 9서당을 국왕이 장악함으로써 왕실이 주도하는 교육 제도를 구축하였다.

② 불교가 크게 융성한 통일신라의 수도인 경주에서는 주로 천태종이 권력과 밀착하며 득세하였다.

③ 신라 중대 때는 주로 원성왕의 후손들이 즉위하면서 비교적 강력한 왕권을 행사하였다.

④ 넓어진 영토를 관리하기 위해 지방행정을 구획하였는데, 5소경도 이에 해당한다.

11 〈보기〉에서 제시된 인물의 공통점으로 가장 옳은 것은?

〈보기〉

㉠ 김운경   ㉡ 최치원
㉢ 최언위   ㉣ 최승우

① 고려 출신으로 당나라에서 유학했다.

② 7세기와 8세기에 활약했던 신라의 대문장가이다.

③ 숙위학생으로 당 황제의 호위무사가 되었다.

④ 당나라의 빈공과에 급제한 후 귀국하였다.

12 〈보기〉의 어록을 남긴 인물의 활동으로 가장 옳은 것은?

〈보기〉

"대전자령의 공격은 이천만 대한인민을 위하여 원수를 갚는 것이다. 총알 한 개 한 개가 우리 조상 수천 수만의 영혼이 보우하여 주는 피의 사자이니 제군은 단군의 아들로 굳세게 용감히 모든 것을 희생하고 만대 자손을 위하여 최후까지 싸우라."

① 화북 조선 독립동맹의 주석으로 선출되어 활동하였다.

② 조선 혁명군을 이끌고 영릉가 전투에서 대승을 거두었다.

③ 한국 독립군을 이끌고 쌍성보 전투에서 일본군을 격파하였다.

④ 조선 의용대를 결성하고 대적 심리전 등에서 크게 활약하였다.

13 〈보기〉의 빈칸에 공통적으로 해당하는 국가와 관련하여 고려시대에 발생한 일로 가장 옳은 것은?

〈보기〉
- 모든 관리들을 소집해 [＿＿＿＿]을/를 상국으로 대우하는 일의 가부를 의논하게 하자 모두 불가하다고 했으나, 이자겸과 척준경만이 찬성하고 나섰다.
- [＿＿＿＿]은/는 전성기를 맞아 우리 조정이 그들의 신하임을 칭하도록 하고자 하였다. 여러 의견들이 뒤섞여 어지러운 가운데, 윤언이가 홀로 간쟁하여 말하기를 …… 여진은 본래 우리 조정 사람들의 자손이기 때문에 신하가 되어 사례로 우리 임금께 소공을 바쳐왔고, 국경 근처에 사는 사람들은 모두 우리 조정의 호적에 올라있는 지 오래 되었습니다. 우리 조정이 어찌 거꾸로 그들의 신하가 될 수 있겠습니까?

① 이 국가의 침입으로 인해 국왕은 나주로 피난하였다.
② 묘청 일파는 이 국가의 정벌을 주장하였다.
③ 이 국가와 함께 강동성에 포위된 거란족을 격파하였다.
④ 이 국가의 침략에 대비하여 광군을 설치하였다.

14 〈보기 1〉의 ㈎와 ㈏가 발표된 시기의 사이에 있었던 사실을 〈보기 2〉에서 모두 고른 것은?

〈보기 1〉

㈎ 첫째, 통일은 외세에 의존하거나 외세의 간섭을 받음이 없이 자주적으로 해결하여야 한다.

둘째, 통일은 서로 상대방을 반대하는 무력행사에 의거하지 않고 평화방법으로 실현하여야 한다.

셋째, 사상과 이념, 제도의 차이를 초월하여 우선 하나의 민족으로서 민족적 대단결을 도모하여야 한다.

㈏ 1. 남과 북은 나라의 통일 문제를 그 주인인 우리 민족끼리 서로 힘을 합쳐 자주적으로 해결한다.

2. 남과 북은 남측의 연합제 안과 북측의 낮은 단계의 연방제 안이 서로 공통성이 있다고 인정한다.

〈보기 2〉

㉠ 금강산 관광이 시작되었다.　　　　　㉡ 남북 조절 위원회를 설치하였다.
㉢ 경의선과 동해선 철도가 연결되었다.　㉣ 남과 북이 동시에 유엔에 가입하였다.

① ㉠, ㉡, ㉢
② ㉠, ㉡, ㉣
③ ㉠, ㉢, ㉣
④ ㉡, ㉢, ㉣

15 조선시대의 대외관계에 대한 설명으로 가장 옳은 것은?

① 태조는 북방의 여진족을 몰아내고 4군 6진을 개척하였다.
② 왜란이 끝난 후 조선은 일본에 통신사를 파견하여 국교 재개를 요청하였다.
③ 조선후기 북학운동의 한계를 느낀 지식인들은 북벌운동을 전개하였다.
④ 조선후기 중국과의 외교와 무역에 은이 대거 소비되면서 은광이 활발하게 개발되었다.

16 두 차례의 양요에 대한 설명으로 가장 옳은 것은?

① 어재연이 이끄는 조선군은 프랑스군을 상대로 승리를 거두었다.

② 미국 상선 제너럴 셔먼 호는 평양 주민을 약탈하였다.

③ 양헌수 부대는 광성보 전투에서 결사항전 하였으나 퇴각하였다.

④ 박규수는 화공작전을 펴서 프랑스 군대를 공격하였다.

17 조선시대 신분제에 대한 설명으로 가장 옳지 않은 것은?

① 중앙관직에 진출할 수 있던 고려시대의 향리와 달리 조선의 향리는 수령을 보좌하는 아전으로 격하되었다.

② 유교의 적서구분에 의해 서얼에 대한 차별이 심했기 때문에 서얼은 관직에 진출하지 못하였다.

③ 뱃사공, 백정 등은 법적으로는 양인으로 취급되기도 했으나 노비처럼 천대받으며 특수직업에 종사하였다.

④ 순조는 공노비 중 일부를 양인으로 해방시켜 주었다.

18 근대 교육기관에 대한 설명으로 가장 옳지 않은 것은?

① 배재학당 : 선교사 아펜젤러가 서울에 설립한 사립학교이다.

② 동문학 : 정부가 설립한 외국어 교육 기관으로 통역관을 양성하였다.

③ 경신학교 : 고종의 교육 입국 조서에 따라 설립된 관립 학교이다.

④ 원산학사 : 함경도 덕원 주민들이 기금을 조성하여 설립한 학교이다.

19 왕의 수신 교과서인 『성학십도』를 집필한 인물에 대한 설명으로 가장 옳은 것은?

① 아동용 수신서인 『동몽선습』을 편찬하였다.

② 그의 학설을 따르는 이들이 처음에는 서인을 형성하였다.

③ 기(氣)보다는 이(理)를 중시했고, 예안향약을 만들었다.

④ 『주자대전』의 중요 부분을 발췌하여 『주자문록』을 편찬하였다.

20 대한민국의 민주화 여정에 대한 설명으로 가장 옳은 것은?

① 1960년대 : 장기집권을 획책한 박정희의 사사오입개헌에 맞서 학생들과 재야인사들이 그 반대투쟁을 전개하였다.

② 1970년대 : 유신개헌을 통해 평화적으로 민주화를 추진할 수 있는 법률적 기틀을 제공하였다.

③ 1980년대 : 6월 민주항쟁을 통해 군사정권을 종식시키고 선거를 통해 문민정부가 출범하였다.

④ 1990년대 : 대선결과에 따라 평화적 정권교체가 실현되었다.

1 청동기시대의 유적과 유물에 대한 설명으로 옳은 깃은?

① 연천 전곡리에서는 사냥도구인 주먹도끼가 출토되었다.

② 창원 다호리에서는 문자를 적는 붓이 출토되었다.

③ 강화 부근리에서는 탁자식 고인돌이 발견되었다.

④ 서울 암사동에서는 곡물을 담는 빗살무늬토기가 나왔다.

2 (가), (나)의 나라에 대한 설명으로 옳은 것은?

> (가) 음력 12월에 지내는 제천행사가 있는데, 이를 영고라고 한다. 이때에는 형옥을 중단하고 죄수를 풀어 주었다.
>
> (나) 해마다 10월 하늘에 제사를 지내는데, 밤낮으로 술마시며 노래부르고 춤추니 이를 무천이라고 한다.
>
> −『삼국지』−

① (가) − 5부가 있었으며, 계루부에서 왕위를 차지하였다.

② (가) − 정치적 지배자로 신지, 읍차 등이 있었다.

③ (나) − 죄를 지은 사람이 소도에 들어가면 잡아가지 못하였다.

④ (나) − 다른 부족의 영역을 침범하면 책화라 하여 노비나 소, 말로 변상하였다.

3 ㈎ 왕의 시기에 일어난 사실로 옳은 것은?

> 이자겸, 척준경이 말하기를 "금이 예전에는 작은 나라여서 요와 우리나라를 섬겼으나, 지금은 갑자기 흥성하여 요와 송을 멸망시켰다. … (중략) … 작은 나라로서 큰 나라를 섬기는 것은 선왕의 도이니, 마땅히 우선 사절을 보내야 합니다."라고 하니 ㈎ 이/가 그 의견을 따랐다.
>
> ─『고려사』─

① 도평의사사를 중심으로 정치를 주도하였다.
② 성리학을 수용하면서 『주자가례』를 보급하였다.
③ 서경에 대화궁을 짓게 하고 칭제건원을 주장하였다.
④ 몽골의 침략에 대응하기 위해 강화도로 도읍을 옮겼다.

4 밑줄 친 ㉠ 이후에 일어난 사실로 옳지 않은 것은?

> 상쾌한 아침의 나라라는 뜻을 지닌 조선은 일본의 총칼 아래 민족정신을 무참하게 유린당했다. … (중략) … 조선민족은 독립항쟁을 줄기차게 계속하였다. 그 중에서도 중요한 것은 ㉠1919년의 독립만세운동이었다.
>
> ─ 네루, 『세계사 편력』─

① '암태도 소작쟁의'가 일어났다.
② '정우회 선언'이 발표되었다.
③ 임병찬이 독립의군부를 조직하였다.
④ 조선 민립대학 기성회가 창립되었다.

5 밑줄 친 '성상(聖上)'대에 편찬된 서적에 대한 설명으로 옳은 것은?

> 세조가 신하들에게 말씀하시기를, "법의 과목(科目)이 너무 번잡하고 앞뒤가 맞지 않았기 때문에 상세히 살펴 다듬어 자손만대의 성법(成法)을 만들고자 한다."라고 하셨다. 「형전(刑典)」과 「호전(戶典)」은 이미 반포되어 시행하고 있으나 나머지 네 법전은 미처 교정을 마치지 못했다. 이에 성상(聖上)께서 세조의 뜻을 받들어 여섯 권의 법전을 완성하게 하여 중외에 반포하셨다.

① 『동국병감』은 고조선에서 고려말까지의 전쟁을 정리한 병서이다.

② 『동몽선습』은 중국과 우리나라의 역사를 담은 아동교육서이다.

③ 『삼강행실도』는 모범적인 효자·충신·열녀를 다룬 윤리서이다.

④ 『국조오례의』는 국가의 여러 행사에 필요한 의례를 정비한 의례서이다.

6 ㈎ 토지제도에 대한 설명으로 옳은 것은?

> 비로소 직관(職官)·산관(散官) 각 품(品)의 [㈎] 을/를 제정하였는데, 관품의 높고 낮은 것은 논하지 않고 다만 인품만 가지고 그 등급을 결정하였다.
>   － 『고려사』 －

① 4색 공복을 기준으로 문반, 무반, 잡업으로 나누어 지급 결수를 정하였다.

② 산관이 지급 대상에서 제외되었으며 무반의 차별 대우가 개선되었다.

③ 전임 관료와 현임 관료를 대상으로 경기지방에 한하여 지급하였다.

④ 고려의 건국과정에서 충성도와 공로에 따라 차등 지급되었다.

7 (가), (나) 시기에 있었던 사실로 옳은 것은?

① (가) – 시전상인을 중심으로 황국중앙총상회가 조직되었다.

② (가) – 신민회는 일제가 날조한 105인 사건으로 와해되었다.

③ (나) – 함경도 관찰사 조병식이 곡물 수출을 막는 방곡령을 내렸다.

④ (나) – 일제의 황무지 개간권 요구를 반대하기 위해 보안회가 창설되었다.

8 (가) 왕대의 사실에 대한 설명으로 옳은 것은?

| (가) |은/는 흑수말갈이 당과 통하려고 하자 군사를 동원하여 흑수말갈을 치게 하였다. 또한 일본에 사신 고제덕 등을 보내 "여러 나라를 관장하고 여러 번(蕃)을 거느리며, 고구려의 옛 땅을 회복하고 부여의 옛 습속을 지니고 있다."라고 하여 강국임을 자부하였다.

① 국호를 진국에서 발해로 바꾸었다.

② 신라는 급찬 숭정을 발해에 사신으로 보냈다.

③ 대흥이라는 독자적인 연호를 사용하였다.

④ 장문휴가 당의 등주를 공격하였다.

9 다음 전투를 이끈 한국인 부대에 대한 설명으로 옳은 것은?

> 아군은 사도하자에 주둔 병력을 증강시키면서 훈련에 여념이 없었다. 새벽에 적군은 황가둔에서 이도하 방면을 거쳐 사도하로 진격하여 왔다. 그런데 적군은 아군이 세운 작전대로 함정에 들어왔고, 이에 일제히 포문을 열어 급습함으로써 적군은 응전할 사이도 없이 격파되었다.

① 양세봉이 총사령관이었다.
② 미쓰야 협정이 체결되기 직전까지 활약하였다.
③ 한국독립당의 산하부대로 동경성 전투도 수행하였다.
④ 조선민족전선연맹이 중국 국민당의 지원을 받아 창설하였다.

10 밑줄 친 ㉠~㉣과 관련된 임란 이후 경제에 대한 설명으로 옳지 않은 것은?

> • ㉠서울 안팎과 번화한 큰 도시에 파·마늘·배추·오이 밭 따위는 10묘의 땅에서 얻은 수확이 돈 수만을 헤아리게 된다. 서도 지방의 ㉡담배 밭, 북도 지방의 삼밭, 한산의 모시밭, 전주의 생강 밭, 강진의 ㉢고구마 밭, 황주의 지황 밭에서의 수확은 모두 상상등전(上上等田)의 논에서 나는 수확보다 그 이익이 10배에 이른다.
> • 작은 보습으로 이랑에다 고랑을 내는데, 너비 1척, 깊이 1척이다. 이렇게 한 이랑, 즉 1묘 마다 고랑 3개와 두둑 3개를 만들면, 두둑의 높이와 너비는 고랑의 깊이와 너비와 같아진다. 그 뒤 ㉣고랑에 거름 재를 두껍게 펴고, 구멍 뚫린 박에 조를 담고서 파종한다.

① ㉠ – 신해통공을 반포하여 육의전의 금난전권을 폐지하였다.
② ㉡ – 인삼과 더불어 대표적인 상업작물로 재배되었다.
③ ㉢ – 『감저보』, 『감저신보』에서 재배법을 기술하였다.
④ ㉣ – 밭농사에서 농업 생산력의 발전을 가져온 농법이었다.

11 단군에 대한 인식을 설명한 것으로 옳지 않은 것은?

① 이승휴의 「제왕운기」에서는 우리 역사를 단군부터 서술하였다.
② 홍만종의 「동국역대총목」은 단군 정통론의 입장에서 기술하였다.
③ 이규보의 「동명왕편」은 단군의 건국 과정을 다루고 있다.
④ 「기미독립선언서」에는 '조선건국 4252년'으로 연도를 표기하였다.

12 다음 내용이 실린 사서에 대한 설명으로 옳은 것은?

> 제왕이 장차 일어날 때는 하늘의 명령과 상서로운 기운을 받아서 반드시 보통 사람과는 다른 점이 있으니, 그런 뒤에야 능히 큰 변화를 타서 제왕의 지위를 얻고 대업을 이루었다. … (중략) … 삼국의 시조들이 모두 신이(神異)한 일로 탄생했음이 어찌 괴이하겠는가. 이것이 책 첫머리에 「기이(紀異)」편이 실린 까닭이며, 그 의도도 여기에 있는 것이다.

① 불교 승려의 전기를 수록한 고승전이다.
② 불교 중심의 고대 민간 설화를 수록하였다.
③ 고조선부터 고려 말까지의 역사를 정리하였다.
④ 유교적 사관에 기초하여 기전체로 서술하였다.

13 ㈎의 체결 이후에 일어난 사실로 옳은 것은?

> 청군과 일본군의 개입으로 사태가 악화되자 농민군은 폐정개혁을 제시하며 정부와 ㈎ 을/를 맺었다. 이에 따라 농민군은 해산하였다.

① 농민군이 황토현에서 감영군을 격파하였다.
② 고부군수 조병갑이 만석보를 쌓아 수세를 강제로 거두었다.
③ 안핵사 이용태가 농민을 동학도로 몰아 처벌하였다.
④ 남접군과 북접군이 논산에서 합류하여 연합군을 형성하였다.

14 (가) 시기의 경제 상황에 대한 설명으로 옳은 것은?

① 백성에게 정전을 처음으로 지급하였다.
② 시장을 감독하는 관청인 동시전을 신설하였다.
③ 백성의 구휼을 위하여 진대법을 제정하였다.
④ 청주(菁州)의 거로현을 국학생의 녹읍으로 삼았다.

15 우리나라 문화유산에 대한 설명으로 옳지 않은 것은?

① 개성 경천사지 10층 석탑은 원의 석탑을 본떠 만들어졌다.
② 영주 부석사 무량수전은 주심포식 목조 건물이다.
③ 부여 정림사지 5층 석탑에서는 백제 무왕의 왕후가 넣은 사리기가 발견되었다.
④ 김제 금산사 미륵전은 다층 건물이나 내부가 하나로 통한다.

16 (가) 교육기관에 대한 설명으로 옳은 것은?

주세붕이 비로소 ▢(가)▢ 을/를 창건할 적에 세상에서 자못 의심했으나, 그의 뜻은 더욱 독실해져 무리들의 비웃음을 무릅쓰고 비방을 극복하여 전례 없던 장한 일을 이루었습니다. …(중략)… 최충, 우탁, 정몽주, 길재, 김종직, 김굉필 같은 이가 살던 곳에 ▢(가)▢ 을/를 건립하게 될 것입니다.
－『퇴계집』－

① 지방의 군현에 있던 유일한 관학이다.
② 선비와 평민의 자제에게 『천자문』 등을 가르쳤다.
③ 성적 우수자는 문과의 초시를 면제해 주었다.
④ 학문 연구와 선현의 제사를 위해 설립된 사설 교육기관이다.

17 (가), (나)가 설명하는 조약을 옳게 짝 지은 것은?

> (가) 강화도 조약에 이어 몇 달 뒤 체결되었다. 양곡의 무제한 유출을 가능하게 한 규정과 일본 정부에 소속된 선박은 항세를 납부하지 않는다는 규정이 들어 있었다.
>
> (나) 김홍집이 일본에서 황준헌의 『조선책략』을 가져 오면서 그 내용의 영향으로 체결되었으며, 청의 적극적인 알선이 있었다. 거중조정 조항과 최혜국 대우의 규정이 포함되어 있었다.

	(가)	(나)
①	조 · 일무역규칙	조 · 미수호통상조약
②	조 · 일무역규칙	조 · 러수호통상조약
③	조 · 일수호조규부록	조 · 미수호통상조약
④	조 · 일수호조규부록	조 · 러수호통상조약

18 다음은 어떤 인물에 대한 연보이다. 밑줄 친 ㉠～㉣의 설명으로 옳은 것은?

> 1566년(31세) ㉠사간원 정언에 제수되다.
> 1568년(33세) ㉡이조좌랑이 되었으나 외할머니 이씨의 병환 소식을 듣고 사퇴하다.
> 1569년(34세) 동호독서당에 머물면서 『동호문답』을 찬진하다.
> 1574년(39세) ㉢승정원 우부승지에 제수되어 「만언봉사」를 올리다.
> 1575년(40세) ㉣홍문관 부제학에서 사퇴하고 『성학집요』를 편찬하다.

① ㉠ - 왕명을 출납하면서 왕의 비서기관의 업무를 하였다.

② ㉡ - 삼사의 관리를 추천하는 권한이 있었다.

③ ㉢ - 왕의 정책을 간쟁하고 관원의 비행을 감찰하였다.

④ ㉣ - 서적 출판 및 간행의 업무를 전담하였다.

19 다음 글의 저자에 대한 설명으로 옳은 것은?

> 무릇 동양의 수천 년 교화계(敎化界)에서 바르고 순수하며 광대 정밀하여 많은 성현들이 전해주고 밝혀 준 유교가 끝내 인도의 불교와 서양의 기독교와 같이 세계에 큰 발전을 하지 못함은 어째서이며 … (중략) … 유교계에 3대 문제가 있는지라. 그 3대 문제에 대하여 개량하고 구신(求新)을 하지 않으면 우리 유교는 흥왕할 수가 없을 것이다.

① '조선얼'을 강조히며 '조선학 운동'을 펼쳤다.
② '나라는 형(形)이고 역사는 신(神)'이라고 주장하였다.
③ 주석 · 부주석 체제하의 대한민국 임시정부에서 주석을 역임하였다.
④ 「독사신론」에서 민족을 역사서술의 주체로 설정하고 사대주의를 비판하였다.

20 (가)~(라)를 시기순으로 바르게 나열한 것은?

> (가) 좌우합작 7원칙이 발표되었다.
> (나) 조선 건국 준비 위원회가 결성되었다.
> (다) 모스크바 3국 외상 회의가 개최되었다.
> (라) 김구와 김규식이 남북협상을 제의하였다.

① (나)→(가)→(라)→(다)
② (나)→(다)→(가)→(라)
③ (다)→(가)→(나)→(라)
④ (다)→(나)→(가)→(라)

☞ 정답 및 해설 P.26

1 (가), (나) 국가에 대한 설명으로 옳은 것은?

> (가) 그 나라의 혼인풍속에 여자의 나이가 열 살이 되면 서로 혼인을 약속하고, 신랑 집에서는 (그 여자를) 맞이하여 장성하도록 길러 아내로 삼는다. (여자가) 성인이 되면 다시 친정으로 돌아가게 한다. 여자의 친정에서는 돈을 요구하는데, (신랑 집에서) 돈을 지불한 후 다시 신랑 집으로 돌아온다.
>
> (나) 은력(殷曆) 정월에 하늘에 제사를 지내며 나라에서 대회를 열어 연일 마시고 먹고 노래하고 춤추는데, 영고(迎鼓)라고 한다. 이때 형옥(刑獄)을 중단하여 죄수를 풀어 주었다.

① (가) – 무천이라는 제천행사가 있었다.
② (가) – 계루부집단이 권력을 장악하였다.
③ (나) – 사출도라는 구역이 있었다.
④ (나) – 철이 많이 생산되어 낙랑과 왜에 수출하였다.

2 (나) 시기에 발생한 사건으로 옳은 것은?

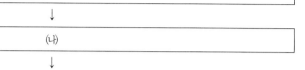

(가) 백제왕이 병력 3만 명을 거느리고 평양성을 공격해 왔다. 왕이 출병하여 막다가 날아 오는 화살에 맞아 서거하였다.

↓

(나)

↓

(다) 왕이 보병과 기병 5만 명을 보내 신라를 구원하게 하였다. (고구려군이) 남거성을 통해 신라성에 이르렀는데 그곳에 왜가 가득하였다. 관군이 도착하자 왜적이 퇴각하였다.

① 태학을 설립하고 율령을 반포하였다.

② 평양으로 도읍을 옮기고 한성을 함락하였다.

③ 관구검이 이끄는 위나라 군대의 침략을 받았다.

④ 왕이 직접 말갈 병사를 거느리고 요서지방을 공격하였다.

3 통일신라의 경제상황에 대한 설명으로 옳지 않은 것은?

① 왕경에 서시전과 남시전이 설치되었다.

② 어아주, 조하주 등 고급비단을 생산하여 당나라에 보냈다.

③ 촌락의 토지 결수, 인구 수, 소와 말의 수 등을 파악하였다.

④ 시비법과 이앙법 등의 발달로 농민층에서 광작이 성행하였다.

4 다음 서적을 편찬된 시기순으로 바르게 나열한 것은?

┌───┐
│ ㉠『의방유취』   ㉡『동의보감』 │
│ ㉢『향약구급방』   ㉣『향약집성방』 │
└───┘

① ㉠→㉡→㉢→㉣   ② ㉠→㉢→㉡→㉣

③ ㉢→㉠→㉣→㉡   ④ ㉢→㉣→㉠→㉡

5 삼국시대 문화에 대한 설명으로 옳지 않은 것은?

① 선덕여왕 때에 첨성대를 세웠다.

② 목탑 양식의 미륵사지석탑이 건립되었다.

③ 가야 출신의 우륵에 의해 가야금이 신라에 전파되었다.

④ 사신도가 그려진 강서대묘는 돌무지무덤으로 축조되었다.

6 다음과 같은 글을 남긴 국왕의 업적에 해당하는 것은?

> 우리 동방은 옛날부터 중국의 풍속을 흠모하여 문물과 예악이 모두 그 제도를 따랐으나, 지역이 다르고 인성도 각기 다르므로 꼭 같게 할 필요는 없다. 거란은 짐승과 같은 나라로 풍속이 같지 않고 말도 다르니 의관제도를 삼가 본받지 말라.
>
> — 『고려사』에서 —

① 물가조절을 위해 상평창을 설치하였다.

② 기인 · 사심관제와 함께 과거제를 실시하였다.

③ 혼인정책과 사성정책을 통해 호족을 포섭하였다.

④ 광군 30만을 조직하여 거란의 침략에 대비하였다.

7 다음 ㉠~㉢에 들어갈 인물을 바르게 연결한 것은?

> • (㉠)는/은 『신편제종교장총록』을 편찬하였다.
> • (㉡)는/은 원의 불교인 임제종을 들여와서 전파시켰다.
> • (㉢)는/은 강진에 백련사를 결사하여 법화신앙을 내세웠다.
> • (㉣)는/은 『목우자수심결』을 지어 마음을 닦고자 하였다.

	㉠	㉡	㉢	㉣		㉠	㉡	㉢	㉣
①	수기	보우	요세	지눌	②	의천	각훈	요세	수기
③	의천	보우	요세	지눌	④	의천	요세	각훈	수기

8 다음 정책을 추진한 국왕 대에 있었던 사실로 옳은 것은?

> 옛적에 관가의 노비는 아이를 낳은 지 7일 후에 입역(立役)하였는데, 아이를 두고 입역하면 어린 아이에게 해로울 것이라 걱정하여 100일간의 휴가를 더 주게 하였다. 그러나 출산에 임박하여 일하다가 몸이 지치면 미처 집에 도착하기 전에 아이를 낳는 경우가 있다. 만일 산기에 임하여 1개월간의 일을 면제하여 주면 어떻겠는가. 가령 저들이 속인다 할지라도 1개월까지야 넘길 수 있겠는가. 상정소(詳定所)로 하여금 이에 대한 법을 제정하게 하라.

① 사형의 판결에는 삼복법을 적용하였다.
② 주자소를 설치하여 계미자를 주조하였다.
③ 국방력 강화를 위해 진관체제를 실시하였다.
④ 도평의사사를 개편하여 의정부를 설치하였다.

9 밑줄 친 '그'에 대한 설명으로 옳은 것은?

> 그는 중국 유학을 마치고 귀국한 다음, 국왕에게 황룡사에 9층탑을 세울 것을 건의했다. 그가 9층탑 건립을 건의한 데에는 주변 나라의 침입을 막고자 하는 호국정신이 담겨 있다.

① 화랑이 지켜야 할 세속오계를 지었다.
② 대국통으로 있으면서 계율을 지키는 일에 힘을 보탰다.
③ 통일 이후의 사회갈등을 통합으로 이끄는 화엄사상을 강조하였다.
④ 일심(一心) 사상을 주장하여 불교 교리의 대립을 극복하고자 하였다.

10 다음 자료에 나타난 상황과 관련 있는 사건은?

> 경성에는 종묘, 사직, 궁궐과 나머지 관청들이 또한 하나도 남아 있는 것이 없으며, 사대부의 집과 민가들도 종루 이북은 모두 불탔고 이남만 다소 남은 것이 있으며, 백골이 수북이 쌓여서 비록 치우고자 해도 다 치울 수 없다. 경성의 수많은 백성들이 도륙을 당했고 남은 이들도 겨우 목숨만 붙어 있다. 굶어 죽은 시체가 길에 가득하고 진제장(賑濟場)에 나아가 얻어먹는 자가 수천 명이며 매일 죽는 자가 60 ~ 70명 이상이다.
>
> — 성혼, 『우계집』에서 —

① 병자호란
② 임진왜란
③ 삼포왜란
④ 이괄의 난

11 밑줄 친 '그'에 대한 설명으로 옳지 않은 것은?

> 그와 남은이 임금을 뵈옵고 요동을 공격하기를 요청하였고, 그리하여 급하게 「진도(陣圖)」를 익히게 하였다. 이보다 먼저 좌정승 조준이 휴가를 받아 집에 있을 때, 그와 남은이 조준을 방문하여, "요동을 공격하는 일은 지금 이미 결정되었으니 공(公)은 다시 말하지 마십시오." 라고 말하였다.

① 만권당에서 원의 학자들과 교류하였다.
② 맹자의 역성혁명론을 조선건국에 적용하였다.
③ 한양 도성의 성문과 궁궐 등의 이름을 지었다.
④ 『경제문감』을 저술하여 재상 중심의 정치를 주장하였다.

12 조약 (가), (나) 사이 시기의 경제 상황으로 옳은 것은?

(가)	(나)
• 조선국 항구에 머무르는 일본은 쌀과 잡곡을 수출·수입할 수 있다. • 일본국 정부에 소속된 모든 선박은 항세(港稅)를 납부하지 않는다.	• 입항하거나 출항하는 각 화물이 세관을 통과할 때에는 세칙에 따라 관세를 납부해야 한다. • 조선 정부가 쌀 수출을 금지하고자 할 때에는 반드시 먼저 1개월 전에 지방관이 일본 영사관에게 통고해야 한다.

① 메가타 재정고문이 화폐정리사업을 시도하였다.

② 혜상공국의 폐지 등을 주장한 정변이 발생하였다.

③ 양화진에 청국인 상점을 허용하는 조약이 체결되었다.

④ 함경도 방곡령 사건으로 일본과 외교적 마찰이 일어났다.

13 대한제국 시기에 추진된 정책으로 옳지 않은 것은?

① 시위대와 진위대를 증강하였다.

②『독립신문』의 창간을 지원하였다.

③ 화폐제도의 개혁과 중앙은행의 창립을 추진하였다.

④ 황실 재정을 담당하는 내장원의 기능을 확대하였다.

14 조선후기 서학과 관련한 설명으로 옳지 않은 것은?

① 이승훈이 북경에서 영세를 받았다.

② 윤지충 사건을 계기로 하여 기해박해가 일어났다.

③ 안정복이 천주교를 비판하는『천학문답』을 저술하였다.

④ 최초의 한국인 신부 김대건이 귀국하여 포교 중 순교하였다.

15 다음과 같은 강령을 발표한 조직의 활동으로 옳은 것은?

> 건국 시기의 헌법상 경제체계는 국민 각개의 균등생활 확보 및 민족 전체의 발전 그리고 국가를 건립 보위함과 연환(連環)관계를 가진다. 그러므로 다음에 나오는 기본 원칙에 따라서 경제 정책을 집행하고자 한다.
> 가. 규모가 큰 생산기관의 공구와 수단 … (중략) … 은행·전신·교통 등과 대규모 농·공·상 기업 및 성시(城市)공업 구역의 주요한 공용 방산(房産)은 국유로 한다.
> 나. 적이 침략하여 점령 혹은 시설한 일체 사유자본과 부역자의 일체 소유자본 및 부동산은 몰수하여 국유로 한다.

① 이승만을 대통령, 이시영을 부통령으로 선출하였다.

② 자유시 참변을 겪고 러시아 적군에 무장해제를 당하였다.

③ 좌우합작위원회를 구성하고 좌우합작 7원칙을 발표하였다.

④ 미군전략정보국(OSS) 지원 아래 국내 진공작전을 준비하였다.

16 다음 선언문의 강령에 따라 활동한 단체에 대한 설명으로 옳은 것은?

> 민중은 우리 혁명의 대본영(大本營)이다. 폭력은 우리 혁명의 유일한 무기이다. 우리는 민중 속으로 가서 민중과 손을 맞잡아 끊임없는 폭력—암살, 파괴, 폭동—으로써 강도 일본의 통치를 타도하고 우리 생활에 불합리한 일체의 제도를 개조하여 인류로써 인류를 압박하지 못하며, 사회로써 사회를 박탈하지 못하는 이상적 조선을 건설할지니라.

① 임시정부 활동에 활기를 불어넣고자 결성하였다.

② 청산리 지역에서 일본군과 접전을 벌여 대승을 거두었다.

③ 한국독립당, 조선혁명당 등과 함께 민족혁명당을 결성하였다.

④ 원산에서 일본인이 한국인 노동자를 구타한 사건을 계기로 총파업을 일으켰다.

17 밑줄 친 ㉠, ㉡에 대한 설명으로 옳은 것은?

> 신고산이 우르르 함흥차 가는 소리에
> ㉠지원병 보낸 어머니 가슴만 쥐어뜯고요
>   … (중략) …
> 신고산이 우르르 함흥차 가는 소리에
> ㉡정신대 보낸 어머니 딸이 가엾어 울고요

① ㉠ – 학생들도 모집 대상이었다.
② ㉠ – 처음에는 징병제에 따라 동원되기 시작하였다.
③ ㉡ – 국민징용령에 근거한 조직이었다.
④ ㉡ – 물자 공출 장려를 목표로 결성하였다.

18 밑줄 친 '이때' 재위한 국왕 대에 있었던 사실로 옳은 것은?

> 이때 거두어들인 돈을 '스스로 내는 돈'이라는 뜻에서 원납전이라 하였다. 그런데 백성들은 입을 삐쭉거리면서 '원납전 즉 원망하며 바친 돈이다.' 라고 하였다.
>   － 『매천야록』에서 －

① 세한도가 제작되었다.
② 삼정이정청이 설치되었다.
③ 삼군부가 부활되고 삼수병이 강화되었다.
④ 비변사 당상들이 중요한 권력을 장악하였다.

19 다음 법령과 관련한 설명으로 옳은 것은?

> 제5조 정부는 다음에 의하여 농지를 취득한다.
>   1. 다음의 농지는 정부에 귀속한다.
>   (개) 법령 및 조약에 의하여 몰수 또는 국유로 된 토지
>   (내) 소유권의 명의가 분명하지 않은 농지

① 농지 이외 임야도 포함되었다.

② 신한공사가 보유하던 토지를 분배하였다.

③ 중앙토지행정처가 분배 업무를 주무하였다.

④ 분배받은 농민은 평년 생산량의 30%를 5년간 상환하였다.

20 다음은 1960년대 어느 일간지에 실린 사설이다. 밑줄 친 '파병'에 대한 설명으로 옳은 것만을 모두 고르면?

> 우리는 원했든 원하지 안했든 이미 이 전쟁에 직접적인 관계를 맺었고 <u>파병</u>을 찬반(贊反)하던 국민이 이젠 다 힘과 마음을 합해서 <u>파병</u>된 용사들을 성원하고 있거니와 근대 전쟁이 전투하는 사람만의 전쟁이 아니라 온 국민이 참가하는 '총력전'이라는 것을 알고 이 전쟁의 승리를 위해 모든 국민의 단합을 호소하는 바이다.

> ㉠ 발췌개헌안 통과에 영향을 주었다.
> ㉡ 브라운 각서를 체결하는 이유가 되었다.
> ㉢ 1960년대 경제개발계획의 추진에 기여하였다.
> ㉣ 한·미 상호방위원조협정을 체결하는 계기가 되었다.

① ㉠, ㉡

② ㉠, ㉢

③ ㉡, ㉢

④ ㉢, ㉣

1 고조선을 주제로 한 학술 대회를 개최할 경우, 언급될 내용으로 가장 적절하지 않은 것은?

① 위만의 이동과 집권 과정

② 진대법과 빈민 구제

③ 범금 8조(8조법)에 나타난 사회상

④ 비파형 동검 문화권과 국가의 성립

2 〈보기〉에서 백제의 발전 과정을 순서대로 바르게 나열한 것은?

> 〈보기〉
> ㉠ 6좌평제와 16관등제 및 백관의 공복을 제정하였다.
> ㉡ 고구려의 평양성을 공격하였다.
> ㉢ 지방에 22담로를 설치하였다.
> ㉣ 불교를 받아들여 통치이념을 정비하였다.

① ㉠→㉡→㉢→㉣   ② ㉠→㉡→㉣→㉢

③ ㉡→㉣→㉢→㉠   ④ ㉣→㉡→㉢→㉠

3 〈보기〉에서 밑줄 친 '이 나라'에 대한 설명으로 가장 옳은 것은?

> 〈보기〉
>
> 천지가 개벽한 뒤로 이곳에는 아직 나라가 없고 또한 왕과 신하도 없었다. 단지 아홉 추장이 각기 백성을 거느리고 농사를 지으며 살았다. …… 아홉 추장과 사람들이 노래하고 춤추면서 하늘을 보니 얼마 뒤 자주색 줄이 하늘로부터 내려와서 땅에 닿았다. 줄 끝을 찾아보니 붉은 보자기에 금빛 상자가 싸여 있었다. 상자를 열어 보니 황금색 알 여섯 개가 있었다. …… 열 사흘째 날 아침에 다시 모여 상자를 열어 보니 여섯 알이 어린아이가 되어 있었다. 용모가 뛰어나고 바로 앉았다. 아이들이 나날이 자라 십수 일이 지나니 키가 9척이나 되었다. 얼굴은 한 고조, 눈썹은 당의 요임금, 눈동자는 우의 순임금과 같았다. 그달 보름에 맏이를 왕위에 추대하였는데, 그가 곧 <u>이 나라</u>의 왕이다.
>
> – 삼국유사 –

① 중국 동진으로부터 불교를 받아들여 왕실의 권위를 높였다.

② 재상을 뽑을 때 정사암에 후보 이름을 써서 넣은 상자를 봉해두었다.

③ 큰일이 있을 때에는 반드시 화백제도를 통해 여러 사람의 의견을 따랐다.

④ 철기를 만들 때 사용하는 덩이쇠를 화폐와 같은 교환 수단으로 이용하기도 하였다.

4 발해의 사회 모습에 대한 설명으로 가장 옳지 않은 것은?

① 주민은 고구려 유민과 말갈인으로 구성되었다.

② 중앙 문화는 고구려 문화를 바탕으로 당의 문화가 가미된 형태를 보였다.

③ 당, 신라, 거란, 일본 등과 무역하였는데, 대신라 무역의 비중이 가장 컸다.

④ 유학 교육기관인 주자감을 설치하여 귀족 자제에게 유교 경전을 가르쳤다.

5 삼국의 사회·문화에 관한 설명으로 가장 옳지 않은 것은?

① 고구려는 영양왕 때 이문진이 유기를 간추려 신집 5권을 편찬했다.

② 백제의 승려 원측은 당나라에 가서 유식론(唯識論)을 발전시켰다.

③ 신라의 진흥왕은 두 아들의 이름을 동륜 등으로 짓고 자신은 전륜성왕으로 자처했다.

④ 백제 말기에는 미래에 중생을 구제한다는 미륵신앙이 유행하기도 하였다.

6 고려시대 군사제도에 대한 설명으로 가장 옳지 않은 것은?

① 북방의 양계지역에는 주현군을 따로 설치하였다.

② 2군(二軍)인 응양군과 용호군은 왕의 친위부대였다.

③ 6위(六衛) 중의 감문위는 궁성과 성문수비를 맡았다.

④ 직업군인인 경군에게 군인전을 지급하고 그 역을 자손에게 세습시켰다.

7 〈보기〉의 (가), (나)와 같은 건의를 받은 국왕에 대한 설명으로 가장 옳은 것은?

> 〈보기〉
> (가) 우리 태조께서는 나라를 통일한 뒤에 외관을 두고자 하였으나, 대개 초창기이므로 일이 번거로워 겨를이 없었습니다. 이제 가만히 보건대, 향호가 매양 공무를 빙자하여 백성을 침해하여 횡포를 부리어 백성이 견디지 못하니, 청컨대 외관을 두도록 하십시오.
> (나) 겸손한 마음을 가지고 항상 조심하고 두려워하며 신하를 예로써 대우할 때 신하는 충성으로써 임금을 섬기는 것입니다.

① 호족과의 혼인정책을 적극적으로 추진하였다.

② 노비안검법을 실시하여 호족의 경제력을 약화시켰다.

③ 양현고를 설치하고 보문각과 청연각을 세워 유학을 진흥시켰다.

④ 연등회를 축소하고 팔관회를 폐지하여 국가적인 불교행사를 억제하였다.

8 고려시대 불교계의 동향과 관련된 설명으로 가장 옳지 않은 것은?

① 백련결사를 제창한 요세는 참회와 수행에 중점을 두는 등 복잡한 이론보다 종교적 실천을 강조했다.

② 재조대장경은 고려 전기에 만들어졌던 대장경 판목이 거란의 침입으로 불타버렸기 때문에 무신집권기에 다시 만든 것이다.

③ 각훈은 삼국시대 이래 승려들의 전기를 정리하여 해동고승전을 지었다.

④ 지눌은 깨달음과 더불어 실천을 강조하는 돈오점수를 주장했다.

9 〈보기〉에서 밑줄 친 '그'가 활동하던 시대상황에 대한 설명으로 가장 옳지 않은 것은?

> 〈보기〉
>
>   그가 북산에서 나무하다가 공, 사노비를 불러 모아 모의하기를, "나라에서 경인, 계사년 이후로 높은 벼슬이 천한 노비에게서 많이 나왔으니, 장수와 재상이 어찌씨가 따로 있으랴. 때가 오면 누구나 할 수 있는데, 우리들이 어찌 고생만 하면서 채찍 밑에 곤욕을 당해야 하겠는가?"라고 하니, 여러 노비들이 모두 그렇게 여겼다.
>
> ─ 고려사 ─

① 최충의 9재 학당을 비롯한 사학 12도가 융성하였다.
② 경주 일대에서 고려 왕조를 부정하는 신라부흥운동이 일어났다.
③ 정혜쌍수와 돈오점수를 주장하는 수선결사운동이 전개되었다.
④ 소(所)의 거주민은 금, 은, 철 등 광업품이나 수공업 제품을 생산하여 바치기도 하였다.

10 조선 태종 대의 주요 정책에 대한 설명으로 가장 옳은 것은?

① 사섬서를 두어 지폐인 저화를 발행하였다.
② 상평통보를 발행하여 화폐경제를 촉진하였다.
③ 지계를 발급하여 토지소유권을 공고히 하였다.
④ 연분 9등법과 전분 6등법을 시행하여 조세제도를 개편하였다.

11 〈보기〉와 같은 폐단을 해결하기 위해 실시한 제도에 대한 설명으로 가장 옳지 않은 것은?

> 〈보기〉
>
> 각 고을에서 공물을 상납하려 할 때 각 관청의 사주인들이 여러 가지로 농간을 부려 좋은 것도 불합격 처리를 하기 때문에 바칠 수가 없게 되었습니다. 이리하여 사주인은 자기가 갖고 있는 물품으로 관청에 대신 내고 그 고을 농민들에게는 자기가 낸 물건 값을 턱없이 높게 쳐서 열 배의 이득을 취하니, 이것은 백성의 피와 땀을 짜내는 것입니다.
>
> – 선조실록 –

① 광해군 시기에 실시하였다.

② 토지 결수를 기준으로 1결당 쌀 12두를 납부하게 하였다.

③ 왕실과 관청에서 필요한 수요품을 구해 납품하는 덕대가 등장하였다.

④ 물품 구매와 상품 수요가 증가하면서 상품 화폐 경제가 한층 발전하였다.

12 〈보기〉의 토지 개혁안을 주장한 조선 후기 실학자를 옳게 짝지은 것은?

> 〈보기〉
>
> ㉠ 지금 농사를 하고자 하는 사람은 토지를 얻고, 농사를 하지 않는 사람은 토지를 얻지 못하도록 한다. 즉 여전(閭田)의 법을 시행하면 나의 뜻을 이룰 수 있을 것이다. … 무릇 1여의 토지는 1여의 사람들로 하여금 공동으로 경작하게 하고, 내 땅 네 땅의 구분 없이 오직 여장의 명령만을 따른다. 매 사람마다의 노동량은 매일 여장이 장부에 기록한다. 가을이 되면 무릇 오곡의 수확물을 모두 여장의 집으로 보내어 그 식량을 분배한다. 먼저 국가에 바치는 공세를 제하고, 다음으로 여장의 녹봉을 제하며, 그 나머지를 날마다 일한 것을 기록한 장부에 의거하여 여민들에게 분배한다.
>
> ㉡ 국가는 마땅히 한 집의 재산을 헤아려 전(田) 몇 부(負)를 한정하여 1호(戶)의 영업전(永業田)을 삼기를 당나라의 조제(租制)처럼 해야 한다. 그렇다고 해서 많이 소유한 자의 것을 줄이거나 빼앗지 않고, 모자라게 소유한 자라고 해서 더 주지 않는다. 돈이 있어 사고자 하는 자는 비록 천백 결(結)이라도 모두 허가하고, 토지가 많아 팔고자 하는 자도 단지 영업전 몇 부 이외에는 역시 허가한다.

	㉠	㉡		㉠	㉡
①	정약용	이익	②	박지원	유형원
③	정약용	유형원	④	이익	박지원

13 〈보기〉의 의서(醫書)를 편찬된 순서대로 바르게 나열한 것은?

〈보기〉

㉠ 동의보감(東醫寶鑑)　　　　　㉡ 마과회통(麻科會通)
㉢ 의방유취(醫方類聚)　　　　　㉣ 향약구급방(鄕藥救急方)

① ㉠ – ㉡ – ㉢ – ㉣
② ㉢ – ㉣ – ㉡ – ㉠
③ ㉣ – ㉢ – ㉠ – ㉡
④ ㉣ – ㉢ – ㉡ – ㉠

14 조선 후기 지도 편찬에 대한 설명으로 가장 옳지 않은 것은?

① 김정호는 대동여지도를 편찬하기 이전에 이미 청구도 등을 제작하였다.
② 정상기는 백리척을 이용하여 동국지도를 제작하였다.
③ 모눈종이를 이용한 정밀한 지도도 제작되었다.
④ 대동여지도가 완성되자 나라의 기밀을 누설시킬 우려가 있다고 하여 판목은 압수 소각되었다.

15 위정척사 운동에 대한 설명으로 가장 옳지 않은 것은?

① 최익현은 왜양일체론을 내세우며 개항 반대 운동을 전개하였다.
② 이항로는 척화주전론을 주장하며 통상 반대 운동을 전개하였다.
③ 기정진 등 영남 유생들이 만인소를 올려 조선책략을 들여온 김홍집의 처벌을 요구하였다.
④ 홍재학은 주화매국의 신료를 처벌하고 서양물품과 서양서적을 불태울 것을 주장하였다.

16 〈보기〉의 밑줄 친 ㈎국가에 대한 설명으로 가장 옳은 것은?

〈보기〉

정부는 ㈎ 공사의 서울 부임에 답례할 겸 서구의 근대 문물을 시찰하기 위해 1883년 ㈎에 보빙사를 파견하였다. 보빙사의 구성원은 민영익, 홍영식, 서광범 등 11명이었다.

① 삼국 간섭에 참여하였다.
② 용암포를 강제 점령하고 조사를 요구하였다.
③ 거문도를 불법으로 점령하였다.
④ 운산 금광 채굴권을 차지하였다.

17 〈보기〉의 협약 이후 일어난 사실로 가장 옳지 않은 것은?

〈보기〉

제1조 한국정부는 시정 개선에 관하여 통감의 지도를 받는다.
제2조 한국의 법령 제정 및 중요한 행정상의 처분은 미리 통감의 승인을 거친다.
제4조 한국 고등 관리의 임면은 통감의 동의로써 이를 시행한다.
제5조 한국정부는 통감이 추천하는 일본인을 한국 관리에 임명한다.

① 각 부의 차관에 일본인이 임명되어 이른바 차관정치가 시작되었다.
② 대한제국 군대가 해산되었다.
③ 사법권과 경찰권을 빼앗겼다.
④ 만국평화회의에 이상설 등이 파견되었다.

18 〈보기〉에서 일제강점기의 사건을 발생한 순서대로 바르게 나열한 것은?

〈보기〉

㉠ 물산장려운동   ㉡ 3 · 1 운동
㉢ 광주학생항일운동   ㉣ 6 · 10 만세운동

① ㉠→㉡→㉢→㉣   ② ㉠→㉢→㉡→㉣
③ ㉡→㉠→㉣→㉢   ④ ㉡→㉣→㉢→㉠

19 〈보기〉 선언문의 발표 후에 있었던 사건으로 가장 적합하지 않은 것은?

> 〈보기〉
>
> 　상아의 진리탑을 박차고 거리에 나선 우리는 질풍과 같은 역사의 조류에 자신을 참여시킴으로써 이성과 진리, 그리고 자유의 대학정신을 현실의 참담한 박토에 뿌리려 하는 바이다. 〈중략〉 무릇 모든 민주주의 정치사는 자유의 투쟁사다. 그것은 또한 여하한 형태의 전제로 민중 앞에 군림하던 '종이로 만든 호랑이'같이 헤슬픈 것임을 교시한다. 〈중략〉 근대적 민주주의의 근간은 자유다. 〈하략〉
>
> – 서울대학교 문리과대학 학생 일동 –

① 이승만 대통령이 하야하였다.
② 장면 정권이 수립되었다.
③ 민족자주통일중앙협의회가 조직되었다.
④ 조봉암이 진보당을 결성하였다.

20 〈보기〉와 같은 내용의 헌법으로 개정된 이후 발생한 사건으로 가장 옳은 것은?

> 〈보기〉
>
> 제39조 대통령은 통일주체국민회의에서 토론없이 무기명 투표로 선거한다.
> 제40조 통일주체국민회의는 국회의원 정수의 1/3에 해당하는 수의 국회의원을 선거한다.
> 제43조 대통령은 조국의 평화적 통일을 위한 성실한 의무를 진다.

① 굴욕적인 한일회담에 반대하는 학생 시위가 전개되었다.
② 재야 인사들이 명동성당에 모여 '3·1 민주구국선언'을 발표하였다.
③ 친일파 청산을 위해 반민족행위특별조사위원회를 설치하였다.
④ 민생안정을 위해 농가 부채 탕감, 화폐 개혁 등을 실시하였다.

1 한국의 선사시대에 대한 설명으로 가장 적절하지 않은 것은?

① 중기구석기시대에는 몸돌에서 떼어 낸 돌조각인 격지를 잔솔질하여 석기를 만들었다.

② 신석기시대에는 제주 고산리나 양양 오산리 등에서 목책, 환호 등의 시설이 만들어졌다.

③ 신석기시대에는 백두산이나 일본에서 유입된 것으로 보이는 흑요석이 사용되었다.

④ 청동기시대에는 어로 활동이나 조개 채집의 비중이 줄어들어 패총이 많이 발견되지 않는다.

2 다음은 삼국의 항쟁에 대한 기록이다. 밑줄 친 국가에서 이 전쟁 이후에 벌어진 사실로 가장 적절한 것은?

> 영락 6년에 왕이 몸소 수군을 이끌고 백잔을 토벌했다. 우리 군사가 [중략] 어느덧 백잔의 도성에 근접했다. 백잔이 항복하지 않고 군사를 동원하여 덤비자 왕은 노하여 아리수를 건너 백잔성으로 진격시켰다. [중략] 백잔의 군주는 남녀 1천 명과 세포(細布) 1천 필을 바치고 왕 앞에 무릎을 꿇고 맹세하였다. "지금부터 이후로 영원히 노객이 되겠습니다."

① 고구려의 평양성을 공격하여 고국원왕을 전사하게 하였다.

② 동진에서 온 마라난타에 의해 불교가 전래되었다.

③ 고구려의 남하 정책에 대항하여 신라의 눌지왕과 동맹을 체결하였다.

④ 박사 고흥이 『서기』를 편찬하였다.

3 다음 밑줄 친 신라 왕의 재위 기간 중 축조된 비석은?

> 9월 대가야가 반란을 일으켰다. 왕이 이사부에게 명하여 그들을 토벌하도록 하였는데, 사다
> 함이 그 부장이 되었다. [중략] 이사부가 병력을 이끌고 그곳에 이르니 모두 항복하였다. 전공
> 을 논하는데 사다함이 최고였으므로 왕이 상으로 좋은 토지와 포로 200명을 주었다.
>
> ─『삼국사기』─

① 울진 봉평비　　　　　　　　　　② 단양 적성비
③ 포항 중성리비　　　　　　　　　　④ 영일 냉수리비

4 다음은 어느 역사서의 일부분이다. 밑줄 친 인물의 왕위 재위 기간에 일어난 사실로 가장 적절한
것은?

> "신의 나라가 대국을 섬긴 지 여러 해가 되었습니다. 그러나 백제는 강성하고 교활하여 침략
> 을 일삼아 왔습니다. [중략] 만약 폐하께서 군사를 보내 그 흉악한 무리들을 없애지 않는다면
> 우리나라 백성은 모두 포로가 될 것입니다. 육로와 수로를 거쳐 섬기러 오는 일도 다시는 기대
> 할 수 없을 것입니다." 태종이 크게 동감하고 군사를 보낼 것을 허락하였다.

① 갈문왕 제도가 사실상 폐지되고 상대등의 권한이 약화되었다.
② 비담과 염종 등 귀족 세력의 반란이 일어났다.
③ 독자적인 연호를 폐지하고 당 고종의 연호를 사용하였다.
④ 자장의 건의로 황룡사 9층 목탑이 축조되었다.

5 고대국가의 문화에 대한 설명으로 가장 적절하지 않은 것은?

① 고구려에는 초기에 돌무지무덤(積石塚)이 유행했는데, 이른 시기의 것들은 단순한 돌무지였
　지만 점차 기단을 만들고 피라미드 형태로 정교하게 돌을 쌓아 올렸다.
② 고구려의 고분벽화는 초기에는 생활상을 표현한 그림이 많았지만 후기로 갈수록 추상화되었다.
③ 무령왕릉과 송산리 6호분은 중국 남조의 영향을 받은 벽돌무덤(塼築墳)이다.
④ 신라의 돌무지덧널무덤(積石木槨墳)은 고구려와 백제의 영향을 받았다. 황남대총, 호우총 그
　사례로 들 수 있다.

6 한국 고대국가의 경제에 대한 설명 중 가장 적절하지 않은 것은?

① 삼국시대에는 개인 소유의 토지가 사실상 존재했으며 일반 백성은 이를 경작하거나 남의 토지를 빌려 경작하기도 했다.

② 통일신라에는 녹비법, 퇴비법 등의 시비법이 발달하고 윤작법이 보급되어 생산력이 증가하였다.

③ 삼국시대에는 점차 국가 체제가 정비되면서 관청을 두고 여기에 수공업자를 배정하여 무기나 비단 등 필요한 물품을 생산하였다.

④ 삼국 통일 후 인구 증가와 상품 생산의 확대에 따라 경주에 서시와 남시가 설치되었디.

7 다음에 제시된 역사적 사건들을 시간 순서대로 바르게 나열한 것은?

> ㉠ 후백제의 견훤이 경주를 침공해 경애왕을 죽였다.
> ㉡ 후백제의 신검이 견훤을 금산사에 유폐시켰다.
> ㉢ 왕건이 국호를 고려라 정하고 송악으로 천도하였다.
> ㉣ 고려가 공산 전투에서 후백제에게 패하였다.

① ㉠㉢㉡㉣　　　　　　　　　　② ㉠㉣㉢㉡
③ ㉢㉠㉡㉣　　　　　　　　　　④ ㉢㉠㉣㉡

8 고려시대의 토지 제도에 대한 설명으로 가장 적절하지 않은 것은?

① 목종 때 개정전시과가 실시되어 인품이 배제되고 관품만을 기준으로 토지를 지급하였다.

② 성종 때 시정전시과가 실시되어 관품과 인품을 고려하여 전지와 시지를 지급하였다.

③ 태조 때 역분전이 설치되어 개국 공신들에게 충성도, 공훈, 인품 등을 반영하여 토지를 지급하였다.

④ 문종 때 경정전시과가 설치되어 현직 관리들에게만 과전을 지급하고 퇴직할 때 반납하도록 하였다.

9 고려시대의 역사적 사실들을 오래된 것부터 바르게 나열한 것은?

> ⊙ 팔만대장경(재조대장경) 완성   ⓒ 『삼국유사』 편찬
> ⓒ 『향약구급방』 간행   ② 황룡사 9층 목탑 소실

① ⊙ⓒ②ⓒ   ② ⊙②ⓒⓒ
③ ⓒ②⊙ⓒ   ④ ②⊙ⓒⓒ

10 다음 일이 있었던 시대의 문화에 대한 설명으로 가장 적절하지 않은 것은?

> 　박유가 왕에게 글을 올려 말하기를 "[중략] 청컨대 여러 신하, 관료들로 하여금 여러 처를 두게 하되, 품계에 따라 그 수를 줄이도록 하여 보통 사람에 이르러서는 1인 1첩을 둘 수 있도록 하며 여러 처에게서 낳은 자식들도 역시 본가가 낳은 아들처럼 벼슬을 할 수 있게 하기를 원합니다."라고 하였다. [중략] 당시 재상들 가운데 그 부인을 무서워하는 자들이 있었기 때문에 그 건의는 결국 실행되지 못하였다.

① 단아하고 균형 잡힌 석등이 꾸준히 만들어졌으며 법주사 쌍사자 석등이 대표적인 작품이다.
② 다포 양식 건물이 등장하여 지붕을 웅장하게 얹거나 건물을 화려하게 꾸밀 때 쓰였다.
③ 자기 제작에 상감기법이 개발되어 무늬를 내는 데 활용되었으나 원 간섭기 이후에는 퇴조하였다.
④ 이 시대에는 불화가 많이 그려졌는데 혜허의 관음보살도가 유명하다.

11 ⊙과 ⓒ 사이의 시기에 있었던 사실로 가장 적절하지 않은 것은?

> ⊙ 지리서의 편찬이 추진되어 『신찬팔도지리지』를 편찬하였다.
> ⓒ 조선 전기를 대표하는 『동국지도』를 완성하였다.

① 고조선부터 고려 말까지 역사를 정리한 『동국통감』을 간행하였다.
② 고려의 역사를 자주적 입장에서 정리한 『고려사절요』를 편찬하였다.
③ 역대의 전쟁을 체계적으로 정리한 『동국병감』을 편찬하였다.
④ 우리 풍토에 알맞은 약재와 치료 방법을 개발하여 정리한 『향약집성방』을 편찬하였다.

12 다음에서 설명하고 있는 조선 시대 호적에 대한 내용으로 적절한 것을 〈보기〉에서 모두 고른 것은?

> 국가는 재정의 토대가 되는 수취 체제를 운영하기 위해 토지 대장인 양안과 인구 대장인 호적을 작성하였다. 이를 근거로 전세, 공납, 역을 백성에게 부과하였다.

〈보기〉
⊙ 호적은 3년에 한 번씩 관청에서 호주의 신고를 빋아 작성하였다.
ⓒ 호적에 관료였던 양반은 관직과 품계를 기록하고 관직에 몸담지 않은 양반은 유학이라고 기록하였다.
ⓒ 호적에는 호의 소재지, 호주의 직역과 성명, 호주와 처의 연령, 본관과 4조(부, 조부, 증조부, 외조부) 등을 적었다.
② 호적에 평민은 보병이나 기병 등 군역을 기록하였으며, 노비는 이름을 기록하였다.

① ⊙
② ⊙ⓒ
③ ⊙ⓒⓒ
④ ⊙ⓒⓒ②

13 다음 글을 지은 인물이 속했던 조선 시대 정치 세력[붕당]에 대한 설명으로 가장 적절한 것은?

> 내 버디 몇치나 ᄒ니 水石(수석)과 松竹(송죽)이라.
> 東山(동산)의 ᄃᆞᆯ 오르니 긔 더옥 반갑고야.
> 두어라 이 다ᄉᆞᆺ 밧긔 또 더ᄒᆞ야 머엇ᄒᆞ리 .

① 예송에서 왕의 예는 일반 사대부와 다르다고 주장하였다.
② 효종의 비가 죽었을 때 시어머니인 자의대비가 대공복을 입어야 한다고 주장하였다.
③ 자신들의 학문적 정통성을 확립하기 위하여 조식을 높이고 이언적과 이황을 폄하하였다.
④ 경종이 즉위하자 그가 병약하다는 이유를 들어 이복동생 연잉군을 세제로 책봉할 것을 요구하였다.

14 다음과 같은 내용의 교서를 발표한 왕에 대한 설명으로 가장 적절한 것은?

> 우리나라는 원래 땅이 협소하여 인재 등용의 문도 넓지 못하였다. 그런데 근래에 와서 인재 임용이 당에 들어 있는 사람만으로 이루어지고, 조정의 대신들이 서로 공격하여 공론이 막히고 서로를 반역자라 지목하니 선악을 분별할 수 없게 되었다. 지금 새로 일으켜야 할 시기를 맞아 과거의 허물을 고치고 새로운 정치를 펴려 하니, 유배된 사람은 경중을 헤아려 다시 등용하되 탕평의 정신으로 하라. 지금 나의 이 말은 위로는 종사를 위하고 아래로 조정을 진정하려는 것이니, 이를 어기면 종신토록 가두어 내가 그들과는 나라를 함께 할 뜻이 없음을 보이겠다.

① 문물제도의 정비를 반영한 『탁지지』 등을 편찬하였다.
② 초계문신제를 신설하여 인재 재교육 정책을 추진하였다.
③ 통공 정책을 실시하여 자유로운 상업 활동의 범위를 확대하였다.
④ 신문고 제도를 부활시키고 『동국문헌비고』 등을 편찬하여 문물과 제도를 정비하였다.

15 다음 내용은 1894년 동학 농민 운동과 관련된 사실들이다. ㉠과 ㉡ 사이의 시기에 있었던 사실로 가장 적절한 것은?

> ㉠ 일본군이 경복궁을 점령한 데 이어 선전 포고도 없이 청일전쟁을 일으켰다.
> ㉡ 공주 우금치 전투에서 농민군은 잘 훈련된 일본군과 그들의 최신 병기 앞에서 수천 명에 이르는 희생자를 낸 채 끝내 패하고 말았다.

① 홍계훈이 이끄는 경군 선발대가 장성 황룡촌 전투에서 농민군에 패하였다.
② 손병희의 북접 농민군과 전봉준의 남접 농민군이 충청도 논산에서 합류하였다.
③ 농민군은 청·일 양군에 대한 철병 요구와 폐정 개혁을 조건으로 관군과 전주 화약을 맺고 해산하였다.
④ 농민군은 전봉준을 총대장으로, 김개남·손화중을 총관령으로, 김덕명과 오시영을 총참모로 정하는 등 지휘 체계와 조직을 세우고 백산에 '호남창의대장소'를 설치하였다.

16 다음 내용을 주장한 인물에 대한 설명으로 가장 적절한 것은?

> 우리나라가 아시아의 인후에 처해 있는 지리적 위치는 유럽의 벨기에와 같고, 중국에 조공하던 처지는 터키에 조공하던 불가리아와 같다. 그런데 불가리아가 중립 조약을 체결한 것은 유럽 여러 대국들이 러시아를 막으려는 계책에서 나온 것이었고, 벨기에가 중립 조약을 체결한 것은 유럽의 여러 대국들이 자국을 보전하려는 계책에서 나온 것이었다. 대저 우리나라가 아시아의 중립국이 된다면 러시아를 방어하는 큰 기틀이 될 것이고, 또한 아시아의 여러 대국들이 서로 보전하는 정략도 될 것이다. 오직 중립만이 우리나라를 지키는 방책인데, 우리 스스로가 제창할 수도 없으니 중국에 청하여 처리해야 할 것이다. 중국이 맹주가 되어 영국, 프랑스, 일본, 러시아 같은 아시아에 관계 있는 여러 나라들과 화합하고 우리나라를 참석시켜 같이 중립 조약을 체결토록 해야 될 것이다. 이것은 비단 우리나라만을 위한 것이 아니라 중국의 이익도 될 것이고, 여러 나라가 서로 보전하는 계책도 될 것이니 무엇이 괴로워서 하지 않겠는가.

① 1881년에 조사시찰단으로 일본에 다녀왔고, 1884년에 우정총국이 설립되자 우정국 총판에 임명되었다.

② 1882년 수신사로 일본에 다녀왔고, 일제강점기에는 일제로부터 후작을 받고 중추원 고문에 임명되었다.

③ 갑신정변 이후 일본을 거쳐 미국에 망명하였고, 1894년에 귀국하여 제2차 김홍집 내각의 법부대신이 되었다.

④ 1894년 제1차 갑오개혁 당시 군국기무처의 회의원으로 참여하였고, 후에 국어 문법서인 『조선문전』을 저술하였다.

17 대한제국의 광무개혁에 대한 설명으로 가장 적절하지 않은 것은?

① '옛 것을 근본으로 하고 새로운 것을 참작한다.'라는 구본신참의 원칙을 내세워 개혁을 추진하였다.

② 황실 재정을 담당하는 내장원의 기능을 확대하고, 이를 바탕으로 황실 주도의 개혁 사업을 추진하였다.

③ 재정 확보를 위해 양전 사업을 실시하고, 일부 지역에서는 토지 소유권을 보장하는 문서인 지계를 발행하였다.

④ 재판소를 설치하여 사법 제도의 근대화를 꾀하였으며, 교육 입국 조서를 반포하고 교육 개혁을 추진하였다.

18 다음 중 1904년 2월에 체결된 「한·일 의정서」에 들어 있는 내용으로 가장 적절한 것은?

① 한국 정부의 법령 제정 및 중요한 행정상의 처분은 미리 통감의 승인을 거쳐야 한다.

② 대한 정부는 일본 정부가 추천한 외국인 1명을 외교 고문으로 삼아 외부에 용빙하여 외교에 관한 중요한 사무는 일체 그의 의견을 물어서 시행해야 한다.

③ 제3국의 침해나 혹은 내란으로 인하여 대한제국 황실의 안녕과 영토의 보전에 위험이 있을 경우에는 일본 제국 정부는 속히 정황에 따라 필요한 조치를 취할 수 있다.

④ 일본국 정부는 한국과 타국 간에 현존하는 조약의 실행을 완수하는 임무를 담당하고 한국 정부는 지금부터 일본국 정부의 중개를 거치지 않고서는 국제적 성질을 가진 어떤 조약이나 약속을 맺지 않을 것을 서로 약속한다.

19 다음 사실들을 시기 순으로 바르게 나열한 것은?

> ⊙ 홍범도, 최진동, 안무 등이 연합하여 봉오동에서 일본군을 급습하여 크게 이겼다.
> ⓒ 윤봉길이 상하이에서 폭탄을 던져 일본군 장성과 다수의 고관을 살상하였다.
> ⓒ 연해주 지역에 한인 집단촌인 신한촌이 건설되고, 대한광복군 정부가 조직되었다.
> ⓔ 한국 독립당, 조선 혁명당, 의열단을 비롯한 여러 단체의 인사들이 민족 혁명당을 창건하였다.

① ⊙ⓒⓒⓔ

② ⓒⓒⓔ⊙

③ ⓒ⊙ⓒⓔ

④ ⓔⓒ⊙ⓒ

20 다음 내용의 헌법 개헌안이 통과한 이후 나타난 사실로 적절한 것을 〈보기〉에서 모두 고른 것은?

> 제31조 입법권은 국회가 행한다. 국회는 민의원과 참의원으로써 구성한다.
> 제55조 대통령과 부통령의 임기는 4년으로 한다. 단, 재선에 의하여 1차 중임할 수 있다. 대통령이 궐위된 때에는 부통령이 대통령이 되고 잔임 기간 중 재임한다.
> 부 칙 이 헌법 공포 당시의 대통령에 대하여는 제55조 제1항 단서의 제한을 적용하지 아니한다.

> 〈보기〉
> ㉠ 조봉암이 진보당을 창당하였다.
> ㉡ 이승만 대통령이 반공 포로를 석방하였다.
> ㉢ 헌법 개정으로 대통령 선출 방식이 국회 간선제에서 국민 직선제 방식으로 바뀌었다.
> ㉣ 정·부통령 선거에서 대통령에 자유당의 이승만, 부통령에 민주당의 장면이 당선되었다.

① ㉠㉡

② ㉠㉣

③ ㉡㉢

④ ㉡㉣

1 밑줄 친 '왕'의 재위 기간에 있었던 사실로 옳은 것은?

> 이찬 이사부가 왕에게 "국사라는 것은 임금과 신하들의 선악을 기록하여, 좋고 나쁜 것을 만대 후손들에게 보여 주는 것입니다. 이를 책으로 편찬해 놓지 않는다면 후손들이 무엇을 보고 알겠습니까?"라고 아뢰었다. 왕이 깊이 동감하고 대아찬 거칠부 등에게 명하여 선비들을 널리 모아 그들로 하여금 역사를 편찬하게 하였다.
>
> — 『삼국사기』 —

① 정전 지급
② 국학 설치
③ 첨성대 건립
④ 북한산 순수비 건립

2 다음 정책을 시행한 국왕 대에 있었던 사실로 옳은 것은?

> • 광덕, 준풍 등의 연호를 사용하였다.
> • 개경을 고쳐 황도라 하고 서경을 서도라고 하였다.

① 노비안검법을 시행하였다.
② 전시과 제도를 시행하였다.
③ 개경에 국자감을 설립하였다.
④ 12목을 설치하고 지방관을 파견하였다.

3 다음과 같은 활동을 펼친 인물에 대한 설명으로 옳은 것은?

> • 대한매일신보에 애국적인 논설을 썼다.
> • 유교 개혁의 뜻을 담은 「유교구신론」을 집필하였다.

① 적극적인 의열 활동을 위해 한인애국단을 만들었다.
② 일본의 침략상을 폭로하는 『한국통사』를 저술하였다.
③ 실증사학의 입장에서 연구하는 진단학회를 조직하였다.
④ 김원봉의 요청을 받아들여 「조선혁명선언」을 작성하였다.

4 (가) 단체로 옳은 것은?

> ┌─────┐
> │ (가) │ 발기취지(發起趣旨)
> └─────┘
> 인간 사회는 많은 불합리를 산출한 동시에 그 해결을 우리에게 요구하고 있다. 여성 문제는 그 중의 하나이다. … 과거의 조선 여성운동은 분산되어 있었다. 그것에는 통일된 조직이 없었고 통일된 지도 정신도 없었고 통일된 항쟁이 없었다. … 우리는 우선 조선 자매 전체의 역량을 공고히 단결하여 운동을 전반적으로 전개하지 아니하면 아니 된다.
> － 『동아일보』, 1927. 5. 11. －

① 근우회   ② 신간회
③ 신민회   ④ 정우회

5 다음 글에서 설명하고 있는 문화유산은?

> 이곳은 원래 성종의 형인 월산대군(月山大君)의 집이 있던 곳으로, 선조가 임진왜란 뒤 임시 거처로 사용하면서 정릉동 행궁으로 불리었고, 광해군 때는 경운궁이라 하였다. 아관파천 후 고종이 이곳에 머물렀다. 주요 건물로는 중화전, 함녕전, 석조전 등이 있다.

① 경복궁   ② 경희궁
③ 창덕궁   ④ 덕수궁

6 밑줄 친 '이 나라'에서 볼 수 있는 모습으로 적절한 것은?

> 이 나라는 대군왕이 없으며, 읍락에는 각각 대를 잇는 장수(長帥)가 있다. … 이 나라의 토질은 비옥하며, 산을 등지고 바다를 향해 있어 오곡이 잘 자라며 농사짓기에 적합하다. 사람들의 성질은 질박하고, 정직하며 군세고 용감하다. 소나 말이 적고, 창을 잘 다루며 보전(步戰)을 잘 한다. 음식, 주거, 의복, 예절은 고구려와 흡사하다. 그들은 장사를 지낼 적에는 큰 나무 곽(槨)을 만드는데 길이가 십여 장(丈)이나 되며 한쪽 머리를 열어 놓아 문을 만든다.
>
> －『삼국지』 위서 동이전 －

① 민며느리를 받아들이는 읍군
② 위만에게 한나라의 침입을 알리는 장군
③ 5월에 씨를 뿌리고 하늘에 제사를 지내는 천군
④ 국가의 중요한 일을 논의하고 있는 마가와 우가

7 다음 사건이 일어난 왕의 재위 기간에 대한 설명으로 옳은 것은?

> 임꺽정은 양주 백정으로, 성품이 교활하고 날래고 용맹스러웠다. 그 무리 수십 명이 함께 다 날래고 빨랐는데, 도적이 되어 민가를 불사르고 소와 말을 빼앗고, 만약 항거하면 몹시 잔혹하게 사람을 죽였다. 경기도와 황해도의 아전과 백성들이 임꺽정 무리와 은밀히 결탁하여, 관에서 잡으려 하면 번번이 먼저 알려주었다.

① 동인과 서인의 붕당이 형성되었다.
② 문정왕후가 수렴청정하며 불교를 옹호하였다.
③ 삼포에서 4~5천 명의 일본인이 난을 일으켰다.
④ 조광조가 내수사 장리의 폐지, 소격서 폐지 등을 주장하였다.

8 밑줄 친 '이 부대'에 대한 설명으로 옳은 것은?

> 윤관이 아뢰기를, "신이 적의 기세를 보건대 예측하기 어려울 정도로 굳세니, 마땅히 군사를 쉬게 하고 군관을 길러서 후일을 기다려야 할 것입니다. 또 신이 싸움에서 진 것은 적은 기병(騎兵)인데 우리는 보병(步兵)이라 대적할 수가 없었기 때문입니다."라 하였다. 이에 그가 건의하여 처음으로 <u>이 부대</u>를 만들었다.

① 정종 2년에 설치되었디.
② 귀주대첩에서 큰 활약을 하였다.
③ 여진족에 대처하기 위해 조직되었다.
④ 응양군, 용호군, 신호위 등의 2군과 6위로 편성되었다.

9 밑줄 친 '이 나라'에 대한 설명으로 옳은 것은?

> <u>이 나라</u>는 삼한의 종족이며, 지금의 고령에 있었다. 건원 원년(479)에 그 국왕 하지(荷知)는 사신을 보내 남제에 공물을 바쳤다. 남제에서는 국왕 하지에게 "보국장군 본국왕"을 제수하였다.

① 관산성 전투에서 국왕이 전사하였다.
② 울릉도를 정복해서 영토로 편입하였다.
③ 호남 동부 지역까지 세력을 확장하였다.
④ 신라를 도와 낙동강 유역에 진출한 왜를 격파하였다.

10 다음 설명에 해당하는 발해 왕의 재위 기간에 통일 신라에서 일어난 상황으로 옳은 것은?

> • 대흥이란 독자적인 연호를 사용하였다.
> • 수도를 중경 → 상경 → 동경으로 옮겼다.
> • 일본에 보낸 외교문서에 천손(하늘의 자손)이라 표현하였다.
> • 당과 친선 관계를 맺으며 당의 문물을 도입하여 체제를 정비하였다.

① 녹읍 폐지   ② 청해진 설치
③『삼대목』편찬   ④ 독서삼품과 설치

11 밑줄 친 '그'의 저술로 옳은 것은?

> 서울의 노론 집안에서 태어난 그는 『양반전』을 지어 양반사회의 허위를 고발하였다. 그는 또한 한전론을 주장하였으며, 상공업 진흥에도 관심을 기울여 수레와 선박의 이용 등에 대해서도 주목하였다.

① 『북학의』   ② 『과농소초』
③ 『의산문답』   ④ 『지봉유설』

12 (가) 시기에 있었던 일로 옳은 것은?

이종무의 대마도 정벌   (가)   전분6등법과 연분9등법 시행

① 과전법 공포   ② 이시애의 반란
③ 『농사직설』 편찬   ④ 정도전의 요동정벌 추진

13 (가) 시기에 있었던 일로 옳은 것은?

강화도조약을 체결하였다.
↓
(가)
↓
청에 영선사를 파견하였다.

① 군국기무처를 두고 여러 건의 개혁안을 처리하였다.
② 개화 정책을 추진할 기구로 통리기무아문을 설치하였다.
③ 국정 개혁의 기본 방향을 담은 홍범 14조를 공포하였다.
④ 구본신참의 개혁 원칙을 정하고 대한국국제를 선포하였다.

14 세계유산으로 등재된 것이 아닌 것은? (2019년 12월 31일 기준)

① 종묘

② 화성

③ 한양도성

④ 남한산성

15 다음과 같은 주제로 토론회를 개최한 단체에 대한 설명으로 옳은 것은?

일자	주제
1897. 8. 29.	조선에 급선무는 인민의 교육
1897. 9. 5.	도로 수정하는 것이 위생에 제일 방책
⋮	⋮
1897. 12. 26.	인민의 귀로 듣고 눈으로 보는 것을 개명케 하려면 우리나라 신문지며 다른 나라 신문지들을 널리 반포하는 것이 제일 긴요함

① 헌정연구회의 활동을 계승하여 월보를 간행하고 지회를 설치하였다.

② 국민 계몽을 위해 회보를 발간하고 만민공동회 등 대규모 집회를 열었다.

③ 보부상 중심의 단체로 황권 강화를 통한 부국강병을 행동지침으로 삼았다.

④ 일본이 황무지 개간을 구실로 토지를 약탈하려 하자 대중적 반대 운동을 벌였다.

16 밑줄 친 '그'의 활동으로 옳은 것은?

경술년(1910)에 여러 형제들이 모여서 같이 만주로 갈 준비를 하였다. … 그(1867~1932)는 1만여 석의 재산과 가옥을 모두 팔고 큰집, 작은 집이 함께 압록강을 건너 떠났다. 그는 만주에서 독립군 양성 기관인 신흥 강습소를 설립하였다.

① 조선어학회 사건으로 옥고를 치렀다.

② 독립운동 단체인 경학사를 조직하였다.

③ 3·1운동 민족대표 33인 중 한 명이었다.

④ '삼균주의'에 입각한 한국국민당을 결성하였다.

17 밑줄 친 '새 헌법'에 대한 설명으로 옳은 것은?

> 정부에서는 6월 15일 국회에서 통과된 개헌안을 이송받자 이날 긴급 국무회의를 소집하고 정식으로 이를 공포하였다. 이로써 개정된 <u>새 헌법</u>은 16일 0시를 기해 효력을 발생케 되었다. <u>새 헌법</u>이 공포됨으로써 16일부터는 실질적인 내각책임체제의 정부를 갖게 되었으며 허정 수석국무위원은 자동으로 국무총리가 된다.
>
> ─ 『경향신문』, 1960. 6. 16. ─

① 임시수도 부산에서 개정되었다.
② '사사오입'의 논리로 통과되었다.
③ 통일주체국민회의 설치를 규정한 조항이 있다.
④ 민의원과 참의원으로 구성된 국회 조항이 있다.

18 다음 사건 이후에 일어난 일로 옳은 것은?

> 개경을 떠나 피난 중인 왕이 안성현을 안성군으로 승격시켰다. 홍건적이 양광도를 침입하자 수원은 항복하였는데, 작은 고을인 안성만이 홀로 싸워 승리함으로써 홍건적이 남쪽으로 내려오지 못하게 하였기 때문이다.

① 화약 무기를 사용해 진포해전에서 승리하였다.
② 처인성 전투에서 적의 장수 살리타를 사살하였다.
③ 기철 일파를 제거하고 쌍성총관부의 관할 지역을 수복하였다.
④ 적의 침략을 물리치기 위한 염원에서 팔만대장경을 만들었다.

19 (가)와 (나) 사이의 시기에 있었던 일로 옳은 것은?

> (가) 남인들이 대거 관직에서 쫓겨나고 허적과 윤휴 등이 처형되었다.
> (나) 인현왕후가 복위되고 노론과 소론이 정계에 복귀하였다.

① 송시열과 김수항 등이 처형당하였다.
② 서인과 남인이 두 차례에 걸쳐 예송을 전개하였다.
③ 서인 정치에 한계를 느낀 정여립이 모반을 일으켰다.
④ 청의 요구에 따라 조총부대를 영고탑으로 파견하였다.

20 다음의 사건을 시기순으로 바르게 나열한 것은?

> (가) 제헌국회가 구성되어 헌법을 제정하였다.
> (나) 여운형과 김규식은 좌우합작위원회를 조직하였다.
> (다) 조선건국동맹을 기반으로 조선건국준비위원회가 조직되었다.
> (라) 민주주의 임시정부 수립을 논의하기 위해 제1차 미·소공동위원회가 열렸다.

① (가) - (다) - (나) - (라)
② (나) - (다) - (라) - (가)
③ (다) - (라) - (나) - (가)
④ (라) - (나) - (가) - (다)

1 〈보기〉의 밑줄 친 '그'의 저술로 가장 옳은 것은?

> 〈보기〉
>
>   그는 당나라로 가던 도중 진리는 마음속에 있음을 깨닫고 유학을 포기하였다. 여러 종파의 갈등을 보다 높은 수준에서 융화, 통일시키려 하였으므로, 훗날 화쟁국사(和諍國師)로 추앙받았다.

① 해동고승전

② 대승기신론소

③ 왕오천축국전

④ 화엄일승법계도

2 〈보기〉의 개헌 시기를 순서대로 바르게 나열한 것은?

> 〈보기〉
>
> ㉠ 대통령 3회 연임 허용
> ㉡ 대통령 직선제 및 5년 단임
> ㉢ 대통령 직선제, 국회 양원제
> ㉣ 대통령은 통일 주체 국민 회의에서 간선

① ㉠ – ㉡ – ㉣ – ㉢

② ㉡ – ㉢ – ㉠ – ㉣

③ ㉢ – ㉠ – ㉣ – ㉡

④ ㉣ – ㉡ – ㉢ – ㉠

3 〈보기〉의 글을 쓴 학자의 주장에 대한 설명으로 가장 옳은 것은?

> 〈보기〉
>
> 검소하다는 것은 물건이 있어도 남용하지 않는 것을 말하는 것이지 자신에게 물건이 없다 하여 스스로 단념하는 것을 말하는 것이 아니다. 지금 우리나라 안에는 구슬을 캐는 집이 없고 시장에 산호 따위의 보배가 없다. 또 금과 은을 가지고 가게에 들어가도 떡을 살 수 없는 형편이다. … 이것은 물건을 이용하는 방법을 모르기 때문이다. 이용할 줄 모르니 생산할 줄 모르고, 생산할 줄 모르니 백성은 나날이 궁핍해지는 것이다.

① 균전론을 내세워 사농공상 직업에 따라 토지를 분배하여 자영농을 육성할 것을 주장하였다.
② 상공업을 육성하고 선박, 수레, 벽돌 등 발달된 청의 기술을 적극적으로 수용하자고 제안하였다.
③ 처음에는 여전론, 이후에는 정전제를 내세워 자영농육성을 위한 토지제도 개혁을 주장하였다.
④ 통일 신라와 발해가 병립한 시기를 남북국 시대로 설정하여 발해를 우리 역사의 체계 속에 적극적으로 포용하였다.

4 조선 후기 광업에 대한 설명으로 가장 옳지 않은 것은?

① 정부의 통제 정책으로 잠채가 사라졌다.
② 자본과 경영이 분리된 생산 방식이었다.
③ 청과의 무역으로 은의 수요가 증가하였다.
④ 17세기 이후 민간인의 광산 채굴을 허용하였다.

5 고려의 지방제도에 대한 설명으로 옳은 것을 〈보기〉에서 모두 고른 것은?

> 〈보기〉
> ㉠ 양계 지역은 계수관이 관할하였다.
> ㉡ 수령이 파견된 주현보다 수령이 파견되지 않은 속현의 수가 많았다.
> ㉢ 성종 때 12목이 설치되었다.
> ㉣ 향·소·부곡 등의 특수행정조직이 있었다.

① ㉠, ㉡, ㉢ 　　　　　　　② ㉠, ㉡, ㉣
③ ㉠, ㉢, ㉣ 　　　　　　　④ ㉡, ㉢, ㉣

6 〈보기〉의 ㉠에 해당하는 인물에 대한 설명으로 가장 옳은 것은?

> 〈보기〉
> (㉠)의 노비인 만적 등 여섯 명이 북산(北山)에 나무하러 갔다가 공사(公私) 노비들을 모아 놓고 말하기를, "장군과 재상이 어찌 타고난 씨가 따로 있겠는가? 때만 만나면 누구나 될 수 있는 것이다. 우리라고 어찌 뼈 빠지게 일만 하고 채찍 아래에서 고통만 당하겠는가?"라고 하였다. (중략) "각자 자기 주인들을 때려 죽이고 노비 문서를 불태워버리자. 이로써 이 나라에 다시는 천인이 없게 하면, 공경장상을 우리들이 모두 차지할 수 있을 것이다."라고 하였다.

① 교정도감을 설치하여 국정을 장악하는 한편 도방을 통해 군사적 기반을 강화하였다.

② 노비안검법을 실시하여 억울하게 노비가 된 자를 해방하였다.

③ 풍수지리설을 앞세워 서경천도를 적극 추진하였다.

④ 딸들을 왕에게 시집보내어 권력을 잡고 척준경과 함께 난을 일으켰다.

7 〈보기〉의 사설이 발표되는 계기가 된 사건에 대한 설명으로 가장 옳은 것은?

> 〈보기〉
> … 그러나 슬프도다. 저 개돼지만도 못한 이른바 우리 정부의 대신이란 자들은 자기 일신의 영달과 이익이나 바라면서 위협에 겁먹어 머뭇대거나 벌벌 떨며 나라를 팔아먹는 도적이 되기를 감수하였던 것이다. 아, 4,000년의 강토와 500년의 사직을 다른 나라에 갖다 바치고, 2,000만 국민을 타국의 노예가 되게 하였으니, … 아! 원통한지고, 아! 분한지고. 우리 2,000만 타국인의 노예가 된 동포여! 살았는가, 죽었는가? 단군, 기자 이래 4,000년 국민정신이 하룻밤 사이에 갑자기 망하고 말 것인가. 원통하고 원통하다. 동포여! 동포여!

① 친러 성향의 내각이 수립되어 러시아의 정치적 간섭이 강화되었고, 열강의 이권 침탈도 심해 졌다.

② 러일전쟁 승리 이후 일본은 대한제국의 외교권을 박탈하는 조약을 체결하여 대한제국을 일본 의 보호국 으로 만들었다.

③ 일본은 헤이그 특사 파견을 문제 삼아 고종 황제를 강제로 퇴위시키고, 대한제국의 군대를 해산하는 조약을 체결했다.

④ 총리 대신 이완용과 조선 통감 데라우치 사이에 조약이 체결되어 국권을 상실하였다.

8 〈보기〉의 고려 토지제도 ㈎~㈐ 각각에 대한 설명으로 가장 옳지 않은 것은?

> 〈보기〉
>
> ㈎ 조신(朝臣)이나 군사들의 관계(官階)를 따지지 않고 그 사람의 성품, 행동의 선악(善惡), 공로의 크고 작음을 보고 차등 있게 역분전을 지급하였다.
>
> ㈏ 경종 원년 11월에 비로소 직관(職官), 산관(散官)의 각 품(品)의 전시과를 제정하였다.
>
> ㈐ 목종 원년 12월에 양반 및 군인들의 전시과를 개정하였다.
>
> ㈑ 문종 30년에 양반전시과를 다시 개정하였다.

① ㈎ - 후삼국 통일 전쟁에 공이 있는 사람들에게 지급하였다.
② ㈏ - 인품을 반영하여 토지를 지급하였다.
③ ㈐ - 실직이 없는 산관은 토지 지급대상에서 제외되었다.
④ ㈑ - 현직 관리에게만 토지가 지급되고, 문·무관의 차별이 거의 사라졌다.

9 〈보기〉의 정책이 시행된 왕대에 대한 설명으로 가장 옳은 것은?

> 〈보기〉
>
> 백성들이 육전[육의전(六矣廛)] 이외에는 허가받은 시전 상인들과 같이 장사를 할 수 있도록 하였다. 채제공이 아뢰기를 "(전략) 마땅히 평시서(平市署)로 하여금 20, 30년 사이에 새로 벌인 영세한 가게 이름을 조사해 내어 모조리 없애도록 하고, 형조와 한성부에 분부하여 육전이 아니라면 난전이라 하여 잡혀 오는 자들을 처벌하지 말도록 할 뿐만 아니라 잡아 온 자를 처벌하시면, 장사하는 사람들은 서로 매매하는 이익이 있을 것이고 백성들도 가난에 대한 걱정이 없어질 것입니다. 그 원망은 신이 스스로 감당하겠습니다."라고 하니 왕께서 따랐다.

① 법령을 정비하여 속대전을 편찬하였다.
② 청과 국경선을 정하고 백두산정계비를 세웠다.
③ 조세제도를 개편하여 영정법을 시행하였다.
④ 인재를 양성하기 위해 초계문신제를 시행하였다.

10 〈보기〉에서 설명하는 책의 제목으로 가장 옳은 것은?

〈보기〉
- 1433년(세종 15)에 편찬되었다.
- 각종 병론(病論)과 처방을 적었다.
- 전통적인 경험에 기초했다.
- 조선의 약재를 중시했다.

① 향약집성방
② 동의보감
③ 금양잡록
④ 칠정산

11 〈보기 1〉의 밑줄 친 '이 법'에 대한 옳은 설명을 〈보기 2〉에서 모두 고른 것은?

〈보기 1〉
　영의정 이원익이 아뢰기를, "각 고을에서 바치는 공물이 각급 관청의 방납인들에 의해 중간에서 막혀 물건 하나의 가격이 몇 배 또는 몇 십 배, 몇 백 배가 되어 그 폐단이 이미 고질화되었습니다. 그러니 지금 마땅히 별도로 하나의 청을 설치하여 <u>이 법</u>을 시행하도록 하소서."라고 하니 왕이 따랐다.

〈보기 2〉
㉠ 이 법이 실시된 뒤 현물 징수가 완전히 없어졌다.
㉡ 처음에는 경기도에서 시험적으로 시행되었다.
㉢ 과세 기준을 가호 단위에서 토지 결수로 바꾸었다.
㉣ 풍흉의 정도에 따라 조세 액수를 조정하였다.

① ㉠, ㉡
② ㉠, ㉢
③ ㉡, ㉢
④ ㉢, ㉣

12 〈보기〉의 유물들이 발견되는 시대에 대한 설명으로 가장 옳은 것은?

〈보기〉

- 이른 민무늬 토기
- 덧무늬 토기
- 눌러찍기무늬 토기
- 빗살무늬 토기

① 세형 동검, 잔무늬 거울 등을 사용하였다.

② 고인돌과 돌널무덤을 사용하였다.

③ 공주 석장리 유적과 청원 두루봉 동굴 유적이 대표적인 유적지이다.

④ 갈돌과 갈판 등 간석기를 사용하였다.

13 〈보기〉에서 설명하는 나라의 법률로 가장 옳지 않은 것은?

〈보기〉

　　은력(殷曆) 정월에 하늘에 제사를 지내며 나라에서 대회를 열어 연일 마시고 먹고 노래하고 춤추는데, 영고(迎鼓)라고 한다. 이때 형옥(刑獄)을 중단하여 죄수를 풀어 주었다.

－ 삼국지 권30, 「위서」 30 오환선비동이전 －

① 남에게 상처를 입힌 자는 곡식으로 갚게 했다.

② 도둑질을 하면 그 물건의 12배를 변상케 했다.

③ 형벌이 매우 엄하여 사람을 죽인 사람은 사형에 처하고 그 집안사람은 노비로 삼았다.

④ 남녀 간에 간음을 하거나 투기하는 부인은 모두 죽였다.

14 〈보기〉의 글을 쓴 인물의 주장과 같은 입장에 대한 설명으로 가장 옳은 것은?

> 〈보기〉
>
>   우리 조선의 역사적 발전의 전 과정은 가령, 지리적 조건, 인종학적 골상, 문화 형태의 외형적 특징 등에서 다소의 차이는 인정되더라도, 외관적인 소위 특수성은 다른 문화 민족의 역사적 발전 법칙과 구별되어야 하는 독자적인 것은 아니며, 세계사적·일원론적인 역사 법칙에 의해 다른 여러 민족과 거의 같은 궤도로 발전 과정을 거쳐온 것이다.

① 민족 정신을 강조하여 우리의 고유한 특색과 전통을 찾았다.
② 신채호와 박은식의 사학을 계승하였다.
③ 역사학의 주관적 해석을 배제하고 문헌 고증을 중시하였다.
④ 한국사의 발전과정을 사회 경제 사학의 관점에서 서술하였다.

15 〈보기〉의 사건들을 시간순으로 바르게 나열한 것은?

> 〈보기〉
> ㉠ 신라 – 건원(建元)이라는 독자적인 연호를 만들었다.
> ㉡ 가야 – 대가야가 멸망하면서 가야 연맹이 완전히 해체되었다.
> ㉢ 고구려 – 낙랑군을 완전히 몰아내고 대동강 유역을 확보하였다.
> ㉣ 백제 – 수도인 한성이 함락되고 왕이 죽자 도읍을 웅진으로 옮겼다.

① ㉠ – ㉡ – ㉢ – ㉣
② ㉡ – ㉢ – ㉣ – ㉠
③ ㉢ – ㉣ – ㉠ – ㉡
④ ㉣ – ㉠ – ㉡ – ㉢

16 〈보기〉의 밑줄 친 '왕에 대한 설명으로 가장 옳은 것은?

> 〈보기〉
>
> 왕이 행차에서 돌아와 그 대나무로 피리를 만들어 월성의 천존고(天尊庫)에 간직하였다. 이 피리를 불면 적병이 물러가고 병이 나으며, 가뭄에는 비가 오고 장마에는 날씨가 개며, 바람이 잦아지고 물결이 평온해졌다. 이를 만파식적으로 부르고 나라의 보물이라 칭하였다.
>
> – 삼국유사 –

① 녹읍을 부활시켰다.
② 9주 5소경을 설치하였다.
③ 정전을 지급하였다.
④ 고구려 부흥운동을 지원하였다.

17 〈보기〉의 조약이 체결된 이후에 일어난 사건으로 가장 옳지 않은 것은?

> 〈보기〉
> 〈제1관〉 조선국은 자주국으로서 일본국과 평등한 권리를 보유한다.
> 〈제7관〉 조선의 연해 도서는 지극히 위험하므로 일본의 항해자가 자유로이 해안을 측량함을 허가한다.

① 만동묘가 철폐되었다.
② 이범윤이 간도 시찰원으로 파견되었다.
③ 통리기무아문이 설치되었다.
④ 영남 유생들이 만인소를 올렸다

18 〈보기〉의 조선시대 사건을 시간순으로 바르게 나열한 것은?

> 〈보기〉
> ㉠ 기묘사화　　　　　　　　　㉡ 을묘왜변
> ㉢ 계유정난　　　　　　　　　㉣ 무오사화

① ㉠ - ㉡ - ㉢ - ㉣　　　　　　② ㉡ - ㉢ - ㉣ - ㉠
③ ㉢ - ㉣ - ㉠ - ㉡　　　　　　④ ㉣ - ㉠ - ㉡ - ㉢

19 〈보기〉는 동학농민군이 제시한 「폐정개혁안」 12개조 중 일부이다. 이 중 갑오개혁에 반영된 것을 모두 고른 것은?

> 〈보기〉
> ㉠ 무명의 잡다한 세금은 일체 거두지 않는다.
> ㉡ 토지는 균등히 나누어 경작한다.
> ㉢ 왜와 통하는 자는 엄중히 징벌한다.
> ㉣ 젊어서 과부가 된 여성의 재혼을 허용한다.

① ㉠, ㉡　　　　　　　　　　② ㉠, ㉣
③ ㉡, ㉢　　　　　　　　　　④ ㉢, ㉣

20 〈보기〉의 독립운동단체 결성 시기를 순서대로 바르게 나열한 것은?

> 〈보기〉
> ㉠ 조선 의용대　　　　　　　　㉡ 의열단
> ㉢ 참의부　　　　　　　　　　㉣ 대한 광복회
> ㉤ 근우회

① ㉠ - ㉡ - ㉢ - ㉤ - ㉣　　　② ㉡ - ㉢ - ㉤ - ㉠ - ㉣
③ ㉢ - ㉣ - ㉤ - ㉡ - ㉠　　　④ ㉣ - ㉡ - ㉢ - ㉤ - ㉠

☞ 정답 및 해설 P.39

1 다음 자료가 설명하는 나라에 대한 설명으로 옳지 않은 것은?

> 사람을 죽인 자는 즉시 죽이고, 남에게 상처를 입힌 자는 곡식으로 갚는다. 도둑질한 자는 노비로 삼는다. 이를 용서받고자 하는 자는 한 사람마다 50만 전을 내야한다.
>
> ―『한서』―

① 영고라는 제천행사가 있었다.

② 사람의 생명과 노동력을 중시하였다.

③ 형벌과 노비가 존재한 계급사회였다.

④ 상·대부·장군 등의 관직이 있었다.

2 다음 사건이 일어난 시기를 연표에서 옳게 고른 것은?

> 백제 왕이 가량(加良)과 함께 와서 관산성을 공격하였다. … 신주의 김무력이 주의 군사를 이끌고 나가 교전하였는데, 비장인 삼년산군 고간(高干) 도도(都刀)가 재빨리 공격하여 백제 왕을 죽였다. 이때 신라 군사들이 승세를 타고 싸워 대승하여 좌평 4명, 병졸 29,600명을 베어 한 필의 말도 돌아가지 못하게 하였다.
>
> ―『삼국사기』―

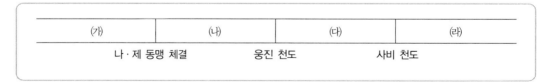

(가)	(나)	(다)	(라)
나·제 동맹 체결	웅진 천도	사비 천도	

① (가)

② (나)

③ (다)

④ (라)

3 밑줄 친 '이 시기'에 볼 수 있었던 모습으로 옳은 것은?

> 혜공왕 이후 진골 귀족들의 왕위 쟁탈전이 치열해진 이 시기에는 집사부 시중보다 상대등의 권한이 강화되었고, 20명의 왕이 교체되는 등 정치적인 혼란이 거듭되었다. 또한 중앙 정부의 통제력이 약화되면서 김헌창의 난 등이 발생하였다.

① 우산국을 정벌하는 장군
② 『계원필경』을 저술하는 6두품
③ 김흠돌의 난을 진압하는 군인
④ 노비안검법 시행을 환영하는 농민

4 다음 자료가 설명하는 나라에 대한 설명으로 옳지 않은 것은?

> 그 넓이는 2,000리이고, 주·현의 숙소나 역은 없으나 곳곳에 마을이 있는데, 대다수가 말갈의 마을이다. 백성은 말갈인이 많고 원주민은 적다. 모두 원주민을 마을의 우두머리로 삼는데, 큰 마을은 도독이라 하고 그다음 마을은 자사라 한다. 백성들은 마을의 우두머리를 수령이라고 부른다.
>
> - 『유취국사』 -

① 전국을 5경 15부 62주로 정비하였다.
② 정당성의 대내상이 국정을 총괄하였다.
③ 수도는 당의 수도인 장안을 본떠 건설하였다.
④ 중앙에서 지방을 견제하기 위해 외사정을 파견하였다.

5 ㈎ 부대에 대한 설명으로 옳은 것은?

> 개경으로 환도하면서 날짜를 정하여 기일 내에 돌아가게 하였으나 ㈎ 은/는 다른 마음이 있어 따르지 아니하였다. 그리하여 ㈎ 은/는 난을 일으키고 나라를 지키려는 자는 모이라고 하였다.

① 근거지를 옮기며 몽골에 저항하였다.
② 처인성에서 적장 살리타를 사살하였다.
③ 신기군, 신보군, 항마군으로 구성되었다.
④ 포수, 사수, 살수 등 삼수병으로 조직되었다.

6 다음 인물에 대한 설명으로 옳은 것은?

> • 승과 합격
> • 승려 10여 명과 신앙 결사를 약속
> • 결사문 완성
> • 신앙 결사 운동 전개
> • 돈오점수 · 정혜쌍수 강조

① 『천태사교의』를 저술하였다.
② 조계산에서 수선사를 개창하였다.
③ 속장경의 제작에 주도적으로 참여하였다.
④ 참회수행과 염불을 통한 백련결사를 주장하였다.

7 밑줄 친 '이 왕'의 재위기간에 있었던 사실로 옳은 것은?

> 이 왕이 원의 제국대장공주와 결혼하여 고려는 원의 부마국이 되었고, 도병마사는 도평의사사로 개편되었다.

① 만권당을 설치하였다.
② 정동행성을 설치하였다.
③ 정치도감을 설치하였다.
④ 입성책동 사건이 일어났다.

8 다음 자료에 나타난 토지제도에 대한 설명으로 옳은 것은?

> 자삼(紫衫) 이상은 18품으로 나눈다. … 문반 단삼(丹衫) 이상은 10품으로 나눈다. … 비삼(緋衫) 이상은 8품으로 나눈다. … 녹삼(綠衫) 이상은 10품으로 나눈다. … 이하 잡직 관리들에게도 각각 인품에 따라서 차이를 두고 나누어 주었다.
>
> －『고려사』－

① 토지를 전지와 시지로 분급하였다.
② 관료들의 수조지는 경기도에 한정되었다.
③ 관(官)에서 수조지의 조세를 거두어 관리들에게 지급하였다.
④ 인품과 행동의 선악, 공로의 대소를 고려하여 토지를 차등 있게 주었다.

9 (가) 왕이 실시한 정책으로 옳은 것은?

> (가) 은/는 붕당 사이의 대립이 심해지면서 왕권이 불안해지자 국왕을 중심으로 정치 세력 간의 균형을 유지하려 하였다. 또한 붕당의 근거지였던 서원을 정리하고, 민생 안정을 위해 신문고를 부활시키는 등의 정책을 실시하였다.

① 비변사를 철폐하였다.
② 속대전을 편찬하였다.
③ 장용영을 설치하였다.
④ 삼정이정청을 설치하였다.

10 다음 건축물과 관련 있는 학자에 대한 설명으로 옳은 것은?

〈오죽헌〉

〈자운서원〉

① 『주자서절요』를 저술하였다.
② 양명학을 수용하여 강화학파를 형성하였다.
③ 주자의 학설을 비판하여 사문난적으로 몰렸다.
④ 이(理)는 두루 통하고 기(氣)는 국한된다고 하였다.

11 다음의 지도가 편찬된 당시에 재위한 왕의 업적으로 옳은 것은?

　이 지도는 아라비아 지도학의 영향을 받아 만들어진 원나라의 세계 지도를 참고하고 여기에 한반도와 일본 지도를 첨가한 것이다. 현재 원본은 전하지 않으며 후대에 그린 모사본이 일본에 전한다.

① 집현전을 설치하였다.
② 호패법을 실시하였다.
③ 『경국대전』을 반포하였다.
④ 진관 체제를 도입하였다.

12 밑줄 친 발언을 한 인물에 대한 설명으로 옳은 것은?

　어느 공회 석상에서 음성을 높여 여러 대신에게 말하기를 "나는 천리(千里)를 끌어다 지척(咫尺)을 삼겠으며 태산(泰山)을 깎아 내려 평지를 만들고 또한 남대문을 3층으로 높이려 하는데, 여러 공들은 어떠시오?"라고 하였다. … 대저 천리 지척이라 함은 종친을 높인다는 뜻이요, 남대문 3층이라 함은 남인을 천거하겠다는 뜻이요, 태산 평지라 함은 노론을 억압하겠다는 뜻이다.
－『매천야록』－

① 평시서를 설치하였다.
② 소격서를 폐지하였다.
③ 삼군부를 부활시켰다.
④ 『대전통편』을 편찬하였다.

13 다음 자료가 발표되기 이전에 나타난 정책으로 옳은 것은?

> • 청국에 의존하는 관념을 버리고 자주독립의 기초를 세운다.
> • 왕실 사무와 국정 사무는 반드시 분리하여 서로 뒤섞이는 것을 금한다.
> • 조세의 부과와 징수, 경비의 지출은 모두 탁지아문에서 관할한다.

① 대한국국제를 발표하였다.
② 태양력을 사용하도록 하였다.
③ 6조를 8아문으로 개편하였다.
④ 건양이라는 연호를 제정하였다.

14 다음을 선언한 민족 운동에 대한 설명으로 옳은 것은?

> • 금일 오인(吾人)의 이 거사는 정의 인도 생존 존영을 위하는 민족적 요구이니, 오직 자유적 정신을 발휘할 것이요, 결코 배타적 감정으로 일주(逸走)지 말라.
> • 최후의 한사람까지, 최후의 한순간까지 민족의 정당한 의사를 쾌히 발표하라.
> • 일체의 행동은 가장 질서를 존중하여 오인의 주장과 태도로 하여금 어디까지든지 광명정대하게 하라.

① 대한매일신보의 후원을 받았다.
② 신간회의 지원을 받아 전국으로 확산되었다.
③ 대한민국 임시 정부 수립의 계기가 되었다.
④ 원산 노동자들의 총파업을 이끈 운동이었다.

15 다음 글을 저술한 인물에 대한 설명으로 옳은 것은?

> 대개 국교·국학·국어·국문·국사는 혼(魂)에 속하는 것이요, 전곡·군대·성지·함선·기계 등은 백(魄)에 속하는 것으로 혼의 됨됨은 백에 따라서 죽고 사는 것이 아니다. 그러므로 국교와 국사가 망하지 않으면 그 나라도 망하지 않는 것이다. 오호라! 한국의 백은 이미 죽었으나 소위 혼은 남아 있는 것인가?

① 유교구신론을 발표하여 유교 개혁을 주장하였다.
② 조선심을 강조하며 역사 대중화를 위해 노력하였다.
③ 의열단의 기본 정신이 나타난 조선혁명선언을 저술하였다.
④ 민족 문화의 고유성과 세계성을 찾으려는 조선학 운동에 참여하였다.

16 (가)~(라)의 사건들을 발생 순서대로 옳게 나열한 것은?

> (가) 조선민족전선연맹 산하에 조선의용대를 창설하였다.
> (나) 대한독립군단이 자유시에서 참변을 당하였다.
> (다) 한국독립군이 한·중연합 작전으로 쌍성보에서 전투를 전개하였다.
> (라) 임시 정부에서 한국광복군을 조직하였다.

① (가)→(나)→(다)→(라)
② (가)→(나)→(라)→(다)
③ (나)→(가)→(다)→(라)
④ (나)→(다)→(가)→(라)

17 (가), (나) 자료에 나타난 사건 사이에 있었던 사실로 옳지 않은 것은?

> (가) 우리 국모의 원수를 생각하며 이미 이를 갈았는데, 참혹한 일이 더하여 우리 부모에게서 받은 머리털을 풀 베듯이 베어 버리니 이 무슨 변고란 말인가.
>
> (나) 군사장 허위는 미리 군비를 신속히 정돈하여 철통과 같이 함에 한 방울의 물도 샐 틈이 없는지라. 이에 전군에 전령하여 일제히 진군을 재촉하여 동대문 밖으로 진격하였다.

① 외교권이 박탈되고 통감부가 설치되었다.

② 고종이 강제로 퇴위되고 군대가 해산되었다.

③ 안중근이 하얼빈에서 이토 히로부미를 저격하였다.

④ 헤이그에 이상설, 이준, 이위종을 특사로 파견하였다.

18 (가)~(라) 시기에 해당하는 사실로 옳은 것은?

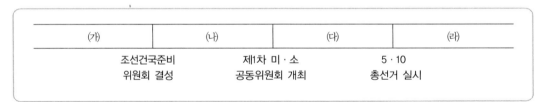

(가)	(나)	(다)	(라)
조선건국준비 위원회 결성	제1차 미·소 공동위원회 개최	5·10 총선거 실시	

① (가): 모스크바 3국 외상회의가 개최되었다.

② (나): 반민족행위특별조사위원회가 설치되었다.

③ (다): 김구와 김규식이 남북 협상을 제안하여 평양에서 회의가 개최되었다.

④ (라): 좌우합작 7원칙이 발표되었다.

19 (가) 시기에 있었던 사실로 옳은 것은?

① 금강산 해로 관광이 시작되었다.

② 6·15 남북공동선언이 발표되었다.

③ 최초로 이산가족 상봉을 위한 남북 적십자 회담이 열렸다.

④ 민족자존과 통일 번영을 위한 특별 선언(7·7선언)이 발표되었다.

20 다음 사건이 일어난 시기를 연표에서 옳게 고른 것은?

- 아군은 38선 이북에서 대대적인 철수를 계획하였다.
- 아군과 피난민들이 흥남부두에서 모든 선박을 동원하여 해상으로 철수를 시작하였다.

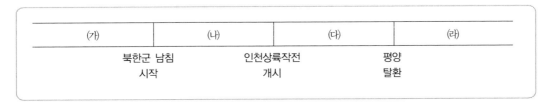

① (가)

② (나)

③ (다)

④ (라)

1 (가) 시기의 생활상에 대한 설명으로 옳은 것은?

> 1935년 두만강 가의 함경북도 종성군 동관진에서 한반도 최초로 [(가)] 시대 유물인 석기와 골각기 등이 발견되었다. 발견 당시 일본에서는 [(가)] 시대 유물이 출토되지 않은 상황이었다.

① 반달 돌칼을 이용하여 벼를 수확하였다.

② 넓적한 돌 갈판에 옥수수를 갈아서 먹었다.

③ 사냥이나 물고기잡이 등을 통해 식량을 얻었다.

④ 영혼 숭배 사상이 있어 사람이 죽으면 흙 그릇 안에 매장하였다.

2 (가) 인물에 대한 설명으로 옳은 것은?

> 신종 원년 사노비 만적 등이 북산에서 땔나무를 하다가 공사의 노비들을 모아 모의하기를, "우리가 성 안에서 봉기하여 먼저 [(가)] 등을 죽인다. 이어서 각각 자신의 주인을 죽이고 천적(賤籍)을 불태워 삼한에서 천민을 없게 하자. 그러면 공경장상이라도 우리가 모두 할 수 있을 것이다."라고 하였다.

① 정방을 설치하여 인사권을 장악하였다.

② 치안유지를 위해 야별초를 설립하였다.

③ 이의방을 제거하고 권력을 장악하였다.

④ 봉사십조를 올려 사회개혁안을 제시하였다.

3 조선 전기 문화에 대한 설명으로 옳은 것은?

① 『어우야담』을 비롯한 야담·잡기류가 성행하였다.
② 유서(類書)로 불리는 백과사전이 널리 편찬되었다.
③ 『동문선』이 편찬되어 우리 문학의 독자성을 강조하였다.
④ 중인층을 중심으로 시사가 결성되어 문학 활동을 벌였다.

4 다음 자료에 나타난 사상에 대한 설명으로 옳은 것은?

> 군신, 부자, 부부, 붕우, 장유의 윤리는 인간의 본성에 부여된 것으로서 천지를 통하는 만고 불변의 이치이고, 위에 존재하는 것으로서 도(道)가 됩니다. 이에 대해 배, 수레, 군사, 농사, 기계가 국민에게 편리하고 나라에 이롭게 하는 것은 외형적인 것으로서 기(器)가 됩니다. 신이 변혁을 꾀하고자 하는 것은 기(器)이지 도(道)가 아닙니다.

① 왜양일체론(倭洋一體論)을 주장하였다.
② 근대 문물 수용의 사상적 기반이 되었다.
③ 갑신정변 주도 세력의 견해를 대변하였다.
④ 우등한 사회가 열등한 사회를 지배하는 것이 당연하다고 보았다.

5 ㈎에 들어갈 기관으로 옳은 것은?

> 5월에 조서를 내리기를 "개경 내의 사람들이 역질에 걸렸으니 마땅히 ㄹ ㅣ ㈎ ㅣ 을/를 설치하여 이들을 치료하고, 또한 시신과 유골은 거두어 묻어서 비바람에 드러나지 않게 할 것이며, 신하를 보내어 동북도와 서남도의 굶주린 백성을 진휼하라."라고 하였다.
>
> － 『고려사』 －

① 의창   ② 제위보
③ 혜민국   ④ 구제도감

6 밑줄 친 '이 지역'에 대한 설명으로 옳은 것은?

> 장수왕은 군사 3만을 거느리고 백제를 침공하여 왕도인 <u>이 지역</u>을 함락시켜, 개로왕을 살해하고 남녀 8천 명을 사로잡아 갔다.

① 망이, 망소이가 반란을 일으켰다.
② 고려 문종 대에 남경이 설치되었다.
③ 보조국사 지눌이 수선사 결사를 주도하였다.
④ 고려 태조가 북진 정책의 전진 기지로 삼았다.

7 다음 사건이 일어난 왕의 재위 기간에 있었던 사실로 옳은 것은?

> 그들 조선군은 비상한 용기를 가지고 응전하면서 성벽에 올라 미군에게 돌을 던졌다. 창칼로 상대하는데 창칼이 없는 병사들은 맨손으로 흙을 쥐어 적군 눈에 뿌렸다. 모든 것을 각오하고 한 걸음 한 걸음 다가드는 적군에게 죽기로 싸우다 마침내 총에 맞아 죽거나 물에 빠져 죽었다.

① 군포에 대한 양반들의 면세특권이 폐지되었다.
② 금난전권을 제한하려는 통공정책이 시작되었다.
③ 결작세가 신설되면서 지주들의 부담이 증가하였다.
④ 영정법이 제정되어 복잡한 전세 방식이 일원화되었다.

8 (가)~(라)에 해당하는 사실로 옳지 않은 것은?

① (가) – 백제 침류왕이 불교를 받아들였다.
② (나) – 고구려 영양왕이 요서 지방을 선제공격하였다.
③ (다) – 백제가 신라 대야성을 공격하여 함락시켰다.
④ (라) – 신라가 매소성에서 당군을 격파하였다.

9 밑줄 친 '이 책'에 대한 설명으로 옳은 것은?

> 신(臣)이 <u>이 책</u>을 편수하여 바치는 것은 … (중략) … 중국은 반고부터 금국에 이르기까지, 동국은 단군으로부터 본조(本朝)에 이르기까지 처음 일어나게 된 근원을 간책에서 다 찾아보아 같고 다른 것을 비교하여 요점을 취하고 읊조림에 따라 장을 이루었습니다.

① 성리학적 유교 사관이 반영되어 대의명분을 강조하였다.
② 국왕, 훈신, 사림이 서로 합의하여 통사체계를 구성하였다.
③ 원 간섭기에 중국과 구별되는 우리 역사의 독자성을 강조하였다.
④ 왕명으로 단군조선에서 고려 말까지의 역사를 노래 형식으로 정리하였다.

10 다음 그래프에 표시된 시기에 일어난 사회 현상으로 옳지 않은 것은?

(서울 신문 1946. 2. 6.)

① 해외로부터 귀환인이 급증하여 식량이 부족했다.
② 38도선 분할 점령 이후 식료품 부문의 생산이 크게 위축되었다.
③ 미군정이 재정적자를 메우기 위해 화폐를 과도하게 발행했다.
④ 미곡수집제 폐지, 토지개혁 실시를 주장하는 대규모 시위가 일어났다.

11 밑줄 친 '왕'의 재위 기간에 있었던 사실로 옳은 것은?

> 나라 안의 여러 군현에서 공부(貢賦)를 바치지 않으니 창고가 비어 버리고 나라의 쓰임이 궁핍해졌다. 왕이 사신을 보내어 독촉하자, 이로 말미암아 곳곳에서 도적이 벌떼처럼 일어났다. 이때 원종과 애노 등이 사벌주에 웅거하여 반란을 일으켰다.

① 발해가 멸망하였다.
② 국학을 설치하였다.
③ 최치원이 시무책 10여 조를 건의하였다.
④ 장보고의 건의에 따라 청해진이 설치되었다.

12 독도가 대한민국의 영토임을 알 수 있는 자료로 옳은 것만을 모두 고르면?

> ㉠ 일본의 은주시청합기(1667년)
> ㉡ 일본의 삼국접양지도(1785년)
> ㉢ 일본의 태정관 지령문(1877년)
> ㉣ 일본의 시마네현 고시(1905년)

① ㉠, ㉡, ㉢
② ㉠, ㉡, ㉣
③ ㉠, ㉢, ㉣
④ ㉡, ㉢, ㉣

13 ㈎에 대한 설명으로 옳은 것은?

> 문화통치의 일환으로 한글 신문의 발행이 허용되었다. 이에 따라 ㈎ 이/가 창간되었다. ㈎ 은/는 자치운동을 모색하던 이광수의 「민족적 경륜」을 실어 비판받기도 하였으나, '일장기 말소사건'으로 일제로부터 정간 처분을 받기도 하였다.

① 한글 보급 운동에 앞장서 『한글원본』을 만들었다.
② 브나로드 운동이라는 농촌 계몽 운동을 전개하였다.
③ 『개벽』, 『신여성』, 『어린이』 등의 잡지를 발행하였다.
④ 신간회가 결성되자 신간회 본부와 같은 역할을 하게 되었다.

14 ㈎ 인물에 대한 설명으로 옳은 것은?

> 김춘추가 당나라에 들어가 군사 20만을 요청해 얻고 돌아와서 ⟨ ㈎ ⟩을/를 보며 말하기를, "죽고 사는 것이 하늘의 뜻에 달렸는데, 살아 돌아와 다시 공과 만나게 되니 얼마나 다행한 일입니까?"라고 하였다. 이에 ⟨ ㈎ ⟩이/가 대답하기를, "저는 나라의 위엄과 신령함에 의지하여 두 차례 백제와 크게 싸워 20 성을 빼앗고 3만여 명을 죽이거나 사로잡았습니다. 그리고 품석 부부의 유골이 고향으로 되돌아왔으니 천행입니다."라고 하였다.
>
> — 『삼국사기』 —

① 황산벌에서 백제군을 물리쳤다.
② 화랑이 지켜야 할 세속오계를 제시하였다.
③ 진덕여왕의 뒤를 이어 신라왕으로 즉위하였다.
④ 당에서 숙위 활동을 하다가 부대총관이 되어 신라로 돌아왔다.

15 ㈎, ㈏ 신분층에 대한 설명으로 옳지 않은 것은?

> 오래도록 막혀 있으면 반드시 터놓아야 하고, 원한은 쌓이면 반드시 풀어야 하는 것이 하늘의 이치다. ⟨ ㈎ ⟩와/과 ⟨ ㈏ ⟩에게 벼슬길이 막히게 된 것은 우리나라의 편벽된 일로 이제 몇백 년이 되었다. ⟨ ㈎ ⟩은/는 다행히 조정의 큰 성덕을 입어 문관은 승문원, 무관은 선전관에 임명되고 있다. 그런데도 우리들 ⟨ ㈏ ⟩은/는 홀로 이 은혜를 함께 입지 못하니 어찌 탄식조차 없겠는가?

① ㈎의 신분 상승 운동은 ㈏에게 자극을 주었다.
② ㈎는 수차례에 걸친 집단 상소를 통해 관직 진출의 제한을 없애 줄 것을 요구하였다.
③ ㈏에 해당하는 인물로는 정조 때 규장각 검서관으로 등용된 유득공, 박제가, 이덕무 등이 있다.
④ ㈏는 주로 기술직에 종사하며 축적한 재산과 탄탄한 실무 경력을 바탕으로 신분 상승을 추구하였다.

16 다음 자료에 나타난 사상에 대한 설명으로 옳은 것은?

> 사람이 곧 하늘이라. 그러므로 사람은 평등하며 차별이 없나니, 사람이 마음대로 귀천을 나눔은 하늘을 거스르는 것이다. 우리 도인은 차별을 없애고 선사의 뜻을 받들어 생활하기를 바라노라.

① 이 사상에 대해 순조 즉위 이후 대탄압이 가해졌다.
② 이 사상을 바탕으로 『동경대전』과 『용담유사』가 편찬되었다.
③ 이 사상을 근거로 몰락한 양반의 지휘 아래 평안도에서 난이 일어났다.
④ 이 사상을 근거로 단성에서 시작된 농민봉기는 진주로 이어졌다.

17 다음은 우리나라 경제성장 과정을 시간순으로 나열한 것이다. (가)에 들어갈 내용으로 옳은 것은?

① 제3차 경제개발 5개년 계획이 실시되다.
② 저금리, 저유가, 저달러의 3저 호황을 경험하다.
③ 베트남 파병을 시작하고 「브라운 각서」를 체결하다.
④ 일본과 대일 청구권 문제에 합의하고 「한일 기본 조약」을 체결하다.

18 다음 법령이 실시된 기간에 있었던 사실로 옳은 것은?

> 제1조 국체를 변혁 또는 사유재산제를 부인할 목적으로 결사를 조직하거나 그 정을 알고 이에
>   가입하는 자는 10년 이하의 징역 또는 금고에 처함
> 제2조 전조의 제1항의 목적으로 그 목적한 사항의 실행에 관하여 협의한 자는 7년 이하의 징역
>   또는 금고에 처함

① 「조선 태형령」이 공포되었다.

② 경성 제국 대학이 설립되었다.

③ 물산 장려 운동이 시작되었다.

④ 학도 지원병 제도가 실시되었다.

19 다음 사실이 있었던 시기의 향촌사회에 대한 설명으로 옳지 않은 것은?

> 황해도 봉산 사람 이극천이 향전(鄕戰) 때문에 투서하여 그와 알력이 있는 사람들을 무고하
> 였는데, 내용이 감히 말할 수 없는 문제에 저촉되었다.

① 향전의 전개 속에서 수령의 권한이 강화되었다.

② 신향층은 수령과 그를 보좌하는 향리층과 결탁하였다.

③ 수령은 경재소와 유향소를 연결하여 지방통치를 강화하였다.

④ 재지사족은 동계와 동약을 통해 향촌사회에 대한 영향력을 유지하려 하였다.

20 다음 자료가 발표된 이후의 사실에 해당하지 않는 것은?

> 우리는 3천만 한국 인민과 정부를 대표하여 삼가 중·영·미·소·캐나다 기타 제국의 대일 선전이 일본을 격패케 하고 동아를 재건하는 가장 유효한 수단이 됨을 축하하여 이에 특히 다음과 같이 성명한다.
>
> 1. 한국 전 인민은 현재 이미 반침략 전선에 참가하였으니 한 개의 전투 단위로서 추축국에 선전한다.
> 2. 1910년의 합방 조약과 일체의 불평등 조약의 무효를 거듭 선포하며 아울러 반(反) 침략 국가인 한국에 있어서의 합리적 기득권익을 존중한다.
>
> … (중략) …
>
> 5. 루스벨트·처어칠 선언의 각조를 견결히 주장하며 한국 독립을 실현키 위하여 이것을 적용하여 민주 진영의 최후 승리를 축원한다.

① 한국광복군은 김원봉이 이끌던 조선의용대의 병력을 통합하였다.

② 영국군의 요청에 따라 인도, 미얀마 전선에 한국광복군이 파견되었다.

③ 조선독립동맹은 조선의용대 화북지대를 기반으로 조선의용군을 조직하였다.

④ 대한민국 임시 정부는 김구를 주석으로 하는 단일 지도 체제를 만들고 「대한민국 건국 강령」을 제정하였다.

정답 및 해설

정답 및 해설

2016. 3. 19.
사회복지직 시행

---

1 ④

박제가 … 조선 후기의 대표직인 실학자이다. 양반 가문의 서자로 태어나 신분적 제약을 차별대우를 받았기 때문에 봉건적 신분제도에 반대하는 선진적인 실학사상을 전개하였다. 정조 때 규장각 검서관에 등용되었다. 대표적 저서로는 「북학의」가 있다.
① 김석문 ② 윤휴 등의 남인(갑인예송) ③ 정약용

2 ④

㉠ 서울 올림픽 개최(1988, 노태우 정부)
㉡ 한·일 월드컵대회 개최(2002, 김대중 정부)
㉢ 금융실명제 개시(1993, 김영삼 정부)
㉣ 제3차 경제개발 5개년 계획 실시(1972~1976, 박정희 정부)

3 ①

지문의 '청해진' 설치를 통해 장보고에 대한 글임을 알 수 있다. 이 시기의 신라는 당과의 활발한 교역에 의해 산둥반도와 양쯔강 하류 일대에 신라인이 사는 신라방과 이를 관리하는 행정기관인 신라소가 설치되었다.
② 고려 숙종 때 ③ 고려 ④ 고려 후기

4 ①

좌우합작 7대원칙(1946. 10)
㉠ 조선의 민주독립을 보장한 3상회의 결정에 의한 남북을 통한 좌우합작으로 민주주의 임시정부를 수립할 것
㉡ 미·소공동위원회 속개를 요청하는 공동성명을 발할 것
㉢ 토지개혁에 있어서 몰수·유조건 몰수·체감매상(遞減買上) 등으로 토지를 농민에게 무상으로 분여하며, 시가지의 기지 및 대건물을 적정 처리하며, 중요산업을 국유화하며, 사회 노동법령 및 정치적 자유를 기본으로 지방자치제의 확립을 속히 실시하며, 통화 및 민생문제 등을 급속히 처리하며, 민주주의 건국과업 완수에 매진할 것
㉣ 친일파·민족반역자를 처리할 조례를 본 합작위원회에서 입법기구에 제안하여 입법기구로 하여금 심의·결정하여 실시케 할 것

㉤ 남북을 통하여 현 정권 하에 검거된 정치운동자의 석방에 노력하고 아울러 남북·좌우의 테러적 행동을 일체 즉시로 제지토록 노력할 것
㉥ 입법기구에 있어서는 일체 그 기능과 구성방법을 본 합작위원회에서 작성하여 적극적으로 실행을 기도 할 것
㉦ 전국적으로 언론·집회·결사·출판·교통·투표 등 자유를 절대로 보장하도록 노력할 것

5 ②

㉠ 역분전 : 940년(태조 23) 후삼국 통일에 공을 세운 조신·군사 등에게 관계의 고하에 관계없이, 인품과 공로에 기준을 두어 지급한 수조지
㉡ 전시과 : 976년(경종 1)에 제정한 토지제도(시정전시과)로 이는 이후 정치·경제적 변화에 의해 여러 차례 개정되었다. 시정전시과에서는 관품 외에 인품까지도 고려하였다.

6 ③

주어진 글은 황성신문에 실린 장지연의 「시일야방성대곡」이다. 황성신문은 국민지식의 계발과 외세침입에 대한 항쟁의 기치 아래 1898년 남궁억에 의해 창간되었다. 문자는 국한문혼용체로 순한글로 제작되는 신문들의 전통을 깨 한학 식자층 독자들의 환영을 받았다.
① 만세보 ② 대한매일신보 ④ 독립신문

7 ②

주어진 글과 관련된 나라는 옥저이다.
① 고구려
③ 변한
④ 부여

8 ②

임시정부 당시 많은 내부적 문제를 해결하기 위한 조직 개편을 위해 1923년 1월에 각지의 국민대표들이 모인 가운데 국민대표회의가 개최되었다. 이후 1925년 박은식이 대통령으로 선출되었으며 헌법개정안을 제출하여 대통령제를 폐지하고 국무령을 중심으로 한 의원내각제로 바꾸고 이상룡을 국무령으로 추대한 후 대통령을 사임하였다.

9 ②

의창…고려와 조선시대에 각 지방에 설치한 창고로 평상시에 곡식을 저장하였다가 흉년이 들었을 때 빈민을 구제하였던 구호기관이다.

① 고려 초에 빈민에게 곡식을 빌려주었다가 추수기에 상환하도록 하는 진대기관으로 986년(성종 5)에 의창으로 바뀌었다.

③ 고려시대 승려들을 위하여 설치된 장학재단

④ 고려시대 백성들을 위해 설치된 구호 및 의료기관

10 ①

㉠ 660년

㉡ 668년

㉢ 671년

㉣ 675년

11 ②

병부의 설치, 연호 '건원' 사용, 금관가야 정복 등의 신라 법흥왕의 업적이다. 법흥왕은 이외에도 국가 통치의 기본법인 율령을 공포하고, 백관의 공복을 제정하여 관리들의 위계를 분명히 하였다. 또한 골품제도의 정비하고 불교를 공인하여 새롭게 성장하는 세력들을 포섭하고자 하였다.

① 선덕여왕 ③ 진흥왕 ④ 진평왕

12 ③

① 최명길은 병자호란이 일어나자 주화론의 입장에서 청과의 강화를 주장하였다.

② 기병 중심의 별무반을 조직한 것은 윤관이며, 남이 장군은 이시애의 반란을 평정하였다.

④ 효종을 도와 북벌을 계획한 것은 송시열이며, 임경업은 병자호란 때 백마산성에서 활약하였다.

13 ①

① 조선 후기의 대표적인 강목체 역사서로는 안정복의 「동사강목」, 유계의 「여사제강」 등이 있다.

14 ①

① 가야는 철광석 생산이 풍부하고 제작기술이 발달했지만 철로 만든 불상이 유행하지는 않았다. 철불은 신라시대 때부터 만들어지기 시작하여 고려 초기에 많이 제작되었다. 현존하는 가장 오래된 철불은 통일신라시기의 철제여래좌상이다.

15 ①

이조전랑의 후임자 추천권 폐지는 영조의 업적이다.

② 태종

③ 정조

④ 흥선대원군

16 ①

② 궁성요배란 매일 천황이 사는 곳을 향해 절을 하는 것을 말한다. 서울 남산을 비롯하여 전국 각지에 신사를 세우고 예배하도록 한 것은 '신사참배'이다.

③ 지원병 제도에서 징병 제도로 바꾸었다.

④ 만보산 사건(1931)이 국가총동원법의 제정(1938)보다 먼저이다.

17 ③

① 불국사 3층 석탑(석가탑) : 통일신라 석탑의 전형으로, 아름다운 비례미를 가진다(국보 제21호).

진전사지 3층 석탑 : 형태는 통일신라 석탑의 전형이고, 기단과 탑신에 부조로 새긴 불상으로 진전사의 화려함을 엿볼 수 있다(국보 제122호).

② 감은사지 3층 석탑 : 동일한 구조의 탑 두 개가 동서로 놓여있다. 통일신라의 가장 오래된 석탑이다(국보 제112호).

④ 원각사지 10층 석탑 : 조선 세조 때 대리석으로 만든 석탑으로 조선 초기의 대표적인 석탑이다(국보 제2호).

18 ④

⑺ 병인양요는 1866년, ⑷ 신미양요는 1871년에 일어난 사건이다.

① 운요호사건(1875)

② 영남만인소(1881)

③ 조·미수호통상조약의 체결(1882)

④ 오페르트 도굴사건(1868)

19 ③

국채보상운동…1907년 대구에서 서상돈 등의 제안으로 일본에서 도입한 차관 1,300만 원을 갚아 주권을 회복하고자 발단된 주권수호운동이다. 그러나 이와 같은 운동이 전국적으로 확대되자 일제는 일진회를 통해 이를 공격하고 국채보상기성회의 간사 양기탁을 횡령죄를 씌워 구속하는 등의 방해로 탄압하여 더 이상의 진전 없이 좌절되었다.

① 보안회는 일제의 황무지 개간권 탈취에 대항하기 위해 결성된 단체이다.

② 국채보상운동은 통감부의 방해로 실패하였다.
④ 물산장려운동에 대한 설명이다.

20 ④
① 홍경래의 난 : 1811년(순조 11)에 홍경래, 우군칙 등의 주도로 평안도에서 일어난 농민항쟁
② 이인좌의 난 : 1728년(영조 4)에 정권에서 배제된 소론과 남인의 과격파가 연합하여 무력으로 정권을 탈취하려 했던 사건
③ 황사영 백서사건 : 1801년(순조 1)에 천주교도 황사영이 북경에 있던 프랑스 선교사에게 신유박해에 대해 쓴 편지로 인해 발생한 사건으로 이로 인해 천주교에 대한 탄압이 더욱 강화되었음
④ 삼정이정청 : 1862년(철종 13)에 삼정의 폐단을 고치기 위해 임시로 만든 관청

2016. 4. 9.
인사혁신처 시행

---

1 ③
(가)는 인종 때 김부식에 의해 저술된 「삼국사기」이며, (나)는 충렬왕 때 일연에 의해 저술된 「삼국유사」이다.
③ 「삼국사기」는 신라 계승의식을 강조하였으며 「삼국유사」는 단군조선을 계승한 자주의식에 입각하여 서술되었다.

2 ①
밑줄 친 그는 고려의 충선왕이다.
② 충렬왕
③④ 공민왕

3 ①
제시된 글은 역사가의 주관적 입장을 강조하는 '기록으로서의 역사'에 대한 관점이다.
①은 객관적 사실로서의 역사를 강조하는 랑케의 사관이다.

4 ①
제시된 결정문은 모스크바3상회의의 결정문이다. 이 결정문의 주요 내용은 우리나라에 대한 신탁통치와 독립의 유예에 대한 것으로, 차후의 문제는 미·소 공동위원회를 통하여 처리하기로 합의하였다.

5 ④
밑줄 친 사건은 갑신정변이다.
④ 갑신정변은 청군의 공격을 받은 개화당 세력과 일본군이 철수하면서 실패로 끝났다.

6 ①
① 방곡령 규정이 합의된 통상 협약은 1883년의 개정 조·일 통상장정이다. 1876년의 조·일 통상장정은 무관세, 무항세, 무제한 양곡 유출의 규정을 포함한 불평등 조약이다.

7 ②
② 백제가 마한 잔여 세력을 정복하고 수군을 정비하여 요서 지방까지 진출한 것은 4세기 중반 근초고왕 때의 일이다. 웅진 천도는 개로왕 때의 일이다.

8 ④
제시된 자료를 통해 유추할 수 있는 신분층은 진골귀족이다. 진골귀족은 식읍·전장 등을 경제적 기반으로 하였다.
①② 6두품에 대한 설명이다.
③ 돌무지덧널무덤은 6세기 전후의 신라 무덤양식이다. 통일신라시대의 무덤양식은 굴식돌방무덤이다.

9 ④
② 한산도대첩(1592년 7월) → ⓒ 진주대첩(1592년 10월) → ⓛ 평양성 탈환(1593년 1월) → ⓞ 행주대첩(1593년 2월)

10 ②
밑줄 친 이 법은 대동법이다.
② 대동법은 광해군 때 경기도에서 처음 실시하여 숙종 때 전국적으로 확대 실시하였다.

11 ③
밑줄 친 왕은 고구려의 소수림왕이다. 소수림왕은 불교를 수용하고 유학 교육 기관인 태학을 설치하였으며 관등제를 정비하는 등 율령체제를 정비하였다.
①④ 영양왕 ② 고국천왕

12 ④
④ 한국독립군이 한·중 연합작전으로 동경성에서 승리한 것은 1930년대이다.

13 ③

제시된 자료는 조선 후기의 사회 모습이다.
③ 유향소를 통제하기 위하여 경재소가 설치된 것은 조선 중기인 15세기의 일이다.

14 ③

밑줄 친 이 사람은 퇴계 이황이다.
① 조식 ② 이이 ④ 서경덕, 최한기

15 ②

제시된 선언문은 신채호의 '조선혁명선언'으로 의열단의 강령이다.
② 한인애국단에 대한 설명이다.

16 ③

제시된 상황은 광무정권 때이다.
③ 중추원을 개조하여 우리 옛 법령과 풍속을 연구한 것은 한일합방 이후이다.

17 ④

밑줄 친 이 사상은 풍수지리사상이다.
④ 초제는 도교적 행사이다.

18 ④

㈎는 경정전시과이다.
㉠ 4색 공복을 기준으로 등급을 나눈 것은 시정전시과이다.

19 ①

㉡ 고조선 지역에 한의 창해군이 설치된 것은 ㈏ 시기이다.
㉣ 비파형동검과 고인돌의 분포를 통하여 통치 지역을 알 수 있는 것은 ㈎ 시기이다.

20 ②

제시된 법령은 1912년부터 1918년까지 실시한 토지조사사업의 내용이다.
① 농경지에 한해 시행되었다.
③ 1918년 지세령 개정
④ 대한제국의 양전사업 내용

2016. 6. 18.
제1회 지방직 시행

---

1 ①

밑줄 친 이 토기는 빗살무늬 토기로 신석기 시대에 사용되었다.
②③④ 청동기 시대

2 ④

제시된 문서는 통일 신라 시대의 민정문서이다.
④ 고려 시대의 일이다.

3 ①

㉠은 고려 시대의 특수행정구역인 '소'이다. 향·소·부곡의 주민은 양인의 신분이었지만 사회적 차별을 받았다.
② 귀족 ③ 향리 ④ 노비

4 ①

대화에 나타난 수취 제도는 대동법이다.
②③ 균역법에 대한 설명이다.
④ 영정법에 대한 설명이다.

5 ③

제시된 법령은 농지개혁법이다. 농지개혁법의 시행으로 지주의 권한이 줄어들고 자기 땅을 가진 소작농이 증가하였다.
② 토지조사사업에 대한 설명이다.
④ 농지개혁법은 유상매입, 유상분배를 원칙으로 한다.

6 ③

㉢ 520년 → ㉡ 538년 → ㉣ 562년 → ㉠ 612년

7 ②

밑줄 친 왕은 고려의 숙종이다.
① 성종
③ 태조
④ 광종

8 ③

제시된 내용을 주장한 인물은 지눌이다.
① 의천
② 의상
④ 원효

9 ③

제시된 정책을 시행한 왕은 영조이다.
① 정조
② 철종
④ 흥선대원군

10 ④

제시된 법령은 조선태형령으로, 일본의 무단통치 시기인 1912년에 제정되었다.
④ 대한광복군정부는 1914년에 블라디보스토크에 세워진 망명 정부이다.
① 1910년
② 1906년
③ 1908년

11 ①

제시된 자료는 신라 하대 진성여왕 때 발생한 원종·애노의 난에 대한 설명이다.
② 고려 후기
③ 조선 후기
④ 고구려 고국천왕

12 ③

제시된 사건은 임오군란이다.
① 정미의병
② 동학농민운동
④ 을미의병, 을사의병

13 ②

제시된 내용이 포함된 개혁은 1894년에 일어난 제1차 갑오개혁이다.
② 독립협회는 1896년에 창립되었다.

14 ④

밑줄 친 무덤 주인은 백제의 무령왕이다.
① 백제 성왕
② 백제 비유왕
③ 신라 진흥왕

15 ②

제시된 내용은 신채호의 '조선역사상 일천년래 제일대사건'의 일부로 밑줄 친 그는 김부식이다.
① 이세현에 대한 설명이다.
③ 일연의 「삼국유사」, 이승휴의 「제왕운기」 등이 해당한다.
④ 이규보에 대한 설명이다.

16 ③

③ 1234년
① 교정도감은 최충헌이 설치하였다. → (나)
② 1176년 → (가)
④ 최우 집권기 → (다)

17 ②

밑줄 친 왕은 조선의 세종으로, 제시된 내용은 세종 때 만든 칠정산에 대한 설명이다.
② 금양잡록은 조선 성종 때 강희맹이 편찬하였다.

18 ②

제시된 내용은 조선 후기의 사회 모습이다.
①③ 고려 시대
④ 서원이 설립되기 시작한 것은 조선 중종 때이다.

19 ③

ⓔ 1923년 → ㉠ 1925년 → ㉡ 1926년 → ㉢ 1929년

20 ②

주어진 내용은 조선 현종 때 인선왕후 장씨가 사망하자 자의대비의 복제문제를 두고 일어난 논쟁인 갑인예송에서 남인들이 주장한 내용이다.
② 남인은 기사환국으로 서인을 대거 숙청하고 다시 집권하였다.
① 북인
③ 서인
④ 소론

1 ④

제시된 자료와 관련된 나라는 부여이다.
①②③ 부여와 관련된 설명이다.
④ 고구려 문자왕 때의 일이다.

2 ③

(다) 5세기 초 → (라) 5세기 중반 → (가) 6세기 → (나) 7세기

3 ④

④ 겸익은 백제 성왕 때의 승려이다.

4 ④

빈칸에 들어갈 왕은 발해의 무왕이다.
①③ 발해 문왕
② 발해 선왕

5 ③

③ 고려 문종의 아들인 의천은 송과 요의 대장경 주석서를 모아 속장경을 편찬하였다. 금나라가 세워진 것은 고려 예종 때이다.

6 ①

(가) 1173년 → (나) 1183년 → (다) 1193년 → (라) 1196년

7 ②

② 12목을 설치하여 최초로 지방관을 파견한 것은 고려 성종 때이다.

8 ③

①② 공민왕
④ 충목왕

9 ④

④ 태조의 요동정벌 운동을 적극 지지한 것은 정도전이다. 이에 이방원은 1차 왕자의 난을 일으켜 정도전 일파를 숙청하였다.

10 ①

② 광해군 때 한백겸이 편찬한 역사지리서이다.
③ 정조 때 안정복이 편찬한 역사서이다.
④ 광해군 때 허준이 편찬한 의학서이다.

11 ①

① 3포 개항은 1426년 세종 때의 일이다.

12 ③

(가) – 이승훈, (나) – 안정복, (다) – 김대건
※ 보기의 인물
- 이가환 : 조선 후기의 문신이자 학자로 남인 중 청남 계열의 지도자로 부상하였으나 천주교 신봉으로 인해 1801년(순조 1) 옥사하였다.
- 이기경 : 조선 후기의 문신으로 이조좌랑 등을 지냈다. 주자학과 다르다 하여 천주교를 배척하는 데 앞장섰다.
- 황사영 : 조선 후기의 천주교도로 신유박해 때 산중으로 피신하여 조선의 천주교 박해 실상을 알리는 「백서」를 작성하였고, 이것이 발각되어 사형되었다.

13 ④

① 송수만, 삼상진이 조직한 것은 보안회이다.
② 이종일이 순한글로 간행한 것은 제국신문이다.
③ 을지문덕, 강감찬, 최영, 이순신 등의 전기를 쓴 것은 신채호이다.

14 ③

③ 고종은 연호를 광무, 국호를 대한제국으로 정하고 환구단에서 황제 즉위식을 거행하였다.

15 ②

제1차 한·일 협약(1904) … 공식명칭은 '외국인 용빙(傭聘)협정'으로 한일협정서라고도 한다. 러시아와 전쟁을 일으킨 일본은 한국정부를 무력으로 강압해서 한일의정서를 체결하고 한반도를 군사기지로 확보하고, 전쟁이 일본에 유리하게 기울자 한국의 재정·외교의 쇄신을 위하여 외국고문을 초빙해야 한다고 주장하며 외국인 용빙(傭聘)협정 체결을 강요하였다. 이에 일본인 재정고문 1명과 일본이 추천하는 외국인 외교고문 1명을 초빙한다는 내용의 제1차 한·일 협약이 체결되었다.

16 ①

제시된 내용은 박영효의 약력이다.

17 ②

ⓔ 제주 4 · 3 사건은 1948년에 일어난 사건으로 대한민국 정부 수립(1948년 8월 15일) 이전이다.
ⓐ 1948년 10월
ⓑ 1949년 제정, 1950~1957년 시행
ⓒ 1949년 6월
ⓓ 1948년 10월

18 ④

④ 1954년 이승만 정권이 통과시킨 제2차 개헌, 일명 사사오입 개헌의 주 내용은 초대 대통령에 한해 중임 제한을 철폐한다는 내용이다. 직선제 개헌은 제9차 개헌이다.

19 ①

제시된 자료는 1910년대에 실시한 토지조사사업에 관련된 내용이다.
① 일본에 의해 국유지로 편입된 토지에 대하여 다수의 분쟁이 발생하였다.

20 ②

ⓓ 1968년 → ⓔ 1972년 7월 → ⓒ 1972년 11월 → ⓑ 1973년 → ⓐ 1979년

2017. 3. 18.
제1회 서울특별시 시행

---

1 ①

② 부산 동삼동 패총은 신석기 시대의 유적지이다. 주춧돌을 사용한 지상가옥은 청동기 시대의 주거 형태이다.
③ '흥수아이'는 청원 두루봉 동굴 유적에서 발굴된 구석기 시대의 인류 화석으로, 3~4살쯤 되는 아이의 것으로 우리나라 구석기 시대의 사람 뼈로는 처음으로, 완전히 보존된 사람의 뼈가 발견되었다.
④ 울주 반구대 암각화에는 고래, 거북, 물고기, 사슴, 호랑이 등의 그림이 주로 새겨져 있다. 사각형 또는 방패 모양의 기하학적 그림이 새겨져 있는 것은 고령 양전동 장기리 바위 그림이다.

2 ④

① 신라 화백회의의 의장은 상대등이다. 상좌평은 백제 정사암 회의의 의장이다.
② 관품 구별에 따라 자 · 단 · 비 · 녹색의 공복을 입은 것은 고려 광종 때이다. 백제는 16관등을 3등급으로 나누어 자 · 비 · 청색의 공복을 입었다.
③ 신라는 진덕여왕대 품주를 국가 기밀 담당인 집사부와 재정 담당인 창부로 개편하였다.

3 ②

헌의 6조
ⓐ 외국인에게 의지하지 말고 관민이 한마음으로 힘을 합하여 전제 황권을 견고하게 할 것
ⓑ 외국과의 이권에 관한 조약은 각 대신과 중추원 의장이 합동 날인하여 시행할 것
ⓒ 국가 재정을 탁지부에서 전관하고 예산과 결산을 국민에게 공포할 것
ⓓ 중대 범죄를 공판하되 피고의 인권을 존중할 것
ⓔ 칙임관을 임명할 때는 정부의 자문을 받아 다수의 의견에 따를 것
ⓕ 정해진 규칙을 실천할 것

4 ④

제시문에서 밑줄 친 세자는 소현세자이고 임금은 인조이다.
④ 북벌론은 청에 포로로 잡혀갔다 돌아온 효종과 송시열 등 서인에 의해 제기되었다.

5 ①

제시된 내용은 황산대첩에 대한 설명이다. 밑줄 친 살아 도망간 자는 왜적을 말한다.
①에서 밑줄 친 그들은 홍건적이다.

6 ④

제시된 자료는 1885년에 청일 간에 체결된 톈진 조약과 관련된 내용이다. 톈진 조약 체결을 통해 일본은 조선에 대한 파병권을 얻게 되었다.

7 ①

「성학집요」의 저자는 율곡 이이이다.
① 이기이원론적 이기론을 강조한 것은 이황이다. 이이는 이기일원론을 주장하였다.

8 ④

㉠ 정전, ㉡ 균전

제시된 내용은 정약용의 저서인 「경세유표」 중 토지제도 개혁에 대한 부분이다. 정약용은 초기에 주나라의 정전법을 우리나라에서 시행하는 것에 대한 가능성을 비판하며 여전제를 주장하였고, 이후 여전제를 수정한 정전제를 주장하였다.

※ 정약용의 여전제와 정전제

㉠ 여전제 : 마을 단위의 공동 농장을 만들어 작물을 공동 생산하고, 노동력에 따라 수확량을 나누어 가지는 제도

㉡ 정전제 : 국가는 백성들에게 일정한 토지를 나누어주며 자영농을 육성할 것을 주장

9 ③

㉠ 1차 수신사절(1876) → ㉢ 2차 수신사절(1880) → ㉣ 조사 시찰단(1881.4) → ㉤ 영선사(1881.9) → ㉡ 보빙사(1883)

10 ①

제시된 내용은 1883년 창간된 우리나라 최초의 신문인 한성순보에 대한 내용이다.

② 한성주보

③ 독립신문

④ 황성신문

11 ③

고려의 지배층과 피지배층 사이에는 중류층이 자리 잡고 있었다. 중앙 관청의 말단 서리인 잡류, 궁중 실무 관리인 남반, 직업 군인으로 하급 장교인 군반 등이 있었다. 더하여 지방 행정 실무를 담당하는 향리도 중류층에 해당한다.

12 ②

② 「삼국지」 〈동이전〉에 인용된 「위략」에 따르면 조선후 준(準)이 일찍이 왕을 칭하였는데 위만(衛滿)에게 공격받아 나라를 빼앗겼다고 언급하고 있다.

13 ④

제시된 지문은 신채호의 조선혁명선언(1923)으로 의열단의 독립운동이념과 방략을 이론화하여 천명한 선언서이다.

①② 한인애국단의 활동이다.

③ 박재혁은 부산 경찰서에 폭탄을 투척하였다. 밀양 경찰서에 폭탄을 투척한 것은 최수봉이다.

14 ③

③ 귀족들의 반발로 경덕왕대에 관료전을 폐지하고 녹읍을 부활시켰다.

15 ①

제시된 비문은 1712년에 세워진 백두산정계비에 새겨진 내용이다.

① 조선과 청의 대표는 현지를 답사하고 비를 세웠다.

16 ②

② 생원이나 진사가 우선적으로 입학하고, 승보나 음서에 의해 입학하기도 하였다.

17 ③

③ 「과농소초」는 박지원의 저술이다.

18 ②

모스크바 3국 외상

회의에서 결정된 한국정부 수립 방안은 ㉠ 미·소 공동위원회 개최 → ㉢ 미·소 공동위원회와 한국의 정당 및 사회단체의 협의 → ㉣ 임시민주정부 수립 → ㉡ 미·소 공동위원회와 임시민주정부 협의 하에 미, 영, 중, 소에 의한 통치 방안 결정 순이었다. 그러나 한국 내 신탁통치 반대 세력과 미·소의 대립 등으로 인해 미·소 공동위원회를 통한 임시민주정부 수립은 불발되었다.

19 ③

① 귀족 세력은 왕족을 비롯하여 5품 이상의 고위 관료가 주류를 형성하였다.

② 사림 세력은 조선 중기에 정치를 주도한 세력이다.

④ 향리의 자제들이 과거를 통해 관료로 진출하고 후에 귀족의 대열에 들기도 하였다.

20 ②

일제의 민족분열정책과 자치운동론의 등장에 대응하여, 민족 해방운동의 단결과 통일적 대응을 모색하던 사회주의 진영과 비타협적 민족주의 진영은 1926년 정우회 선언을 계기로, 1927년 1월 신간회를 발기하였다. 이어서 서울청년회계 사회주의자와 물산장려운동계열이 연합한 조선민흥회와도 합동할 것을 결의, 마침내 2월 15일 YMCA 회관에서 신간회창립대회를 가졌다.

1 ④

ㄱ 설총, ㄴ 최치원으로 두 인물은 6두품이었다.
④ 중위제는 아찬 이상 승진할 수 없는 6두품의 불만을 해소하기 위한 조치였다. 6두품 아찬의 경우 4중, 5두품 대나마의 경우에도 9중의 중위제를 적용받았다.
① 성골과 진골
②③ 진골

2 ②

㈎ 낙랑군 축출－미천왕 14년(313)
㈐ 평양 천도－장수왕 15년(427), 한성 함락－장수왕 63년(475)
ㄱ 태학 설립－소수림왕 2년(372)
ㄴ 진대법 도입－고국천왕 16년(194)
ㄷ 천리장성 축조－보장왕 6년(647)
ㄹ 신라의 왜구 격퇴－광개토대왕 10년(400)

3 ①

제시된 내용은 5가작통법에 대한 설명이다. 5가작통법은 농민의 도망과 이탈을 방지하여 부세와 군역을 안정적으로 확보하기 위해 시행하였다.

4 ③

③ 조·청 상민수륙무역장정은 1882년 임오군란을 계기로 체결되었다.

5 ①

ㄱ은 상하이 임시정부의 국민대표회의이다. 국민대표회의는 새 정부를 수립하자는 창조파와 임시정부 조직만을 개조하자는 개조파의 대립으로 결렬되었다.

6 ③

① 현량과 실시(중종) → ㈐
② 무오사화, 갑자사화(연산군) → ㈎
④ 금난전권 폐지(정조) → ㈑ 이후

7 ①

자료에 나타난 나라는 동예이다.
②④ 삼한
③ 옥저

8 ②

밑줄 친 이 기구는 고려 우왕 3년(1377)에 최무선의 건의에 따라 설치된 화통도감이다.
① 예종
③ 선종 ~ 숙종
④ 성종

9 ②

제시된 건의문은 1898년 10월 관민공동회에서 독립협회가 채택한 헌의 6조이다. 그러나 보수파의 반발로 독립협회는 해산되었고 고종은 황제권 강화 작업의 일환으로 1899년 대한국국제를 선포하면서 원수부를 설치하였다.
① 1894년 1차 갑오개혁
③ 1896년 아관파천
④ 1896년 독립신문 창간

10 ②

② 대한제국 칙령 제41호에서는 울도군수가 석도(오늘날의 독도)를 관장하도록 했다. 삼국접양지도에는 울릉도와 독도가 우리나라의 영토로 표기되어 있다.
① 이범윤의 보고문은 간도를 시찰한 후 작성된 것이다.
③ 미쓰야 협정은 만주의 독립군 근절을 위해 총독부 경무국장 미쓰야와 만주의 경무국장 간에 체결한 협정이다.
④ 어윤중은 서북경략사로 임명되어 간도에 파견되었다.

11 ②

제시문에서 설명하는 화폐는 고려 숙종 때 만들어진 활구(은병)이다.
① 조선 후기
③ 신라 지증왕
④ 신라 흥덕왕

12 ④

밑줄 친 그는 정도전이다.
① 이종무
② 세종의 명에 따라 설순 등
③ 김종서

13 ④

밑줄 친 이곳은 하와이다.
① 밀산부(러시아와 만주의 국경)
② 연해주
③ 서간도

14 ②

제시문은 지전설과 함께 홍대용이 주장한 무한우주론에 대한 설명이다. 홍대용은 「임하경륜」에서 성인 남자에게 2결의 토지를 나누어 주자는 균전제를 주장하였다.
① 박제가
③ 유형원
④ 유수원

15 ④

제시된 내용은 한일신협약(정미7조약) 체결 후 통감부의 대한제국 군대 해산과 관련된 것이다.
ⓒ 정미의병 때 연합 의병 부대인 13도 창의군이 결성되어 서울 진공 작전을 계획하였으나 실패하였고 ② 이에 일본은 남한 대토벌 작전으로 의병 부대의 근거지를 초토화하였다.
⊙ 을사의병
ⓒ 을미의병

16 ②

ⓒ 제1차 한일협약(1904) → ⊙ 헤이그 특사로 고종 퇴위(1907) → ② 순종 즉위 후 한일신협약(1907) → ⓒ 기유각서(1909)

17 ④

제시문은 조선 후기 광산 개발과 관련된 내용이다.
④ 고려 말의 일이다.

18 ③

제시문은 묘청의 풍수지리 사상에 따라 서경 천도를 주장하는 내용이다.
③ 초제의 사상적 근거는 도교이다.

19 ③

제시문은 손진태의 「조선민족사 개론」이다.
① 신채호
② 박은식
④ 정인보

20 ①

① 의주는 압록강변에 위치하며 도호부가 설치되지 않았다.
도호부 … 고려 · 조선시대 지방 행정기구로, 고려 초에는 군사적 요충지에 설치하였으나 점차 일반 행정기구로 변화하였다.

2017. 6. 17.
제1회 지방직 시행

1 ①

① 구석기시대 전기에는 주먹도끼와 찍개 등이 사용되었고, 슴베찌르개는 후기에 사용되었다.

2 ②

제시된 사료는 신채호의 「조선상고사」 총론의 일부이다. 「조선상고사」는 단군시대로부터 백제의 멸망과 그 부흥운동까지를 주체적으로 서술하였다.
② 신채호는 「을지문덕전」, 「최도통전」, 「이순신전」 등을 저술하여 애국심을 고취하였다.
① 정약용 ③ 백남운 ④ 정인보

3 ②

시기	중앙	지방
⊙ 통일신라	9서당	10정
ⓒ 조선 전기	5위	진관체제
ⓒ 조선 후기	5군영	속오군
② 고려	2군과 6위	주현과 주진군

따라서 ⊙→②→ⓒ→ⓒ 순이다.

4 ③

(가)는 부여, (나)는 고구려이다.
① 옥저
② 삼한
④ 동예

5 ④

(가) 최치원, (나) 최승우, (다) 최언위의 글이다.
④ 최치원, 최승우, 최언위는 '신라 3최'로 6두품 출신의 학자이다. 당나라에 유학하여 빈공과에 급제하였다.

6 ④

지문에서 밑줄 친 '대사'는 장보고이다.
④ 김헌창에 대한 설명이다.

7 ②

(가)는 정사암으로, 지문은 백제의 정사암 회의에 대한 설명이다.
ⓛ 6세기 백제 성왕의 업적이다.
ⓒ 3세기 백제 고이왕의 업적이다.
㉠ 고구려
㉣ 통일신라
㉤ 발해

8 ③

제시된 사료는 정약용의 「목민심서」의 일부이다.
① 김석문 ② 신속 ④ 안정복

9 ①

제시된 내용은 고려 전기의 무역 상황이다. 고려 숙종대에는 화폐에 대하여 적극적인 정책을 채택하여 숙종 7년에는 해동통보 1만 5천 개를 발행하기도 하였다.
② 통일신라
③④ 조선 후기

10 ②

(가) 의천 : 교선일치를 역설하며 천태종을 개창하였다.
(나) 지눌 : 정혜결사(定慧結社)를 조직해 불교의 개혁을 추진했으며, 돈오점수(頓悟漸修)와 정혜쌍수(定慧雙修)를 주장하며 선교일치를 추구하였다.
ⓒ 선종
ⓒ 혜심

11 ②

② 고대 도성의 주요시설을 배치하는 원칙의 하나인 좌묘우사의 원칙에 따라 경복궁의 동쪽에 종묘를, 서쪽에 사직을 배치하였다.

12 ①

제시된 사료에서 '나는 세종대왕으로 밑줄 친 '이 제도'는 공법이다.
①④ 공법은 토지가 비옥한가 메마른가에 따라 6개의 등급으로 나누고, 다시 그 해의 농사의 풍흉에 따라 9개의 등급으로 나누어 세율을 조정하여 1결당 20두에서 4두까지 차등있게 내도록 하였다.
② 영정법에 대한 설명이다.
③ 대동법에 대한 설명이다.

13 ④

④ 상주에서 일본군과 맞서 싸운 인물은 이일이다. 조선은 북상하는 왜군에 맞서기 위해 이일을 순변사로 임명하였지만, 이일이 상주에 도착하였을 때 상주목사 김해는 이미 도주하였고 군사들도 달아난 상태로 결국에는 패배하였다.

14 정답 없음

영조 26년(1750) 종래 인정(人丁) 단위로 2필씩 징수하던 군포가 여러 폐단을 일으키고, 농민 경제를 크게 위협하자 2필의 군포를 1필로 감하기로 하는 한편, 균역청을 설치, 감포에 따른 부족재원을 보충하는 대책으로 어전세·염세·선세 등을 균역청에서 관장하여 보충한다는 등의 균역법이 제정되어 1751년 9월에 공포되었다.
④ 선무군관포는 양역의 부과 대상에서 빠져 있는 피역자를 선무군관으로 편성하여 다시 수포한 것이다.

15 ③

③ 현존하는 가장 오래된 족보는 성종 7년(1476)에 간행된 「안동권씨성화보」이다. 「문화류씨가정보」는 1562년에 간행되었다.

16 ③

(가) 1980년 10월 : 8차 개헌
(나) 1948년 7월 17일 : 제헌헌법
(다) 1954년 11월 : 2차 개헌(사사오입 개헌)
(라) 1972년 12월 : 7차 개헌(유신헌법)

③ 1958년 1월 진보당이 북한의 주장과 유사한 평화통일론을 주장하였다는 혐의로 정당등록이 취소되고 위원장 조봉암이 사형을 당했다.
① 남북 유엔 가입은 1991년 9월이다.
② 판문점에서 휴전 협정이 체결된 것은 1953년 7월이다.
④ 1972년 7월 4일 분단 이후 최초로 조국 통일과 관련한 남북 공동 성명을 발표하였다.

17 ④
제시된 사료는 1880년 수신사 김홍집이 일본에서 귀국하며 가져 온 「조선책략」의 일부이다.
④ 최익현이 「오불가소」를 올린 것은 강화도 조약 체결(1876)로 인한 개항에 반대한 것이다.
① 1886년
② 1882년
③ 1884년

18 ③
제시된 사료는 대한민국 건국강령의 일부로 삼균제도는 조소앙에 의해 정립되었다.
③ 조소앙은 남한 단독 정부 수립에 반대하여 제헌 국회의원 선거에 불참하였다.

19 ④
④ 국민교육헌장은 우리나라의 교육이 지향해야 할 이념과 근본 목표를 세우고, 민족중흥의 새 역사를 창조할 것을 밝힌 교육지표로, 1968년 12월 5일에 반포되었다.

20 ④
제시된 사료는 1948년 9월 제정된 「반민족행위처벌법」이다.
④ 여수·순천 사건은 1948년 10월 19일 전라남도 여수에 주둔하던 국방경비대 제14연대 소속의 군인들이 제주 4·3 사건 진압을 거부하며 일으킨 반란 사건이다.

2017. 6. 24.
제2회 서울특별시 시행

1 ③
③ 「기언」은 허목의 시문집이다. 한치윤의 저서로는 「해동역사」가 있다.

2 ①
① 고려시대의 소는 중앙정부에서 필요로 하는 각종 물품을 생산·공급하는 기구였으며, 주민의 신분은 공장(工匠)이었다. 자기소(磁器所)·철소(鐵所)·은소(銀所)·금소(金所)·동소(銅所)·사소(絲所)·지소(紙所)·주소(紬所)·와소(瓦所)·탄소(炭所)·염소(鹽所)·묵소(墨所) 등 수공업 생산의 중요 부분을 차지하였다.

3 ④
지도는 고려 공민왕대의 영토 수복을 보여주고 있다. 공민왕은 전민변정도감을 설치하여 권문세족이 부당하게 빼앗은 토지를 원래의 주인에게 돌려주고, 억울하게 노비가 된 양민을 해방시켰다.
① 공양왕
② 우왕
③ 충렬왕

4 ③
① 공음전은 5품 이상의 관리에게 주었다.
② 전시과에서는 관등을 18품계로 나누어 그 고하에 따라 토지를 나누어 주었다.
④ 공해전은 경비 충당을 목적으로 중앙과 지방의 관아에 지급한 토지이다. 왕실 경비 마련을 위한 토지는 내장전이다.

5 ②
(개) 카이로 회담(1943. 11), (내) 모스크바 3상회의(1945. 12)
② 1945년 12월 소련 수도 모스크바에서 개최된 미국·영국·소련 3국의 외상회의로, 5년 동안 4개국(미국·영국·중국·소련)에 의한 신탁통치가 결정되었다.
① 포츠담 회담은 제2차 세계 대전 종결 직전인 1945년 7월에 연합국인 미국·영국·소련의 수뇌부가 독일 포츠담에 모여 개최한 회담이다. 이 회의에서 일본의 무조건 항복과 한국의 독립을 담은 포츠담 선언이 발표되었다.

③ 좌우합작위원회는 1946년 1차 미·소 공동위원회의 결렬 이후 만들어졌다.

6 ①

거문도 사건은 고종 22년(1885) 3월 1일부터 1887년 2월 5일까지 약 2년간 영국이 러시아의 조선 진출을 견제하기 위해 거문도를 불법 점령한 사건이다.
① 1883~1894년
② 1883~1884년
③ 1895년
④ 1876년 조·일 통상 장정

7 ①

㉮ 묘청(서경파) ㉯ 김부식(개경파)
ⓒ 서경파는 칭제 건원과 금나라 정벌을 주장하였다.
ⓔ 김부식의 「삼국사기」는 기전체 역사서이다.

8 ①

밑줄 친 그는 요세이다. 요세는 강진의 토호세력의 도움을 받아 백련사를 결성하여 대중에게 참회를 닦기를 권하였다.
② 보우
③ 의천
④ 지눌

9 ④

제시된 내용은 노태우 정부(1988~1993) 때 체결된 남북 기본합의서(1991. 12. 13)이다.
① 1972년 7·4 남북 공동 선언
② 1993년 김영삼 정부
③ 1차 2000년 김대중 정부, 2차 2007년 노무현 정부

10 ②

② 표제음주동국사략 : 조선 중종 때 유희령이 「동국통감」을 대본으로 하여 단군으로부터 고려시대까지를 간략히 줄여 찬술한 통사
① 삼국사기 : 1145년(인종 23)경에 김부식 등이 고려 인종의 명을 받아 편찬한 삼국시대의 정사로 기전체 역사서
③ 연려실기술 : 조선 후기의 학자 이긍익이 지은 조선시대 사서
④ 고려사절요 : 조선 전기 문종 2년 김종서 등이 편찬한 고려시대의 역사서

11 ③

㉲ 660년 백제 멸망→㉳ 660년 백제 멸망 후→㉮ 668년 →㉯ 675년

12 ④

④ 진관 체제는 각 요충지마다 진관을 설치하여 진관을 중심으로 독자적으로 적을 방어하는 체제로 작은 규모 전투에는 유리하지만 큰 규모의 적이 침입할 경우에는 문제점이 많다. 중종 때 삼포왜란, 명종 때 을묘왜변을 겪으며 각 지역의 군사를 한 곳에 집결시켜 한 사람의 지휘하에 두게 하는 제승방략 체제를 실시하였다.

13 ③

㉮는 1894년 동학 농민 운동 당시 농민군이 전주를 점령하고 정부와 맺은 조약인 전주화약이다. 전주화약에서 전라도 지방의 개혁 사무를 담당할 자치 기구인 집강소의 설치와 농민군이 제시한 폐정 개혁안 실시가 합의되었다.

14 ②

ⓒ 5·18 민주화운동(1980) → ㉠ 6·10 민주항쟁(1987) → ⓒ 6·29 민주화선언(1987)

15 ②

제시된 내용은 1907년 7월의 한·일신협약이다.
② 고종은 1905년 11월 제2차 한·일협약(을사조약)의 무효를 밝히기 위해 헤이그에 특사를 파견하였다.

16 ②

밑줄 친 왕은 세조이다.
① 성종
③ 태종
④ 세종

17 ④

밑줄 친 이 책은 율곡 이이의 「성학집요」이다. 이이는 사림이 추구하는 왕도정치가 기자에서 시작되었다는 평가를 담은 「기자실기」를 저술하였다.
① 조식
② 이황
③ 서경덕

18 ③

밑줄 친 그는 홍선대원군이다. 임오군란으로 재집권한 홍선대원군은 통리기무아문을 폐지하고 삼군부에 그 기능을 담당하도록 하였다.
① 김홍집
② 명성황후
④ 화서학파는 위정척사 운동을 주도하였지만, 홍선대원군의 서원 및 만동묘 철폐에 반대하였다.

19 ④

④ 임시 의정원은 대한민국 임시정부의 입법부 역할을 맡았던 기관으로 1919년 4월 10일 개원했으며 대한민국 임시정부의 사전조직이기도 했다. 우리나라 최초로 주권재민을 천명한 임시헌법을 제정, 의회 민주주의제도 성립의 기초가 되었다.

20 ②

㉠ 옥저, ㉡ 부여, ㉢ 동예, ㉣ 삼한
①④ 고구려
③ 옥저

2017. 12. 16.
지방직 추가선발 시행

---

1 ④

④ 촌주는 중앙에서 파견된 지방관이 아니라 촌락의 토착민이다. 촌주는 변동사항을 조사하여 3년마다 문서를 다시 작성하였다.

2 ①

다음과 같은 명을 내린 왕은 '세종'이다.
②③ 성종
④ 인조

3 ②

밑줄 친 왕은 '백제의 성왕'이다. 성왕은 도읍을 사비로 옮기고 국호를 남부여로 고쳤다.
① 침류왕
③ 근초고왕
④ 개로왕

4 ③

고려의 토지제도인 전시과는 12세기 초부터 붕괴되기 시작하여 무신집권기에는 관리 등의 보편적 생활보장책으로서의 의미를 상실하게 되었다. 원종 12년(1271)에 도병마사의 건의로 녹봉을 제대로 받지 못하는 관리에게 경기 8현을 지급한다는 원칙을 마련하고, 이듬해에 녹과전을 시행하게 되었다.

5 ①

제시된 자료에 해당하는 나라는 '고구려'이다.
① 부여에 대한 설명이다.

6 ①

밑줄 친 탑은 '황룡사 9층 목탑'이다. 신라 삼보(三寶)의 하나로, 삼국유사에 의하면 643년(선덕여왕 12) 당나라에서 유학을 마치고 귀국한 자장(慈藏)의 요청으로 건조되었다.

7 ②

제시된 사건은 강조의 정변으로 이 사건으로 즉위한 왕은 고려 제8대 왕인 '현종'이다.
② 고려 초기 중앙집권체제에 의한 통치권의 범위가 점차 지방으로 확대되면서 아직 중앙의 관원을 파견하지 못했던 속군현과 향·소·부곡 등 말단 지방행정단위에 예종 1년(1106)부터 현령(縣令)보다 한층 낮은 지방관인 감무(監務)를 파견하였다.

8 ③

『신편제종교장총록』을 편찬한 승려는 '의천'이다.
① 보우
② 지눌
④ 균여

9 ③

① 통일신라에 대한 설명이다. 발해는 중정대를 두어 형법·전장에 관한 일과 모든 관료의 비위를 감찰하였다.
② 통일신라에 대한 설명이다. 발해의 중앙 군사 조직은 10위이다.
④ 통일신라에 대한 설명이다. 발해는 전국에 걸쳐 5경, 15부, 62주 및 다수의 현을 두었다.

10 ④

밑줄 친 김춘추, 김주원, 김경신은 진골 출신이다. 진골은 성골 다음 계급으로, 왕족이었으나 성골에 밀려 왕위에 오르지 못하다가 진덕여왕을 끝으로 성골이 사라지자 태종무열왕(김춘추)이 즉위하면서 왕위에 오르게 되었다.

11 ②

제시된 사건은 '신미양요(1871)'이다. 신미양요를 계기로 흥선대원군은 서울의 종로와 전국 각지에 척화비를 세워 통상수교거부정책을 더욱 강화하였다.
① 영남만인소 사건(1881)
③ 오페르트 도굴 사건(1868)
④ 병인양요(1866)

12 ④

제시된 내용은 '신간회'의 강령이다.
④ 신간회는 1929년 11월 광주 학생 운동이 일어나자 진상 조사단을 파견하고 일제에 대해 학생운동의 탄압을 엄중 항의했다.

13 ②

㉠은 '카이로 선언(1943)'이다. 카이로 선언은 한국에 대한 특별조항을 넣어 '한국인이 노예적 상태에 있음에 유의하여 적당한 절차를 밟아 한국을 독립시키기로 결의한다.'고 명시하여 처음으로 한국의 독립이 국제적으로 보장받았다.
① 얄타 협정(1945) : 제2차 세계대전 종반에 소련 얄타에서 미국 · 영국 · 소련의 수뇌들이 모여 독일의 패전과 그 관리에 대하여 의견을 나눈 회담
③ 포츠담 선언(1945) : 제2차 세계대전 종전 직전인 1945년 7월 26일 독일의 포츠담에서 열린 미국 · 영국 · 중국 3개국 수뇌회담의 결과로 발표된 공동선언
④ 트루먼 독트린(1947) : 미국 대통령 H. S. 트루먼이 의회에서 선언한 미국외교정책에 관한 원칙

14 ①

밑줄 친 시기는 박정희 정권의 제1~2차 경제 개발 5개년 계획 시기로, 1962년부터 1971년까지이다.
① 경부 고속 국도는 박정희 정권 때인 1968년 2월 1일에 공사를 시작해서 1970년 7월 7일에 완공되었다.
② 금융 실명제는 「금융실명거래 및 비밀보장에 관한 긴급명령」에 의거, 김영삼 정부 때인 1993년 8월 12일 이후 모든 금융거래에 도입되었다.
③ 경제 협력 개발 기구 가입은 1996년 김영삼 정부 때이다.

④ 연간 수출 총액이 늘어나 100억 달러를 돌파한 것은 박정희 정권 때인 1977년이다.

15 ①

① 「가례도감의궤」는 조선 국왕과 왕비, 왕세자와 왕세자빈의 가례(嘉禮)에 관한 사실을 그림과 문자로 정리한 의궤이다. 조선 왕실의 가례를 위해 가례도감(嘉禮都監)을 설치한 것은 1397년(태조 6)으로 이때부터 가례도감의궤를 작성한 것으로 추정되지만, 현존하는 것은 1627년(인조 5) 소현세자와 강빈의 가례에서부터 1906년(고종 33) 순종과 순정황후의 가례까지 총 20종뿐이다.

16 ②

② 두 차례의 호란 직후 조선의 인구가 전국적으로 급감하였지만, 평안도의 경우 호란 이후 유입된 여진족이나 한인들로 인해 다른 지역에 비해 급감하지는 않았다.

17 ③

러일 전쟁 발발(1904), 고종 강제 퇴위(1907), 대동단결선언 발표(1917)이다.
① 1898년
② 1900년
③ 1911년
④ 1905년

18 ②

㉡ 정조는 기존의 문체에 얽매이지 않는 신문체를 억압하고 고문체로 돌아갈 것을 주장하였다. → 문체반정
㉣ 인성과 물성에 대한 논쟁은 노론 내부에서 일어난 논쟁이다. → 호락논쟁(湖洛論爭)

19 ④

밑줄 친 단체는 '의열단'이다.
①② 대한민국 임시정부에 대한 설명이다.
③ 조선 혁명군에 대한 설명이다.

20 ②

㉠ 남북 유엔 동시 가입(1991. 9) → ㉢ 남북 사이의 화해와 불가침 및 교류 · 협력에 관한 합의서 체결(1991. 12) → ㉣ 북 · 미 제네바 기본 합의서 채택(1994) → ㉡ 금강산 관광 사업 실현(1998)

1 ①

〈보기〉는 1925년에 일제가 제정한 「치안유지법」의 일부이다.
① 의열단 소속의 김상옥이 종로경찰서에 폭탄을 투척한 것은 1923년으로 「치안유지법」이 제정되기 이전이다.
② 1928년
③ 1937년
④ 1942년

2 ③

〈보기〉는 신석기 시대의 유적지이다.
①④ 청동기 시대
② 삼국시대

3 ①

㉠ 대동운부군옥 : 1589년에 권문해가 편찬한 일종의 백과전서
㉡ 지봉유설 : 1614년에 이수광이 편찬한 일종의 백과사전
㉢ 성호사설 : 조선 후기 실학자 이익이 평소에 기록해 둔 글과 제자들의 질문에 답한 내용을 1740년경에 집안 조카들이 정리한 것
㉣ 오주연문장전산고 : 19세기의 학자 이규경이 쓴 백과사전 형식의 책

4 ②

〈보기〉는 1926년에 상영되었던 나운규의 '아리랑'이다.
① '조선학' 운동이 시작된 것은 1934년이다.
③ 1930년대의 일이다.
④ 「조선영화령」이 공포된 것은 1940년이다.

5 ②

㉡ 대한제국정부의 국외중립 선언(1904. 1) → ㉠ 일본군이 인천항에 정박한 러시아군함 2척을 공격(1904. 2. 9) → ㉢ 일본군이 러시아에 선전포고(1904. 2. 10) → ㉣ 한일의정서 체결(1904. 2. 23)

6 ④

〈보기〉의 그는 '홍범도'이다.
④ 이인영에 대한 설명이다.

7 ①

〈보기〉의 선언문은 김원봉의 요청으로 신채호가 작성한 '조선 혁명 선언'으로 의열단의 활동 지침이다.
②④ 이봉창과 윤봉길은 한인 애국단 소속이었다.
③ 조선무정부주의자 연맹의 활동이다.

8 ③

㉡ 관구검과의 전쟁(3세기 동천왕) → ㉢ 고국원왕의 전사(371) → ㉣ 광개토왕릉비 건립(414, 장수왕) → ㉠ 평양천도(427, 장수왕)

9 ③

㉡ 『동문선』: 1478년(성종 9) 성종의 명으로 서거정 등이 중심이 되어 편찬한 우리나라 역대 시문선집
㉢ 『동의수세보원』: 1894년에 이제마가 지은 의서로, '동의'는 중국의 의가(醫家)와 구별하기 위한 것이며, '수세'는 온 세상 인류의 수명을 연장시킴을 뜻한다.

10 ④

㈎ 강화도 조약(1876), ㈏ 조·청 상민 수륙 무역 장정(1882)
㉠ 일본은 조선을 '자주국'으로 명시하여 조선에 대한 청나라의 영향력을 약화시키고 침략을 꾀하였다.
㉡ 청나라는 조선을 청나라의 속방으로 명시하여 조선에 대한 영향력을 강화하였다.

11 ④

〈보기〉의 단체는 '신간회'로 1927년에 조직되고 1931년까지 존속하였다.
①② 1929년
③ 1930년
④ 1923년

12 ④

〈보기〉의 내용을 주장한 인물은 '이익'이다.
① 정약용
② 유득공
③ 이중환

13 ③

〈보기〉는 허균의 「유재론」의 일부이다. 허균은 「유재론」에서 조선 사회에서 널리 퍼져 있는 적서차별의 분위기를 비판하였다.

14 ①

㉠ 무위사 극락전(세종 12년), ㉣ 해인사 장경판전(15세기)
법주사 팔상전(㉡)과 금산사 미륵전(㉢)은 17세기 건축물이다.

15 ①

① 조선의 지방관은 행정·사법권 및 군사권을 포괄적으로 보유하였다.

16 ②

〈보기〉의 선언은 '카이로 선언'으로, 카이로 회담은 미국(루즈벨트), 영국(처칠), 중국(장제스)의 정상이 이집트 카이로에서 회담을 한 후 나온 선언이다. 한국에 대한 특별조항을 넣어 '한국인이 노예적 상태에 있음에 유의하여 적당한 절차를 밟아 한국을 독립시키기로 결의한다.'고 명시하여 처음으로 한국의 독립이 국제적으로 보장받았다.

17 ②

㉠ 북조선임시인민위원회 성립(1946. 2)→㉢ 토지개혁 실시(1946. 3)→㉤ 북조선노동당 결성(1946. 8)→㉡ 조선인민군 창설(1948. 2)→㉣ 최고인민회의 대의원 선거 실시(1948. 8)→㉥ 조선민주주의인민공화국 성립(1948. 9)

18 ④

〈보기〉의 왕은 통일신라의 '진성여왕'이다.
① 경덕왕
② 신문왕
③ 흥덕왕

19 ③

〈보기〉의 왕은 발해의 '문왕'이다. 문왕은 전륜성왕을 자처하고 황상이라는 칭호를 사용하였다.
① 무왕
② 선왕
④ 대조영(고왕)

20 ②

〈보기〉에서 설명하고 있는 기구는 '비변사'이다. 1592년(선조 25) 임진왜란이 일어나 국가의 모든 행정이 전쟁 수행에 직결되자, 비변사의 기구가 강화되고 권한도 크게 확대되면서 의정부의 기능을 약화시켰다.
① 대원군은 국정 의결권을 의정부에 이관하고 3군부 제도를 부활시켜 군무를 처리하게 함으로써 비변사를 혁파하였다.
③ 영·정조의 탕평책과 관련된 설명이다.
④ 비변사는 16세기 초 임시기구로 설치되었다가 16세기 중반 을묘왜란을 계기로 상설기구로 설치되었다.

2018. 4. 7.
인사혁신처 시행

---

1 ①

② 조선 시대에 관한 설명이다.
③ 조선 시대에 관한 설명이다.
④ 고려 시대에 관한 설명이다.

2 ③

(갑)은 소손녕, (을)은 서희로 거란의 1차 침입 당시의 담판 내용이다.
① 예종 때 윤관이 별무반을 이끌고 여진족을 정벌한 후 동북 지역에 9성을 설치하였다.
② 귀주 대첩은 거란의 3차 침입 때인 1019년의 일이다.
④ 천리장성은 거란과 여진의 침입을 방어하기 위한 것으로 1033년에 시작하여 1044년에 완공하였다.

3 ①

제시된 자료는 광개토대왕릉비문의 기록이다.
② 4세기 백제 근초고왕
③ 6세기 신라 진흥왕
④ 3세기 경

4 ③

(가) 1946년 6월 이승만, 정읍발언
(나) 1948년 2월 김구, 3천만 동포에게 읍고함
① 5·10 총선거에 불참한 것은 김구이다.
② 이승만은 좌우합작 운동을 지지하지 않았다.
④ 김규식에 관한 설명이다.

5 ②

㈎ 팔관회

② 연등회에 관한 설명이다.

6 ①

제시된 글은 정조의 개인 문집인 '홍재전서'이다.

② 현종 때의 일로, 남인은 기년복을 주장하였다.

③ 숙종

④ 효종

7 ①

제시된 글은 '중종실록'의 기록이다.

① 중종 때 풍기군수 주세붕에 의해 백운동 서원이 최초로 건립되었다.

② 세조

③ 성종

④ 세종

8 ②

제시된 글은 1938년에 4월에 공포되고, 5월 5일부터 시행된 제정된 「국가 총동원법」이다.

② 육군특별지원병제는 국가 총동원법 시행 이전인 1938년 2월에 공포되었다.

9 ④

고부 민란(1894. 1) → ㈎ → 전주화약, 집강소 설치(1894. 5)

④ 백산에서 전봉준이 보국안민을 위해 궐기하라는 통문을 보낸 것은 1984년 3월의 일이다.

① 남·북접의 논산 집결(1894. 9)

② 우금치 전투(1894. 11)

③ 서울 복합 상소(1893. 2)

10 ②

㈎ 토지조사국

토지조사국은 1910년부터 1918년까지 존속하여 토지 조사 사업을 추진했다.

① 1920년

② 1917년

③ 1921년

④ 1919년

11 ④

'이 지도'는 혼일강리역대국도지도이다.

④ 조선 후기 '동국지도'에 대한 설명이다.

12 ③

제시된 글의 왕은 신라 중대의 신문왕이다.

① 소지왕

② 효소왕

④ 경덕왕

13 ②

발해 건국 주도 세력이 고구려계 유민이며, 고구려 계승 의식을 표명한 것을 근거로 들어야 한다. 온돌 장치, 연화무늬와당, 이불병좌상, 정혜공주묘, 모줄임천장 등이 있다.

③④ 당나라의 영향을 받았다.

14 ④

제시된 자료는 '삼국사기'에 등장하는 문무왕의 유언이다.

④ 지수신은 고구려로 망명하였다.

① 백제 멸망(660년)

② 백제 멸망 이후(668년)

③ 백제 멸망 직후(660년)

15 ③

'이 회사'는 1904년에 설립된 농광회사이다.

① 종로직조사(1900년)

② 동양 척식 주식 회사(1908년)

④ 황국 중앙 총상회(1898년)

16 ③

ㄹ 중종(16세기 초) → ㄴ 중종(1544년) → ㄷ 명종(1559년) → ㄱ 선조(16세기 후반)

17 ④

④ 영단 주택은 1940년대 노동자의 주택난을 해결하기 위해 보급한 주거지다.

18 ③

(가) 1962년 김종필 · 오히라 메모

(나) 1966년 브라운 각서

①② 1970년

③ 1964년

④ 1950년대 후반

19 ②

제시된 글은 고려시대 문인인 진화가 금나라에 사신으로 가는 도중에 지은 한시다. 진화는 고려 무신집권기(12세기) 때 활동하였던 문신이다.

② 이규보는 무신집권기 때 활동한 문신이다.

① 인종

③④ 충렬왕

20 ③

② 1471년 → ① 1488년 → ⓒ 1780년 → ⓒ 1895년

2018. 5. 19.
제1회 지방직 시행

---

1 ③

⊙ 슴베찌르개는 구석기 후기에 사용하였다. 벼농사가 시작된 것은 청동기 시대다.

ⓒ 반달 돌칼은 청동기 시대에 사용하였다. 제시된 설명은 신석기 시대에 관한 설명이다.

2 ②

제시된 글은 선종에 관한 설명이다.

① 신라 중대 경덕왕 때 주조를 시작해 혜공왕 때 완성되었다.

③ 고려 후기 충목왕 때 건립되었다.

④ 삼국 공통의 불상으로 세련된 귀족 문화를 엿볼 수 있다.

3 ③

밑줄 친 '이곳'은 서경이다.

① 우왕 때 청주 흥덕사에서 간행했다.

② 지눌은 공산에서 권수정혜결사문을 발표하고, 순천 송광사를 중심으로 수선사 결사 운동을 하였다.

④ 강조가 개경에서 군사를 이끌고 이곳으로 들어와 김치양 일파를 제거하고 목종을 폐위하고 현종을 즉위시켰다.

4 ③

밑줄 친 '운동'은 물산장려운동(1922)이다. 물산장려운동은 3 · 1운동 후 개화한 근대 지식인층 및 대지주들이 중심이 되어 물자 아껴쓰기 및 우리 산업 경제를 육성시키자는 기치 아래 민족정신을 일깨우며 앞장서 벌여 나간 운동이다.

5 ①

문무왕 즉위(661년) → (가) → 기벌포 싸움(676년)

⊙ 674년

ⓒ 663년

ⓒ 660년

② 677년 이후

6 ②

ⓒ 고구려의 대성에는 지방관으로 욕살을 두었다.

② 지방군인 10정은 통일 신라 이후의 일이다.

7 ①

① 고구려의 최고 관등 – 발해의 정당성을 관장하는 관직

② 발해의 관리 감찰 기관 – 조선 시대의 국왕의 비서 기관

③ 고려의 중앙 통치 구조 – 발해의 지방 제도

④ 고려의 지방 호족 견제 제도 – 관직 복무의 대가인 녹봉 대신 지급된 토지

8 ④

④ 덕수궁 석조전의 기둥 윗부분은 이오니아식, 실내는 로코코 풍이다.

9 ④

제시된 글에서 설명하고 있는 인물은 서유구이다. 『임원경제지』는 홍만선의 『산림경제』를 토대로 한국과 중국의 저서 900여 종을 참고하여 엮어낸 백과전서다.

① 1676년 박세당이 지은 농서이다.

② 조선 숙종 때 실학자 홍만선이 엮은 농서 겸 가정생활서이다.

③ 조선 후기에 농업정책과 자급자족의 경제론을 편 실학적 농촌경제 정책서이다.

10 ①

① 성종 때에 환구단에서 풍년을 기원하는 제사를 올렸다.

11 ①

밑줄 친 '대의'는 효종의 북벌론이다.
① 효종은 서울 근처의 방어기지인 남한산성을 보강했으며 내부 방어체계를 재정비했다.
② 숙종
③ 광해군
④ 인조

12 ②

② 대한제국 정부는 조세 수입원을 정확히 파악하고 더불어 조세 수입을 증대시키기 위한 목적으로 1898년 양지아문을 설치하여 1899년부터 양전 사업을 실시하였다.
① 흥선대원군 ③ 1880년 ④ 제1차 갑오개혁

13 ③

㉠ 의열단(1919년)
① 신규식 등이 독립운동의 활로와 이론의 정립을 모색하기 위해 1917년에 제의·제정한 문서다.
② 한인 애국단(1931년)
④ 대한 노인단 소속의 강우규가 1919년에 일으켰다.

14 ④

① 허목의 동사는 단군에서 삼국까지의 역사이다.
② 조선 후기의 학자 홍여하가 지은 고려의 사서이다.
③ 고조선에서 고려까지의 역사를 서술한 기전체이다.

15 ④

㉢ 1593년 2월 → ㉡ 1593년 10월 → ㉣ 1597년 7월 → ㉠ 1597년 9월

16 ③

③ 중앙 무반에게 문산계를 부여하였다.

17 ①

밑줄 친 '그'는 백범 김구이다.
② 김원봉
③ 여운형
④ 이승만

18 ③

㉠ 한국 독립군(1930년)
① 대조선 국민군단은 1914년에 박용만이 하와이에서 조직하였다.
②④ 조선 혁명군에 관한 설명이다.

19 ④

밑줄 친 '이 협약'은 한·일 신협약(정미 7조약)이다.
①② 제2차 한·일 협약(을사조약)
③ 제1차 한·일 협약

20 ②

제시된 글은 7·4 남북공동성명(1972년)이다.
① 1991년
③ 2000년
④ 1998년

2018. 6. 23.
제2회 서울특별시 시행

1 ②

② 고종 때의 금속활자로『상정고금예문』(1234)을 인쇄했다.
① 고려의 귀족문화를 대표하는 것은 청자로, 상감기법을 이용하였다.
③ 팔만대장경은 몽골의 침입을 물리치기 위한 염원을 담아 만든 것이다. 거란의 침입을 물리치기 위한 염원을 담아 만든 것은 초조대장경이다.
④ 고려는 정치이념으로 유교를 채택하였다.

2 ①

① 『본조편년강목』: 1317년(충숙왕 4) 민지가 저술한 고려왕조에 관한 역사책
② 『의방유취』: 조선 세종 때 왕명으로 편찬된 동양 최대의 의학사전
③ 『삼국사절요』: 1476년(성종 7) 노사신·서거정 등이 편찬한 단군조선으로부터 삼국의 멸망까지를 다룬 편년체의 역사서
④ 『농사직설』: 조선 세종 때의 문신인 정초·변효문 등이 왕명에 의하여 편찬한 농서

3 ④

ⓔ 신문왕 7년(687) → ⓛ 신문왕 9년(689) → ⓒ 성덕왕 21년 (722) → ㉠ 경덕왕 16년(757)

4 ①

① 조위총은 고려시대의 문신으로 정중부·이의방 등이 정변을 일으키자 절령 이북 40여 성의 호응을 얻어 난을 일으켰다. 백제 부흥을 위해 봉기한 것은 이연년의 난이다.

5 ②

ⓛ 전주화약 체결(1894.5) → ⓔ 군국기무처 설치(1894.7) → ⓒ 홍범 14조 발표(1895.1) → ㉠ 아관파천(1896)

6 ④

① 위안부 및 강제 징용에 대한 문제는 논의되지 않았다.
② 6·10 민주 항쟁(1987)은 박종철 고문치사 사건과 전두환의 4·13 호헌 조치를 계기로 발생하였다.
③ 7·4 남북 공동 성명(1972)에 대한 설명이다.

7 ④

〈보기〉의 ㉠~ⓔ 모두 옳은 설명이다.

8 ③

ⓒ 효종 7년(1656) → ⓛ 숙종 8년(1682) → ⓔ 영조 27년 (1751) → ㉠ 정조 17년(1793)

9 ①

② 밭농사를 한 것은 청동기 시대이다.
③ 청동기 시대에 대한 설명이다.
④ 민무늬토기는 청동기 시대의 대표적인 토기이다.

10 ④

① 9서당은 신라인, 고구려인, 백제인뿐만 아니라 말갈인 등 다양한 사람으로 구성되었다.
② 의천이 천태종을 창시한 고려 중기 이후, 수도인 개성을 중심으로 권력과 밀착하여 득세하였다.
③ 신라 중대 때는 무열왕의 직계 자손들이 즉위하면서 비교적 강력한 왕권을 행사하였다.

11 ④

〈보기〉의 인물들은 6두품 출신으로 모두 당나라의 빈공과에 급제하였다.

12 ③

〈보기〉의 어록을 남긴 인물은 '지청천'이다. 지청천은 한국 독립당 창당에 참여하였고 한국 독립군 총사령관을 지냈다.
① 김두봉 ② 양세봉 ④ 김원봉

13 ②

〈보기〉의 빈칸에 공통적으로 해당하는 국가는 '금나라'이다.
①④ 거란
③ 몽골, 동진국

14 ②

(개) 7·4 남북 공동 성명(1972), (내) 6·15 남북 공동 선언 (2000)
㉠ 1998년
ⓛ 1972년
ⓒ 2000년 9월
ⓔ 1991년

15 ④

① 북방의 여진족을 몰아내고 4군 6진을 개척한 것은 세종 때이다.
② 왜란이 끝난 후 선조 40년에 일본의 요청으로 통신사를 파견하여 국교를 재개하였다.
③ 북학운동은 북벌운동 실패 이후 한계를 느낀 지식인들에 의해 주장되었다.

16 ②

② 병인양요와 관련된 설명이다.
① 어재연이 이끄는 조선군은 광성보와 갑곶 등에서 미군을 상대로 승리를 거두었다.
③ 양헌수 부대는 정족산성에서 프랑스군에 대항하였다.
④ 평양감사 박규수는 화공작전을 펴서 미국 상선 제너럴 셔먼 호를 불태우고 선원을 몰살하였다.

17 ②

② 유교의 적서구분에 의해 서얼에 대한 차별이 있었으나 신분 상승 운동으로 정조 때부터 서얼들을 관리로 등용하기 시작했다.

18 ③

③ 경신학교는 1886년에 미국 초대 선교사 언더우드가 서울에 설립한 중등과정의 사립학교이다. 고종의 교육 입국 조서(1895)에 따라 세워진 학교로는 한성중학교, 의학교, 상공학교, 광무학교 등이 있다.

19 ③

『성학십도』를 집필한 인물은 '이황'이다. 이황은 이기이원론을 계승하여 기(氣)보다는 이(理)를 중시하였으며, 예안향약을 만들었다.
① 박세무
② 이이
④ 기대승

20 ④

④ 대한민국의 제15대 대통령인 김대중은 헌정 사상 처음으로 대선결과에 따라 평화적인 정권교체를 실현하였다.
① 사사오입개헌(1954)은 이승만 정권이 장기 집권을 위해 초대에 한해 대통령의 중임 제한을 철폐하고자 한 것이다.
② 유신개헌(1972)에서는 박정희 정권이 장기 집권을 위해 대통령 선거를 직접 선거에서 간접 선거로 변경하였다.
③ 노태우 민정당 대표위원의 '6 · 29선언'으로 직선제 개헌 시국수습특별선언이 발표되었으며, 이후 선거를 통해 노태우 정부가 출범하였다.

2019. 4. 6.
인사혁신처 시행

---

1 ③

청동기 시대에는 일부 저습지에서 벼농사가 시작되면서 반달돌칼과 같은 정교해진 간석기를 생활용 도구로 활용하고 민무늬 토기, 미송리식 토기 등도 제작되었다. 청동기가 무기와 의식용 도구로 사용되면서 비파형동검, 거친무늬 청동 거울이 제작되었으며 계급의 분화로 지배층의 무덤으로 고인돌이 제작되었다.
① 구석기 시대
② 철기 시대
④ 신석기 시대

2 ④

(가)는 부여, (나)는 동예의 제천 행사이다. 부여는 5부족 연맹 체로 이루어진 연맹 왕국으로 부족장인 제가(마가, 우가, 구가, 저가) 세력들이 사출도를 통치하였다. 왕 밑에는 대사자, 사자와 같은 관리를 두기도 했다. 동예는 군장 국가로 읍군, 삼로라는 군장이 통치하였으며 족외혼, 책화 등의 풍습이 있었고, 특산물로 단궁, 과하마, 반어피가 생산되었다.
① 초기 고구려 ②③ 삼한

3 ③

제시된 사료는 고려 인종 4년(1126) 이자겸과 척준경의 주장에 따라 금의 사대 요구를 수용한 내용으로 고려 인종 때 발생한 이자겸의 난이다. 당시 고려는 금국의 사대 요구에 대하여 이자겸을 비롯한 중신들이 금국과의 사대관계 요구를 수용하자는 주장을 받아들였다. 이후 이자겸과 척준경에 의해 이자겸의 난이 발생하지만 실패로 끝나게 되었고, 금국과의 사대 관계 체결에 반대하면서 묘청, 정지상을 중심으로 한 서경 세력이 서경천도운동을 일으켰다. 서경파는 고구려 계승 정신을 표방하고 국호를 대위국으로 바꾸고 칭제건원을 할 것을 왕에게 건의하였다. 나아가 금국을 정벌하여 북진정책을 지속할 것을 주장하였지만 김부식을 중심으로 한 개경파에 의해 진압되면서 서경천도운동은 실패하였다. 이자겸의 난과 서경천도운동은 문벌귀족 사회 내부의 분열을 드러낸 대표적인 사건이었다.
① 원간섭기 권문세족
② 고려 말 신진사대부
④ 고려 고종(최씨 무신정권 말기)

4 ③

1919년 일제의 무단통치에 저항하며 전 민족적 운동으로 나타난 3.1운동이다. 3.1 운동은 독립운동의 분수령 역할을 하면서 이후 대한민국 임시정부를 수립하는 계기가 되었다.
③ 고종의 밀지를 받아 조직된 독립운동 단체(1912)
① 전남 신안군에 발생한 대표적 소작쟁의(1923)이다.
② 정우회 선언(1926)을 계기로 신간회가 조직되었다.
④ 이상재를 중심으로 실력양성운동의 일환으로 조직(1922)

5 ④

밑줄 친 성상은 조선 성종이다. 경국대전은 조선 세조 때 편찬되기 시작하여 성종 때 완성되었다.
④ 세종 때 편찬되기 시작하여 성종 때 완성
① 조선 문종 ② 조선 중종 ③ 조선 세종

6 ①

고려 경종 원년에 시행된 전시과 체제이다. 경종 원년에 시행된 전시과를 시정 전시과라 하는데 관품과 인품을 기준으로 관리들에게 차등적으로 전지와 시지를 나누어 지급하였다. 이후 목종 원년에는 전지와 시지 지급 기준에 인품은 사라지고 관직을 기준으로 지급하였다. 문종 30년에는 경정 전시과를 시행하면서 전체 지급액수를 축소시키는 반면 무신에 대한 차별을 완화하였다. 더불어 토지 지급 액수의 부족으로 현직 관리 위주로 지급하였다.

② 경정전시과(고려 문종. 1076)

③ 과전법(고려 공양왕. 1391)

④ 역분전(고려 태조. 940)

7 ①

을미사변(1895)은 일제가 명성황후를 시해한 사건이다. 을사조약(1905)은 일제에 의해 대한제국의 외교권이 박탈된 사건으로 통감 정치가 시작되었다. 13도 창의군(1907)은 일제에 의한 한일신협약(정미조약)의 체결과 고종의 강제퇴위, 군대 해산에 반발하여 일어난 전국 단위 의병 조직으로 서울진공작전을 계획하고 실행하였으나 실패하였다.

① 황국중앙총상회 : 1898년

② 105인 사건 : 1911년

③ 방곡령 : 1889년

④ 보안회 : 1904년

8 ④

발해 무왕은 대조영의 아들로 대조영의 뒤를 이어 왕위를 계승하고 대외적으로 영토를 확장하고 일본과 교류하였다. 동북방 말갈족을 복속시켜 만주 북부 지역 일대를 장악하고, 장문휴로 하여금 당의 산동반도 등주를 공격하게 하였다. 인안(仁安)이라는 독자적 연호를 사용하였다.

① 발해 고왕(대조영)

② 발해 희왕(신라 헌덕왕 때 812)

③ 발해 문왕

9 ③

한국 독립군에 대한 내용으로 1931년 일제가 만주사변을 일으킨 후 한중연합작전이 본격화되기 시작하였다. 남만주 일대에서는 조선혁명당 산하 양세봉이 이끄는 조선혁명군이 중국 의용군과 연합하여 흥경성, 영릉가 전투에서 일본군을 격파하였다. 북만주 일대에서는 한국독립당 산하 지청천이 이끄는 한국독립군이 중국 호로군과 연합하여 쌍성보, 사도하자, 동경성, 대전자령 전투에서 대승을 거두었다.

① 조선혁명군

② 대한독립군단

④ 조선의용대

10 ①

신해통공(1791)은 정조 때 시행된 정책으로 육의전을 제외한 모든 시전에서의 금난전권을 폐지하였다. 조선 전기에는 시전에서 불법으로 상행위를 하는 난전을 단속하고 시전 상인들의 상권을 보호하기 위해 금난전권을 시행하였으나, 물가 상승과 사상들의 지속적인 반발로 금난전권을 폐지하였다.

11 ③

동명왕편은 고려 후기 이규보가 지은 한문 서사시로 고구려 동명왕(주몽)과 관련된 사실을 서술하고 있다. 고조선의 역사를 기록한 고려 후기의 작품으로는 일연의 삼국유사와 이승휴의 제왕운기가 있으며, 동명왕편과 더불어 고려 후기 자주적인 역사 인식을 보여주는 대표적인 역사서들이다.

12 ②

삼국유사는 고려 후기 충렬왕 때 승려 일연이 저술하였다. 삼국유사는 기사본말체 사서로서 고조선부터 삼국시대의 여러 사건을 순서에 맞게 배열하였다. 특히 고조선의 역사를 다루고 있다는 점에서 민족적, 자주적 의식을 고취시킨 점에서 그 의의가 있다.

① 각훈의 〈해동고승전〉 (고려 고종)

③ 서거정의 〈동국통감〉 (조선 성종)

④ 김부식의 〈삼국사기〉 (고려 인종)

13 ④

(가)는 전주화약이다.

동학농민운동은 1894년 고부민란에서 시작되었다. 고부 군수 조병갑의 횡포에 저항하여 전봉준을 중심으로 한 농민세력의 반발로 일어났고, 이에 정부는 안핵사 이용태를 파견하여 진상 조사를 하였지만 제대로 이루어지지 않았다. 동학농민군은 다시 백산에서 재봉기하여 관군을 상대로 황토현 전투에서 승리하여 전주성을 점령하였다. 전주성 점령 이후 폐정개혁안 12개조를 요구하였으나 이를 전부 관철하지는 못하고 정부와 전주화약을 체결하였다. 이 과정에서 농민 자치 기구인 집강소가 설치되었다. 그 사이 일본이 경복궁을 무단으로 점령하자 동학 남접과 북접은 논산에 집결하여 일본군을 몰아내기 위해 서울로 진격하던 중 공주 우금치 전투에서 일본군에게 패하여 동학농민운동은 실패로 끝나고 말았다.

14 ①

국호를 신라로 정한 것은 지증왕(500~514) 때이다. 지방 행정 구역을 9주 5소경으로 확정한 것은 신문왕(681~692) 때이다. 대공의 난은 혜공왕(765~780) 때 발생한 반란이다. 독서삼품과는 원성왕(785~798) 때 시행되었다.
① 신라 성덕왕(722)
② 신라 지증왕(509)
③ 고구려 고국천왕(194)
④ 신라 소성왕(799) → 경덕왕 때 녹읍이 부활한 것과 관련

15 ③

③ 부여 정림사지 5층 석탑이 아닌 익산 미륵사지 석탑에서 발견되었다.

16 ④

㈎ 교육기관은 서원이다.
조선 중종 때 풍기군수 주세붕이 건립한 백운동 서원이 우리나라 서원의 효시이다. 서원은 선현에 대한 제사와 학문 연구를 위해 설립된 기관으로 조광조가 사림의 지방 세력 기반을 확립하기 위해 전국에 서원과 향약을 보급하려 하였고, 명종 때 이황이 풍기군수로 임명되면서 서원에 대한 국가의 지원이 증가하게 되었다. 후에 서원을 중심으로 향촌 지배세력의 권한이 강화되면서 강력한 중앙집권체제를 시도한 흥선대원군에 의해 전국의 서원은 47개소만 남기고 모두 철폐되었다.
① 향교
② 서당
③ 성균관

17 ①

㈎ 조일무역규칙, ㈏ 조미수호통상조약
조일무역규칙(1876)은 쌀과 잡곡에 대한 일본으로의 무제한 유출을 허용한 불평등 조약이다. 조미수호통상조약(1882)은 2차 수신사로 파견된 김홍집이 황쭌셴의 〈조선책략〉을 도입하면서 러시아의 침략을 막기 위해 조선이 일본, 청, 미국과 연합해야 한다는 내용을 근거로 하여 체결되었다.
④ 조일수호조규부록(1876)은 강화도조약 체결 직후 강화도 조약을 보완하기 위한 것으로 일본 관리의 조선내 여행의 자유 보장, 개항장에서 일본인 거주지역 설정 및 일본 화폐 사용을 허가하는 내용이 포함되었다. 조러수호 통상조약(1884)은 임오군란 이후 청나라의 내정 간섭이 심해지자 이를 견제하고자 체결하였다.

18 ②

제시된 자료는 율곡 이이에 대한 연보이다.
이조전랑은 행정부 기능을 담당하는 6조 중 이조의 하급 관직으로 정5품 정랑과 정6품 좌랑을 합쳐 부르는 말이다. 비록 관직은 낮지만 삼사 관리 임명과 후임자 추천권을 가지고 있어 권한이 막강하였다. 동인과 서인으로 대비되는 붕당정치의 계기가 되기도 하였다.
① 승정원
③ 왕의 정책을 간쟁하는 기관은 사간원, 관원의 비행을 감찰하는 기관은 사헌부이다.
④ 궁중의 서적을 관리하고 경연 기능을 수행하였다. 서적 출판 및 간행의 업무를 전담한 기구는 교서관이다.

19 ②

제시된 자료는 박은식이 저술한 〈유교구신론〉 중 일부이다. 박은식은 〈유교구신론〉을 통해 유학 사상이 시대적 흐름에 역행한다는 것을 비판하며 보다 실천적인 유학 사상으로 재정립되어야 함을 강조했다. 그는 일제강점기 대표적인 민족주의 역사학자로서 민족 혼(정신)을 강조하면서 〈한국통사〉, 〈한국독립운동지혈사〉를 저술하기도 하였다.
① 정인보
③ 김구
④ 신채호

20 ②

㈏ 조선 건국 준비 위원회(1945) : 광복 직후 여운형, 안재홍을 중심으로 조직된 대표적 건국 준비 단체
㈐ 모스크바 3국 외상 회의(1945) : 1945년 12월 한반도 문제를 놓고 미국, 영국, 소련의 대표가 모스크바에 모여 회의
㈎ 좌우합작 7원칙(1946) : 여운형과 김규식을 중심으로 좌우 합작위원회 결성
㈑ 남북협상(1948) : UN소총회의에서 남한만의 단독 총선거가 결정되자 김구와 김규식이 남한만의 단독 정부 수립을 반대하고 통일 정부 수립을 위해 북과 연석 회의를 제의

1 ③

(가)는 옥저의 민며느리제, (나)는 부여의 제천 행사인 영고이다. 부여는 5부족 연맹체로 구성된 연맹 왕국으로 마가, 우가, 구가, 저가를 비롯한 제가 세력들이 사출도를 통치하였다.

① 동예
② 고구려
④ 변한

2 ①

(가)는 4세기 중반 백제 근초고왕(346~375), (다)는 4세기 말 광개토대왕(391~413) 때이다. 근초고왕은 안정된 체제를 바탕으로 대외 영토 확장을 시도하였고, 이 과정에서 고구려 평양성을 공격하여 고구려 고국원왕을 살해하였다. 고국원왕 사후 집권한 소수림왕(371~384)은 불교를 수용하고 율령 정비, 태학을 설립하여 중앙집권 체제를 마련하였다. 안정된 체제를 기반으로 4세기 말 광개토대왕은 대외 영토 확장을 시도하였다.

② 고구려 장수왕(413~491)
③ 고구려 동천왕(227~248)
④ 고구려 영양왕(590~618)

3 ④

시비법과 이앙법의 발달로 광작이 성행한 시기는 조선 후기이다. 광작의 유행은 농민층의 분화를 심화시켜 조선 후기 신분제를 동요시키는 계기가 되었다.

4 ④

㉠ 의방유취 : 조선 세종(1445)
㉡ 동의보감 : 조선 광해군(1610)
㉢ 향약구급방 : 고려 고종(1236)
㉣ 향약집성방 : 조선 세종(1433)

5 ④

강서대묘는 굴식돌방무덤으로 고구려 후기 무덤 양식이다. 고분 벽화가 그려질 수 있는 무덤은 굴식돌방무덤이다. 돌무지무덤은 고구려 초기 무덤 양식으로 장군총이 대표적이다.

6 ③

고려 태조 왕건은 후삼국을 통일한 후 민생 안정을 위해 취민유도 정책과 흑창을 설치했다. 한편 호족 세력을 통합하여 왕권을 강화하고자 혼인정책과 사성정책, 기인 제도, 사심관 제도를 실시했다.

① 고려 성종
② 기인제도와 사심관 제도는 고려 태조, 과거제는 고려 광종 때 시행되었다.
④ 고려 정종

7 ③

㉠ 의천 : 고려 전기 승려로 중국, 일본의 불교자료를 종합하여 '신편제종교장총록'을 간행하였다.
㉡ 보우 : 고려 말 공민왕 때 불교 개혁 운동을 전개하였다.
㉢ 요세 : 고려 후기 백련사를 중심으로 신앙 결사 운동을 전개하였다.
㉣ 지눌 : 고려 후기 수선사를 중심으로 신앙 결사 운동을 전개하면서 조계종을 창시하고, '돈오점수', '정혜쌍수'를 주장했다.

8 ①

조선 세종에 관한 내용이다. 세종은 노비들에 대한 처우를 개선하려 노력하였고, 사형수에 대해 3심제를 적용하는 금부삼복법을 제정하였다.

②④ 조선 태종
③ 조선 세조

9 ②

신라 선덕여왕 때 자장율사이다. 자장율사는 당에 들어가 구법수도한 이후 귀국하여 선덕여왕에게 황룡사 9층 목탑 건립을 제안하였다. 선덕여왕은 자장을 대국통에 임명하여 모든 승려들의 규범에 관한 일을 주관하도록 위임하였다. 이후 자장은 오대산 월정사를 창건하였다.

① 원광
③ 의상
④ 원효

10 ②

성혼(1535~1598)은 이이와 함께 서인의 학문적 원류를 형성한 인물이다. 임진왜란(1592) 당시 수도 한양이 왜적에게 점령당하여 선조가 의주로 피난 간 이후의 상황을 나타내고 있다.

① 병자호란 : 조선 인조(1636)
③ 삼포왜란 : 조선 중종(1510)
④ 이괄의 난 : 조선 인조(1624)

11 ①

고려 말 정도전이다. 정도전, 조준, 남은 등은 고려 말 혁명파 신진사대부로 전면적인 토지 개혁과 역성혁명을 주장하였다. 길재, 정몽주를 비롯한 온건파 사대부와 대립하였으며, 이성계와 손을 잡고 조선을 건국하는 일등 공신이 되었다. 강력한 중앙집권적 통치 체제보다 재상 중심의 정치를 주장하였으며 이후 이방원에 의해 제거되었다.
① 고려 말 성리학적 유교사관에 입각한 역사서 '사략'을 저술한 이제현이다.

12 ③

㈎는 강화도 조약(1876) 체결 당시 규정한 조일무역규칙, ㈏는 조일무역규칙 이후 개정된 조일통상장정(1883)이다. 조일무역규칙에서 일본은 조선에서 양곡의 무제한 유출과 일본 상품에 대한 무관세 조항을 규정하였다. 하지만 임오군란(1882) 이후 조선과 청 사이에 조청상민수륙무역장정이 체결되어 청 상인의 내지 통상권(한성 양화진)이 인정되자, 일본의 조일무역규칙을 개정한 조일통상장정을 체결한다. 조일통상장정에서는 관세권 설정, 방곡령 규정, 최혜국 대우 인정 등의 내용이 포함되어 있다.
① 화폐정리사업(1905)
② 갑신정변(1884)
④ 방곡령(1889)

13 ②

대한제국(1897~1910)이 선포되면서 광무개혁을 추진하였다. 광무개혁은 황제권을 강화하는 것을 목적으로 시행되어 군사적으로 원수부 설치, 시위대와 진위대를 대폭 증강했다. 경제적으로는 금본위 화폐제 개혁, 양전 사업을 통한 지계를 발급했으며, 황실 재정 담당 기구인 궁내부 내장원의 기능을 확대하였다.
② 독립신문은 독립협회가 창간했으며, 대한제국은 입헌군주제를 지향하는 독립협회를 해체하고자 하였다.

14 ②

② 윤지충으로 인해 발생한 천주교 탄압 사건은 정조 때 일어난 신해박해(1791)이다. 신해박해는 최초의 카톨릭 교도 탄압 사건이다. 기해박해(1839)는 조선 헌종 때 발생한 사건이다.

15 ④

대한민국 임시정부는 조소앙의 삼균주의를 건국 강령으로 채택하였다. 조소앙의 삼균주의는 정치, 경제, 교육의 균등을 실현하고자 하였다. 대한민국 임시정부는 한국광복군을 조직하여 연합군에 가담하여 대일 항쟁에 나섰고, 동시에 미국 정보기관인 OSS로부터 훈련을 받으며 국내 진공 작전을 준비하였다.
① 대한민국 정부 수립(1948)
② 대한독립군단(1921)
③ 좌우합작위원회(1946)

16 ③

의열단 선언문인 신채호의 '조선독립선언'(1923)이다. 의열단은 1919년 김원봉이 조직하였으며 나석주, 김상옥 등을 중심으로 항일 무장 활동을 전개하였다. 이후 의열 조직 투쟁의 한계를 느낀 김원봉은 중국 황포군관학교에 입학하여 군사 훈련을 받고 조선혁명간부학교를 설립하였다. 1935년에는 민족혁명당을 조직하여 항일 투쟁을 전개하였다.
① 한인 애국단
② 북로군정서
④ 원산노동자 총파업

17 ①

일제는 1930년대 전시 체제를 대비하고 부족한 전쟁 물자를 보충하기 위해 국가총동원법(1938)을 선포하였다. 이후 강제 징용과 징병, 공출제가 실시되었다. 군대 보충을 위한 징병제는 지원병제도(1938), 징병제도(1943), 학도지원병제도(1943)으로 시행되었다. 정신대는 여자정신대근로령(1944)을 제정해 강제 동원하였다.

18 ③

고종 때 흥선대원군에 의해 이루어진 경복궁 중건 사업이다. 흥선대원군은 왕실의 권위를 회복하기 위해 경복궁을 중건하였고 부족한 재정은 원납전 징수와 당백전 발행을 통해 해결하고자 하였다. 또한 세도정치의 폐단을 개혁하기 위해 비변사를 철폐하고 의정부와 삼군부의 기능을 강화하였다.
① 조선 후기 정조, 순조 때의 문인 김정호의 작품이다.
② 조선 후기 철종 때 삼정의 폐단을 시정하기 위해 설치되었다.
④ 임진왜란 이후이다.

19 ④

대한민국 정부 수립 이후 제정된 농지개혁법(1949)이다. 토지의 유상매입, 유상분배를 원칙으로 정부가 매입한 농경지는 3정보를 상한선으로 농민에 분배하여, 해당 토지 생산량의 30%를 5년 기한으로 곡물이나 금전으로 상환하게 하였다.

20 ③

1960년대 박정희 정부는 경제 개발을 위한 자본 마련을 위해 베트남 파병을 결정하였다. 한국과 미국은 국군을 베트남에 파병하는 조건으로 미국의 경제적, 군사적 원조를 약속받는 조건으로 브라운 각서를 체결하였다. 이는 1960년대 경제개발계획을 추진하는 데 기여하였다.
ⓒ 발췌개헌안(1952) : 이승만 정권 당시 이루어진 대통령 직선제 개헌안이다.
ⓔ 한 · 미 상호방위원조협정 : 1950년에 체결되었다.

2019. 6. 15.
제2회 서울특별시 시행

---

1 ②

② 진대법은 고구려 고국천왕 때 시행된 빈민 구휼 제도이다.

2 ②

ⓐ 6좌평제와 16관등제 및 백관의 공복 제정 : 고이왕(234~286)
ⓑ 고구려 평양성을 공격 : 근초고왕(346~375)
ⓒ 지방에 22담로 설치 : 무령왕(501~523)
ⓓ 불교 수용 : 침류왕(384~385)

3 ④

금관가야의 시조인 김수로왕에 관한 삼국유사의 내용이다. 가야는 6가야 연맹으로 이루어진 연맹왕국으로 고대 국가로 발전하지는 못하였으나, 철 생산이 풍부하여 중계무역의 이익을 독점하였다.
① 백제 침류왕
② 백제 정사암 회의
③ 신라 화백회의

4 ③

③ 발해의 대외 무역에 있어 가장 비중이 큰 나라는 당이었다. 발해 건국 초기에는 일본과 교류하며 신라를 견제하고자 하였다. 하지만 이후 발해는 신라도를 통해 신라와 교류하였다.

5 ②

② 원측은 7세기 신라의 승려이다.

6 ①

고려 지방 행정 체계는 5도 양계로 5도는 일반 행정 구역으로 안찰사를 임명하고 주현군을 설치하였다. 하지만 북방의 군사적 요충지인 양계에는 병마사를 임명하고 그 특수성을 반영하여 주진군을 별도로 설치하였다.
②③④ 고려의 중앙군은 2군 6위로 구성되어 있고, 이들은 모두 직업 군인으로 군인전을 지급받았으며, 직역은 세습되었다.

7 ④

고려 성종은 최승로가 건의한 '시무 28조'를 토대로 유교 정치이념에 입각한 중앙집권체제를 정비하였다. 전국에 12목을 설치하여 지방관을 파견하고, 중앙 정치 조직을 정비하였다. 특히 유교 정치이념에 따라 유교 이외의 사상과 종교를 배제하고자 하였다. 그 일환으로 불교와 도교 관련 행사인 연등회와 팔관회를 축소시켰다.
① 고려 태조
② 고려 광종
③ 고려 예종

8 ②

재조대장경은 무신집권기인 고려 고종 때 최우가 대장도감을 설치하여 완성하였다. 당시 몽고의 침입으로 전기에 제작된 초조대장경이 불타자 불교의 힘으로 외세의 침입을 막아내고자 만들었다. 초조대장경의 소실은 거란이 아닌 몽고의 침입으로 발생했다.

9 ①

고려 최씨 무신집권 초기(고려 신종, 1198) 최충헌의 노비였던 만적이 일으킨 난이다. 무신집권기에는 하극상이 빈번하여 사회가 극도로 혼란하였고, 만적을 비롯한 사노비들이 이 틈을 이용해 신분 해방 운동을 전개했지만 실패하였다. 이 외에도 무신집권기에는 농민들에 대한 무신의 수탈 강화와 집권 세력의 일탈로 민생이 불안정해지자 전국에서 각종 민란이 발생하였다. 공주 명학소의 망이·망소이의 난, 운문·초전의 김사미·효심의 난 등이 대표적이다.
① 고려 문종(1046~1083)

10 ①
조선 태종은 저화의 유통과 보급을 위해 사섬서를 설치하였다. 하지만 저화에 대한 백성들의 불신 때문에 제대로 유통되지 못하였고, 이후 조선통보(1425)가 발행되면서 저화의 유통량은 더욱 줄어들게 되었다.
② 숙종
③ 고종(대한제국 광무개혁)
④ 세종

11 ③
조선 후기 방납의 폐단이 심해지자 이를 개혁하기 위해 광해군 때 시행된 제도가 대동법이다. 대동법은 특산물 대신 토지 1결당 미곡 12두나 포, 화폐 등으로 대납할 수 있게 만든 제도이다. 대동법 실시 지역은 광해군 때 이후 점차 확대되어 숙종 때에는 평안도와 함경도를 제외하고 전국에서 실시되었으며, 이를 관할하는 관청으로 선혜청을 설치하였다. 국가는 관청수요품을 조달하기 위해 어용 상인인 공인으로부터 물품을 조달하였다. 그 결과 상품 화폐 경제가 발달하는 계기가 되었다.
③ 덕대는 조선 후기 광산을 경영하던 사람이다.

12 ①
(가)는 정약용의 여전론, (나)는 이익의 한전론이다. 정약용과 이익은 유형원과 더불어 조선 후기를 대표하는 중농주의 실학자들이다. 이들은 토지 개혁을 통한 민생 안정을 주장하였다. 정약용은 마을 단위로 토지의 공동 소유와 공동 분배를 주장하였다. 이익은 토지 소유의 하한선을 주장하며 영업전을 보장하여 이의 매매를 금지할 것을 주장하였다. 유형원은 토지 소유의 균등한 분배를 추구하는 균전론을 주장하였다.

13 ③
㉠ 동의보감 : 조선 광해군(1610)
㉡ 마과회통 : 조선 정조(1798)
㉢ 의방유취 : 조선 세종(1445)
㉣ 향약구급방 : 고려 고종(1236)

14 ④
대동여지도는 철종 때 김정호에 의해 제작된 지도이다. 김정호는 기존의 청구도를 수정 및 보완하여 대동여지도를 완성했고, 목판본으로 제작하였고 현재 그 일부는 남아있다.

15 ③
위정척사운동은 개항을 반대하고 성리학적 질서를 회복하고자 양반 유생들을 중심으로 전개된 운동이다. 기정진과 이항로를 중심으로 통상반대 운동(1860년대), 최익현 중심의 개항반대 운동(1870년대), 이만손, 홍재학(영남만인소)을 중심으로 개화반대 운동(1880년대)이 전개되었다. 이후 위정척사 운동은 의병 운동으로 이어졌다.

16 ④
보빙사(1883)는 조미수호통상조약 체결 이후 미국을 시찰하기 위해 파견된 사절단이다. 조미수호통상조약 체결 이후 조선은 다른 서구 열강들과 불평등 조약을 연이어 체결하였다. 이후 열강들은 불평등 조약을 빌미로 각종 이권을 강탈하였다. 미국은 평안북도 운산·수안 금광 채굴권을 강탈했다.
① 청일전쟁에서 승리한 일본이 청으로부터 랴오둥 반도를 할양받자 이에 러시아, 독일, 프랑스가 반대한 사건
② 러시아
③ 영국

17 ④
1907년에 체결된 한일신협약(정미 7조약)이다. 초대 통감이었던 이토 히로부미는 을사늑약 체결 이후 정미조약을 체결하면서 대한제국의 외교권과 행정권을 장악하고 차관 정치를 시행하였다. 당시 헤이그 특사 파견을 빌미로 일제는 고종을 강제 퇴위시키고, 군대를 해산하였다.
④ 헤이그 만국평화회의에 특사를 파견한 것은 정미조약 체결 이전이다.

18 ③
㉠ 물산장려운동 : 1923년
㉡ 3·1 운동 : 1919년
㉢ 광주학생항일운동 : 1929년
㉣ 6·10 만세운동 : 1926년

19 ④

1960년에 발생한 4.19혁명이다. 4.19혁명은 자유당의 3.15 부정선거를 계기로 일어난 민주화 운동으로 그 결과 이승만 대통령이 하야하고, 자유당 정권을 무너뜨렸다. 이후 허정 과도 정부를 거쳐 윤보선을 대통령, 장면을 총리로 하는 장면 정부가 수립되었다. 민족자주통일중앙협의회는 4.19혁명 이후 1960년 9월에 혁신계 인사들에 의해 조직된 단체로, 자주·평화·민주의 3대 원칙하에 남북통일을 위한 국민운동을 전개할 것을 결의하였다.

④ 진보당 사건 : 1958년

20 ②

박정희 정권의 유신헌법(1972)이다. 박정희는 영구 집권을 위해 헌법을 개정하는 유신체제를 단행하였고 이 과정에서 대통령 선출 방식을 직선제에서 간선제로 바꾸었다. 당시 재야 인사들이 명동성당에 모여 '3·1 민주구국선언'을 발표하는 등 유신 독재 체제를 반대하는 운동이 전국적으로 일어났다.

① 한일협정(1965) 체결 반대

③ 반민족행위특별조사위원회 설치 : 1948년

④ 민생안정을 위해 농가 부채 탕감, 화폐 개혁 등 실시 : 5.16 군사 정변(1961) 직후

2020. 5. 30.
제1차 경찰공무원(순경) 시행

---

1 ②

구석기 시대는 석기를 다듬는 기술에 따라 전기, 중기, 후기로 나눈다. 중기 구석기 시대에는 격지를 잔손질하여 만든 도구를 사용하였다. 흑요석은 화산암으로써 구석기 이후 원거리 지역들과의 교역을 통해서 유입되었다. 신석기 시대는 주로 강가나 해안가 근처에 취락이 발달했지만 청동기 시대에는 저습지에서 농경이 발달하면서 취락이 낮은 구릉지로 이동한다. 이 때문에 이전보다 조개잡이나 어로 활동이 줄어 패총이 많이 발견되지 않는다.

② 목책이나 환호는 방어용 시설로 청동기 시대 이후에 만들어졌다.

2 ③

영락 6년(396)은 고구려 광개토대왕의 백제 토벌이 이루어진 시기이고 영락은 광개토대왕의 연호이다. 당시 광개토대왕은 백제를 공격해 아신왕의 항복을 받아냈고, 이후 장수왕 대에는 평양성으로 천도하여 적극적인 남하정책을 추진하였다. 이에 대항하여 백제와 신라는 나제동맹을 체결하였다.

① 백제 근초고왕(371)

② 백제 침류왕(384)

④ 백제 근초고왕(4세기)

3 ②

6세기 신라 진흥왕의 대가야 정벌에 관한 내용이다. 진흥왕은 화랑도를 정비하여 대외적 팽창을 시도하였고 그 결과 한강유역뿐만 아니라 함경북도까지 신라의 영역을 확장하였다. 이 과정에서 단양 적성비를 비롯하여 창녕비, 북한산비, 황초령비, 마운령비 등 4개의 순수비를 세웠다.

① 신라 법흥왕

③④ 신라 지증왕

4 ①

무열왕 김춘추에 관한 내용이다. 무열왕은 최초의 진골 출신의 왕으로 이후 무열왕계 직계자손의 왕위가 확립되었다. 왕권 강화를 위해 집사부 시중의 권한을 강화시키고, 왕의 근친에게 봉작하던 갈문왕 제도가 폐지되고 상대등의 권한도 약화시켰다.

②④ 신라 선덕여왕(7세기)

③ 신라 진덕여왕(7세기)

5 ④

신라 초기 무덤 양식은 돌무지덧널무덤으로 천마총과 황남대총 등이 이에 해당한다. 신라 후기에는 굴식돌방무덤이 발달하는데 특히 무덤 둘레에 12지 신상을 조각하기도 하였다. 고구려와 백제의 초기 무덤양식은 돌무지무덤으로 장군총이 이에 해당한다. 이후 후기에는 굴식돌방무덤이 발달하면서 무덤 내부에 벽화를 그려넣었으며, 특히 백제 무령왕릉은 중국 남조의 영향을 받은 대표적인 벽돌무덤 양식이다.

④ 신라의 돌무지덧널무덤은 신라 고유의 무덤 양식이다.

6 ②

삼국시대의 경제 생활에 있어 당시에 개인 소유의 민전이 실제로 존재했고 생산량의 일정 부분을 조세로 납부하였다. 자기 소유의 토지가 없는 농민들은 남의 토지를 빌려 경작하고 지세를 납부하기도 하였다. 수공업 체제는 민간 수공

업보다 관청 중심의 수공업이 발달했으며, 신라의 삼국 통일 이후에는 인구의 증가로 인하여 경주에 서시와 남시가 설치될 정도로 상업이 이전보다 발달하였다.
② 녹비법, 퇴비법 등의 시비법이 발달하고 윤작법이 보급되어 생산력이 증가한 시기는 고려 시대이다.

7 ④
ⓒ 왕건이 국호를 고려라 정하고 송악으로 천도하였다.(918)
㉠ 후백제의 견훤이 경주를 침공해 경애왕을 죽였다.(927)
㉣ 고려가 공산 전투에서 후백제에게 패하였다.(927)
ⓒ 후백제의 신검이 견훤을 금산사에 유폐시켰다.(935)

8 ②
고려시대의 토지제도는 태조 때 역분전 지급이 시작이었다. 역분전은 주로 개국 공신들에게 지급된 토지로 충성도, 공훈, 인품 등을 고려한 논공행상적 성격의 토지제도였다. 이후 전지와 시지를 지급하는 전시과 체제가 실시되었는데 경종 원년에 관품과 인품을 기준으로 지급하였다. 이후 목종 원년에는 개정전시과가 실시되어 인품이 사라지고 관만으로 기준으로 지급하였다. 문종 30년에는 경정전시과가 실시되어 무신 차별을 완화하고 현직 관리 위주로만 지급하였다.
② 시정전시과는 경종 때 시행되었다.

9 ③
ⓒ 『향약구급방』 간행 : 고려 고종(1236)
㉣ 황룡사 9층 목탑 소실 : 고려 고종(1238)
㉠ 팔만대장경(재조대장경) 완성 : 고려 고종(1251)
ⓒ 『삼국유사』 편찬 : 고려 충렬왕(1281)

10 ①
고려 후기 충렬왕 때의 내용으로 고려 시대 사회 제도에 관한 내용이다. 고려 시대 건축 양식으로는 주심포 양식 이외에 후기 양식으로 다포 양식이 등장한다. 주심포 양식은 공포가 기둥 위에만 존재하지만 다포 양식은 기둥과 기둥 사이에 여러 개의 공포가 있어 화려한 모습을 보이고 조선 시대의 건축 양식에도 영향을 주었다. 성불사 응진전은 고려 시대의 대표적인 다포 양식이다. 자기 문화에서는 독자적인 상감기법이 개발되었지만 원 간섭기 이후에는 퇴조하였고, 왕실과 귀족들의 요구로 불화도 많이 그려졌다.
① 법주사 쌍사자 석등은 통일신라 성덕왕 때 유물이다.

11 ①
신찬팔도지리지(1432)는 조선 세종 때 편찬된 인문지리지이고, 동국지도(1463)는 조선 세조 때 양성지가 제작한 지도이다. 동국통감(1485)은 조선 성종 때 서거정이 작성한 역사서로 고조선~고려의 역사를 기록한 통사이다.
②③ 고려사절요(1452)와 동국병감(1452)은 조선 문종 때 간행되었다.
④ 향약집성방(1433)은 조선 세종 때 간행되었다.

12 ④
호적은 조세 수취의 근거 자료이다. 일반적으로 호적은 3년에 한 번씩 관청에서 호주의 신고를 받아 작성하였다. 호적에 관료였던 양반은 관직과 품계를 기록하고 관직에 몸담지 않은 양반은 유학이라고 기록하였다. 호적에는 호의 소재지, 호주의 직역과 성명, 호주와 처의 연령, 본관과 4조(부, 조부, 증조부, 외조부) 등을 적었다. 호적에 평민은 보병이나 기병 등 군역을 기록하였으며, 노비는 이름을 기록하였다. 보기의 내용은 모두 옳은 내용이다.

13 ①
보기는 남인 세력인 윤선도의 오우가(五友歌)이다. 서인이 주도한 인조반정 이후 남인은 서인과 정계에서 충돌하는데 그 대표적인 사건이 현종 대에 있었던 2차례의 예송논쟁(기해예송, 갑인예송)이다. 예송논쟁은 효종과 효종 비의 국상 문제를 둘러싸고 복상 기간을 어떻게 정할지에 대하여 서인과 남인의 의견 대립으로 나타났다. 서인은 효종이 장자가 아니기 때문에 국상 문제에 있어 왕의 예법이 일반 사대부와 같다는 논리를 내세우며 효종 사후 복상기간을 1년(기년설), 효종 비 사후에는 9개월(대공설)을 주장하였다. 반면 남인 세력은 효종의 왕위 정통성을 인정하면서 왕의 예는 일반 사대부와 다르기 때문에 효종 사후 복상기간을 3년, 효종 비 사후에는 1년(기년설)을 주장하였다.
② 서인의 주장이다.
③ 북인세력이다.
④ 노론세력이다.

14 ④

조선 후기 영조의 탕평책에 관한 내용이다. 영조는 붕당정치의 폐단을 개혁하고 왕권을 강화하기 위해 탕평책을 시행하였다. 이를 위해 탕평파를 육성하고 서원을 정리, 이조전랑직의 권한 축소, 산림의 공론 축소를 시행하였고 속대전(법전), 속오례의(의례서)를 편찬하였다. 또한 민생 안정을 위해 신문고 제도를 부활시키고 균역법을 시행하여 군포 납부의 부담을 경감하였다. 동국문헌비고는 일종의 백과사전으로 영조 때 홍봉한이 저술하였다.

①②③ 조선 후기 정조 때 시행된 탕평책과 상공업 진흥 정책 등이다.

15 ②

동학농민운동(1894)은 교조신원운동 이후 동학교세가 확장되면서 발생하였다. 고부군수 조병갑의 횡포에 저항하여 전봉준을 중심으로 고부민란(1894. 2)이 발생했지만 사태 수습을 위해 부임한 안핵사 이용태의 폭정으로 동학농민군은 백산에서 재봉기(1차 봉기)하였다. 이후 황토현, 황룡촌(1894. 5) 전투에서 승리하며 전주성까지 진격하여 전주성을 점령하였다. 이에 위협을 느낀 정부는 청에 원군을 요청했고 갑신정변 이후 체결된 톈진조약에 의거하여 일본도 동시에 군대를 파견했다. 하지만 정부와 동학농민군 사이에 전주화약이 체결(1894. 6)하고 집강소가 설치되었다. 그 해 7월 일본군이 청일전쟁을 일으키며 경복궁을 무단점령하였고, 이에 손병희를 중심으로 한 북접과 전봉준의 남접이 충남 논산에서 집결하여 일본군을 몰아내기 위해 서울로 진격하였다. 하지만 충남 공주 우금치 전투에서 일본군에 패배하며 동학농민운동은 실패하였다.

① 황룡촌 전투는 동학농민군의 전주성 점령 이전이다.

③ 전주 화약은 일본군의 경복궁 점령 이전이다.

④ 백산에 '호남창의대장소'를 설치한 것은 전주성 점령 이전이다.

16 ④

갑신정변 이후 한반도 중립화론을 주장한 유길준이다. 유길준은 박규수 문하에서 공부한 대표적인 개화지식인으로 조사시찰단에 어윤중의 수행원으로 참여하며 일본에 유학한 최초의 유학생이었다. 이후 보빙사 민영익의 수행원으로 미국에 다녀왔으며 1894년 제1차 갑오개혁 당시 군국기무처의 회의원으로 참여하였다. 저서로는 『대한문전』, 『서유견문』, 『구당시초』 등이 있다.

① 홍영식

② 박영효

③ 서광범

17 ④

대한제국의 광무개혁은 구본신참의 원칙 아래 황제권 강화를 목적으로 하였다. 이를 위해 '대한국 국제 9조' 제정 및 반포하고 군제를 개편하였다. 또한 국가 재정 확충을 위하여 양전사업을 실시하여 지계를 발급하고 황실 재정을 담당하는 내장원의 기능을 확대하고, 이를 바탕으로 황실 주도의 개혁 사업을 추진하였다. 이 외에도 실업교육을 강조하며 상공업 진흥책도 병행하였다.

④ 제2차 갑오개혁에 해당하는 내용이다.

18 ③

한일의정서(1904)는 한반도의 주도권을 놓고 러시아와 일본이 러일전쟁을 치르는 과정에서 일본에 의해 체결된 협약으로 전쟁에서 필요한 지역의 자유로운 사용을 허용한다는 내용이 규정되어 있다.

① 한일 신협약(1907)

② 1차 한일 협약(1904)

④ 을사늑약(1905)

19 ③

ⓒ 대한광복군 정부(1914) : 이상설과 이동휘를 각각 정·부통령으로 선출

㉠ 봉오동전투(1920) : 대한 독립군(홍범도), 군무 도독부군(최진동), 국민회군(안무) 연합

ⓛ 상하이 홍커우 공원 의거(1932) : 한인애국단 소속 윤봉길

ⓔ 민족혁명당(1935) : 김원봉 중심

20 ②

이승만 정부 때 이루어진 사사오입 개헌(1954)이다. 이는 초대 대통령에 한하여 중임제한을 철폐하는 개헌으로 이승만의 영구 집권을 위해 이루어졌다.

㉠ 조봉암은 3대 대통령 선거에서 무소속으로 출마하여 이승만에게 석패했지만 이후 진보당을 창당(1957)하여 차기 대선을 도모하였으나 국가보안법 위반으로 사형당했다.

ⓔ 정·부통령 선거에서 대통령에 자유당의 이승만, 부통령에 민주당의 장면이 당선된 것은 3대 대통령 선거(1956)의 결과다.

ⓛ 6·25 전쟁의 휴전 협상 중에 이루어졌다. (1953)

ⓒ 발췌개헌안(1952)

1 ④

6세기 신라 진흥왕(540~576) 대의 사실이다. 진흥왕은 화랑도를 정비하여 국력을 대외로 확장하여 대가야, 한강 유역, 함경북도까지 진출하는 등 신라 최대의 영토를 확보하였다. 이 과정에서 단양 적성비와 4개의 순수비(창녕비, 북한산 순수비, 황초령비, 마운령비)를 세웠다.

① 신라 성덕왕 대에 왕토사상을 기반으로 백성들에게 정전을 지급하였다.

② 신라 신문왕 때 설치한 교육 기관이다.

③ 신라 선덕여왕 때 설립되었다.

2 ①

고려 광종(949~975) 때의 사실이다. 광종은 귀족과 지방호족을 숙청하고 왕권 강화를 시도하였다. 이를 위해 과거제, 노비안검법을 시행하였다. 노비안검법은 불법으로 노비가 된 자들을 해방함으로써 지방호족들의 경제 및 군사적 기반을 약화시키는 동시에 국가 재정을 확충하는데도 기여하였다. 또한 광덕, 준풍 등의 연호를 사용하면서 중국과 대등한 세력이 되었음을 대내외적으로 표방하였다.

② 고려 경종 대에 실시하였다.

③ 고려의 유학 교육 기관으로 성종 대에 정비하였다.

④ 최승로의 '시무 28조' 건의에 따라 성종 대에 시행되었다.

3 ②

구한 말 역사학자인 박은식이다. 박은식은 기존의 관념적 성격의 성리학 체제를 비판하면서 실천적 유학인 양명학을 강조하는 〈유교구신론〉을 주장하였다. 또한 민족 혼을 강조하면서 〈한국통사〉, 〈한국독립운동지혈사〉를 남겼다.

① 김구가 조직한 단체로 이봉창, 윤봉길 의사 등이 애국 활동을 전개하였다.

③ 랑케의 실증주의 사학의 영향을 받아 조직한 단체로 이병도, 조윤제, 손진태가 주도하였다.

④ 〈조선혁명선언〉은 의열단 선언문으로 신채호가 작성하였다.

4 ①

1927년에 조직된 여성 단체 근우회이다. 근우회는 1920년대 민족 독립 운동이 사회주의 계열과 민족주의 계열로 분열된 상태에서 독립 달성이라는 동일한 목표를 위해 민족유일당 운동이 전개되면서 설립되었다. 그 결과 신간회가 설립되고 자매 단체로 근우회가 설립되었으며 여성 인권 운동에 앞장섰다.

② 신간회(1927) : 민족유일당 운동의 결과 설립된 단체이지만 여성 단체는 아니다.

③ 신민회(1907) : 애국 계몽 운동을 전개한 단체로 교육 및 식산흥업, 해외 독립군 기지 건설에 앞장섰다.

④ 정우회(1926) : 사회주의 계열 사상 단체로 정우회 선언문이 계기가 되어 민족유일당 운동이 가능했다.

5 ④

덕수궁에 관한 설명이다. 이전의 명칭은 경운궁으로 아관파천으로 러시아 공사관에 피신했던 고종이 다시 돌아온 곳이기도 하며 이후 대한제국을 선포하였다.

6 ①

고대 국가인 옥저에 관한 내용이다. 옥저는 고대 중앙 집권 국가로 성장하지 못하고 군장 국가의 모습을 지니고 있었다. 읍군과 삼로라는 군장이 국가를 통치했으며 일종의 매매혼인 민며느리제와 가족 공동묘인 골장제의 사회 풍속을 지니고 있었고, 제천행사에 대한 기록은 없다.

② 위만 조선(고조선) 대의 사실이다.

③ 천군은 삼한의 제사장이다.

④ 마가, 우가는 부여의 족장 세력으로 사출도를 통치하였다.

7 ②

임꺽정의 난은 조선 명종 대의 일이다. 명종은 12세의 어린 나이로 왕위에 즉위했기 때문에 어머니인 문정왕후 윤씨가 수렴청정을 하였다. 그 결과 문정왕후 동생인 윤원형을 중심으로 외척에 의한 정치가 이루어졌고 이 과정에서 을사사화가 발생하기도 하였다. 인종의 어머니였던 장경왕후 동생인 윤임을 중심으로 권력 다툼을 벌이기도 하였고, 일컬어 윤임 일파를 대윤(大尹), 윤원형 일파를 소윤(小尹)이라고 하였다.

① 조선 선조 대의 일이다.

③④ 삼포왜란과 조광조의 개혁정치는 조선 중종 대의 일이다.

8 ③

고려 숙종 때 여진 정벌을 위해 윤관이 주도하여 창설한 별무반이다. 별무반은 신기군, 신보군, 항마군으로 구성되어 여진 정벌을 단행하고 동북 9성을 축조하는데 결정적 역할을 담당하였다.
① 고려 정종 대에 거란족 침입에 대비하여 조직한 광군이다.
② 고려 현종 대에 거란족의 침입에 맞서 강감찬이 승리한 전투이다.
④ 고려의 중앙군으로 직업군인이었다.

9 ③

고령을 중심으로 하는 대가야에 대한 설명이다. 가야는 6개 연맹으로 구성된 국가로 전기 가야 연맹의 중심은 김해를 중심으로 성장한 금관가야였다. 하지만 고구려 광개토대왕의 남하로 세력이 약화되어 후기 가야 연맹의 중심지는 고령의 대가야로 이동하였다. 대가야가 대외로 세력을 확장하던 시기에는 전라북도 일부 지역까지 그 영향력을 행사하였다.
① 백제 성왕이 신라 진흥왕에게 한강 유역을 빼앗기자 벌인 전투로 관산성 전투에서 성왕은 전사하였다.
② 신라 지증왕 대의 일이다.
④ 고구려 광개토대왕 대의 일이고 그 결과 전기 가야 연맹의 중심이 무너졌다.

10 ④

8세기 발해 문왕(737~797) 대의 사실이다. 문왕은 이전 당나라와 적대 관계에서 벗어나 당과 교류를 하였다. 당시 신라는 성덕왕(702~737)에서부터 원성왕(785~798) 대에 해당한다. 이 중 원성왕 대에는 유교 경전을 토대로 시험을 치러 관리를 채용하는 제도였다.
① 7세기 신라 신문왕 대에 진골 귀족의 경제력을 약화시키기 위해 시행하였다.
② 9세기 신라 흥덕왕 대에 장보고가 설치하였고
③ 9세기 신라 진성여왕 대에 각간 위홍과 대구화상이 편찬한 향가집이다.

11 ②

조선 후기 북학파 실학자 박지원이다. 실용적, 실제적인 철학 사상을 가진 대표적인 실학자로 여러 분야에 걸쳐 학문에 관심을 가졌을뿐만 아니라 당시 양반 사회를 비판하고 풍자하는 작품을 남겼다. 그를 대표하는 저서로는 〈열하일기〉, 〈허생전〉, 〈광문자전〉, 〈양반전〉 등이 있으며 〈과농소초〉는 중국의 농학과 우리나라의 농학을 비교 연구한 것으로 농법과 토지제도의 개혁 등을 주장하였다.

① 『북학의』는 조선 후기 실학자 박제가의 저서이다.
③ 『의산문답』은 조선 후기 실학자 홍대용의 저서이다.
④ 『지봉유설』은 조선 후기 실학자 이수광의 저서이다.

12 ③

조선 세종 대의 일이다. 이종무로 하여금 왜구의 근거지인 대마도를 토벌한 것은 1419년이고, 공법(전분 6등, 연분 9등)을 실시한 것은 1444년이다. 〈농사직설〉은 세종 대(1429)에 편찬된 농서로써 우리 토양에 적합한 농법을 소개했고 이앙법도 소개되었다.
① 고려 공양왕 대에 신진사대부의 경제 기반 마련을 목적으로 시행되었다.
② 조선 세조 대에 세조의 집권에 반대하여 발생하였다.
④ 조선 태조 대의 일이다.

13 ②

강화도 조약(1876)은 운요호 사건을 계기로 체결된 우리나라 최초의 근대적 조약이자 영사재판권(치외법권), 해안 측량의 자유권 등을 인정한 불평등 조약이었다. 영선사(1881)는 김윤식을 중심으로 청에 파견된 사절단으로 청의 군사 시설을 시찰하기 위한 목적으로 파견되었으며, 귀국 후 기기창 설립에 영향을 주었다. 통리기무아문(1880)은 강화도 조약 체결 이후 개화 정책을 추진하기 위해 설치한 기구이다.
① 1차 갑오개혁을 추진하기 위한 기구로 설치되었다.(1894)
③ 2차 갑오개혁을 위한 국정 개혁의 기본 방향을 제시하였다.(1894)
④ 대한제국 선포 이후 황제권의 강화를 담은 내용이다.(1899)

14 ③

한양도성은 세계문화유산 등재 신청을 했지만 실현되지 않았다.
① 종묘 : 1995년에 등재
② 화성 : 1997년에 등재
④ 남한산성 : 2014년 등재

15 ②

해당 단체는 독립협회(1896~1898)이다. 독립협회는 열강의 이권 침탈이 심화되자 서재필을 중심으로 설립되었고 독립문 건립, 독립신문 창간 등의 활동을 하였다. 또한 만민공동회, 관민공동회를 개최하여 자주국권, 자유민권, 자강개혁 운동을 전개하였으며, 입헌군주제 등의 내용을 담은 〈헌의 6조〉를 제시하였다.

① 애국 계몽 운동 단체인 대한자강회이다. 대한자강회 월보를 간행하고 고종의 강제 퇴위 반대 운동을 전개하였다.
③ 황국협회에 관한 설명이다. 독립협회를 해산하는데 결정적 역할을 담당하였다.
④ 보안회에 대한 설명이다.

16 ②
신민회 회원이자 독립운동가인 이회영이다. 당시 일제의 국권 피탈 과정에서 장기적인 항쟁을 위해서는 국외 독립 운동 기지 건설이 필요하다 생각하여 그는 자신의 재산을 처분하여 남만주 삼원보에 신흥강습소와 자치 기구인 경학사(부민단) 설치하는데 결정적 역할을 담당하였다.
① 일제가 한글 보급 및 우리말 큰사전 편찬 시도를 탄압하고자 벌인 사건(1929)으로 최현배, 이윤재 등이 검거되었다.
③ 민족대표 33인에 포함되지 않았다.
④ 김구 선생이다.

17 ④
1960년에 개정된 3차 개헌이다. 4 · 19 혁명으로 이승만 정부와 자유당 정권이 붕괴되고 허정 과도 정부가 수립되면서 양원제(민의원, 참의원)와 내각책임제를 규정한 헌법 개정안을 통과시켰다. 이후 윤보선을 대통령, 장면을 내각 총리로 하는 새로운 정부가 수립되었다.
① 대통령 직선제 개헌을 담은 발췌개헌안이다(1952)
② 대통령의 중임 제한을 폐지하는 내용을 담은 개헌안이다.(1954)
③ 박정희 정부 때 개정된 7차 개헌안으로 유신 헌법을 지칭한다.(1972)

18 ①
해당 사건은 홍건적의 난으로 고려 공민왕 대에 발생한 사건이다. 당시 중국은 원명교체기라는 혼란한 상황이었고 이 과정에서 홍건적이 고려로 침입하여 발생한 사건이다. 진포 해전은 고려 우왕 대에 왜구가 쌀을 비롯한 물자 약탈을 위해 진포(군산)에 침입한 사건으로 당시 최무선이 개발한 화약 무기를 사용하여 승리할 수 있었다.
② 고려 고종 대 몽골의 2차 침입에서 발생한 사건이다.
③ 공민왕의 반원자주개혁 정책으로 홍건적의 난 이전의 사건이다.
④ 고려 고종 대 몽골의 침입에 저항하는 호국불교의 성격을 보여주는 유물이다.

19 ①
조선 숙종 대에 서인과 남인을 중심으로 하는 붕당정치 과정에서 발생한 환국이다. 환국은 경신환국, 기사환국, 갑술환국 세 차례에 걸쳐 발생하였는데, (가)는 경신환국이고 (나)는 갑술환국이다. 따라서 (가)와 (나) 사이에는 기사환국이 해당된다. 기사환국은 숙종과 희빈 장씨 사이의 아들 세자 책봉 문제를 둘러싸고 남인과 서인(노론)의 대립으로 발생한 사건이다. 이 과정에서 세자 책봉을 반대한 송시열과 김수항을 중심으로 한 노론 세력이 대거 몰락하였다.
② 효종과 효종 비 사후 복상문제를 놓고 서인과 남인이 대립한 사건으로 조선 현종 대에 발생했다.
③ 조선 선조 대에 발생한 사건이다.
④ 조선 효종 대에 발생한 나선정벌이다.

20 ③
(다) 조선건국준비위원회는 여운형과 안재홍을 중심으로 해방 직후 조직된 좌우합작 성격의 건국 준비 단체이다.(1945. 8)
(라) 모스크바 3상 회의에서 결정된 신탁통치안에 대해 국내 좌우익의 대립이 심해지자 이를 해결하고자 제1차 미·소 공동위원회가 열렸다.(1946. 3)
(나) 제1차 미소공동위원회 결렬 이후 좌우 대립의 문제를 해소하기 위해 여운형과 김규식이 좌우합작위원회를 조직하였다.(1946. 7)
(가) UN 소총회에서 남한만의 단독 총선거가 결정되고, 1948년 5월 10일 제헌의원을 선출하는 총선거가 실시되었다.

1 ②

신라의 고승 원효에 관한 설명이다. 그는 기존의 왕실 및 귀족 중심의 불교 사상을 대중화하고자 노력하였고 그 결과 아미타 신앙을 대중에게 보급하였다. 또한 일심 사상을 바탕으로 불교 종파들 간의 대립을 지양하면서 화쟁 사상(십문화쟁론)을 주장하였다. 〈대승기신론소〉, 〈금강삼매경〉을 저술하였다.

① 고려시대 각훈이 저술하였다.
③ 신라시대 혜초가 저술하였다.
④ 신라시대 의상이 저술하였다.

2 ③

ⓒ 대통령 직선제, 국회양원제 : 이승만 정부 때 이루어진 발췌개헌안(1952)이다. 발췌개헌안은 6 · 25 전쟁 중 임시 수도였던 부산에서 통과된 개헌안으로 이승만의 장기 집권을 위해 정.부통령 직선제, 양원제 국회(참의원, 민의원) 설치를 골자로 하였다.
ㄱ 대통령 3회 연임 허용 : 이승만의 장기 집권을 위해 이루어진 사사오입 개헌안(1954)이다.
ㄹ 대통령 통일주체국민회의에서 간선 : 박정희 정부 때 이루어진 유신헌법(1972)이다. 박정희는 1967년 선거에서 재선을 이루고 난 이후 장기 집권을 위해 1972년 유신헌법을 개정하여 통일주체 국민회의에 의한 임기 6년의 대통령 간선제를 실현하고, 긴급조치 명령을 규정하였다.
ㄴ 대통령 직선제 및 5년 단임 : 전두환 정부 때 이루어진 6 · 29 민주화 선언(1987)이다. 간선제로 임기 7년 단임제로 대통령에 집권한 전두환 정부 말기 국민들은 대통령 직선제를 요구했다. 이에 전두환 정부는 4 · 13 호헌조치를 통해 국민의 요구를 거부하였고 이에 1987년 6월 민주화 운동의 결과 6 · 29 민주화 선언이 발표되었다.

3 ②

조선 후기 중상학파 실학자(북학파)인 박제가의 주장이다. 그는 청의 문물을 적극적으로 수용할 것을 주장하며 상공업 육성, 수레와 선박의 이용, 소비 권장 등을 통해 부국강병을 추구하였다. 저서로는 〈북학의〉, 〈정유집〉, 〈정유시고〉가 있다.

① 조선 후기 중농학파 실학자인 유형원이 주장하였다.
③ 조선 후기 중농학파 실학자인 정약용이 주장하였다.
④ 조선 후기 〈발해고〉를 저술한 유득공의 주장이다.

4 ①

조선 전기 광업은 관청 중심으로 운영되었다. 하지만 조선 후기에는 민간에 광산 채굴을 허용하고 세금을 받는 설점수세제를 운영하였다. 특히 청과의 무역에서 결제 수단으로 은의 수요가 증가하면서 은광 개발이 활발해지면서 독점적 도매상인의 자본이 광산에 투자되고, 광산을 전문적으로 개발하고 경영하는 덕대를 고용하였다. 이 과정에서 자본과 경영이 분리되어 자본주의 맹아의 모습이 나타나기도 하였고, 광산에 잠입해 몰래 채굴하는 잠채가 성행하였다.

5 ④

고려 지방 행정 체계는 성종 때 최승로의 '시무 28조' 건의에 따라 순차적으로 이루어졌다. 고려 초 지방호족 및 귀족의 권한 강화로 중앙집권체제가 제대로 확립되지 않음을 비판하면서 지방관 파견을 통해 지방에 대한 중앙의 통제력 강화가 필요함을 건의하였다. 그 결과 전국에 12목이 설치되었고 전국을 5도 양계로 구분하였다. 5도는 일반 행정 구역으로 안찰사가 파견되었으며 그 밑으로 3경, 4도호부, 8목을 설치하였다. 양계는 북방의 국경 지대를 동계와 북계로 구분한 군사 행정 구역으로 병마사가 파견되었다. 5도 아래 지방관이 파견된 지역은 주현, 지방관이 파견되지 않은 지역은 속현이라 하였고 당시 속현이 주현의 수보다 더 많았다. 또한 특수 행정 구역으로 향, 부곡, 소가 존재하여 일반 주현보다 더 많은 조세와 부역을 부담하였다.

ㄱ 양계에는 병마사가 파견되었으며, 계수관은 3경, 4도호부, 8목의 수령을 지칭한다.

6 ①

해당 인물은 고려의 무신 최충헌이고 지문은 그의 노비였던 만적이 일으킨 난이다. 최충헌은 무신 집권자였던 이의민을 제거하고 정권을 잡은 인물로 앞선 무신들과 달리 체제를 안정시키고 무신들의 하극상에 대비하기 위하여 정무 기구인 교정도감과 군사적 기반인 도방을 설치하였다. 이를 기반으로 최씨 무신 정권은 이후 최우, 최항, 최의로 이어졌으며 몽고의 침입으로 무너졌다.

② 고려 광종의 왕권 강화 정책이다.
③ 고려 묘청의 서경천도 운동이다.
④ 고려 이자겸의 난이다.

7 ②

1905년 황성신문에 실린 장지연의 '시일야 방성대곡'이다. 1905년 체결된 제2차 한일협약(을사늑약)으로 통감부가 설치되고 대한제국의 외교권이 박탈되자 장지연은 황성신문에 사설 '시일야 방성대곡'을 실어 일본과 을사오적을 비판하였다. 을사늑약의 체결로 민영환은 자결하고, 을사의병이 일어나기도 하였다.

① 아관파천(1896)
③ 한일신협약(1897)
④ 한일병합조약(1910)

8 ③

㉮ 역분전(태조) : 고려 개국에 공을 세운 신하들에게 지급한 논공행상의 성격을 지닌 토지제도이다.
㉯ 시정전시과(경종) : 직관과 산관 모두에게 관품과 인품에 따라 전지와 시지를 차등 지급하였다.
㉰ 개정전시과(목종) : 직관과 산관 모두에게 관품을 기준으로 토지를 지급하였다. 인품은 사라졌다.
㉱ 경정전시과(문종) : 현직 관료 위주로 토지를 지급하였으며 무신에 대한 차별을 완화하였다.
③ 개정전시과 체제에서 산관은 여전히 토지를 지급받았으며, 경정전시과에서 산관에 대한 토지 지급은 소멸되었다.

9 ④

조선 후기 정조 대에 채제공의 건의에 따라 육의전을 제외한 시전상인들의 금난전권을 폐지한 신해통공(1791)이다. 정조는 즉위 후 붕당정치의 폐단을 개혁하기 위하여 탕평책을 실시하고 왕권을 강화하고자 하였다. 이를 위해 친 부대인 장용영과 규장각을 설치하여 정치 기구로 삼았다. 또한 신진 관료나 하급 관료들을 대상으로 재교육을 하는 초계문신제를 시행하였으며, 수원 화성을 세워 상공업 중심지로 육성하고자 하였다.

① 조선 후기 영조
② 조선 후기 숙종
③ 조선 후기 인조

10 ①

조선 세종 대에 편찬된 향약집성방이다. 세종은 중국 약재가 아닌 우리 풍토에 맞는 약재와 치료 방법이 필요하다는 점을 인식하여 유효통, 노중례, 박윤덕 등에 의해 향약집성방을 편찬하게 하였다.

② 조선 후기 광해군 대에 허준에 의해 편찬되었다.
③ 조선 전기 성종 대에 강희맹에 의해 편찬되었다.
④ 조선 전기 세종 대에 중국의 수시력과 아라비아 회회력을 참고하여 만든 우리의 역법서이다.

11 ③

조선 광해군 대 이원익의 건의에 의해 시행된 대동법이다. 임진왜란 이후 국토의 황폐화, 인구 감소 등으로 재정 부족 현상이 심화되었고 특히 공납에 대한 백성들의 부담과 방납의 폐단마저 심화되면서 이를 개혁하기 위해 시행되었다. 대동법은 가호마다 부과하던 공물 대신에 토지를 기준으로 1결당 미곡 12두나 포, 전 등으로 세금을 납부할 수 있게 한 제도이다. 이 법의 시행으로 공납에 대한 백성들의 부담이 경감되고, 조세의 금납화가 이루어지는 등의 변화가 나타났지만 지주들의 반대로 처음에 경기도에서만 시행되었다. 이후 전국적으로 실시되기까지 100여 년의 시간이 소요되었다.

㉠ 대동법이 시행되고 난 이후에도 별공과 진상은 여전히 남아 있어 농민들의 부담이 되었다.
㉣ 조선 세종 대에 시행된 공법 체제로 토지의 비옥도(전분 6등)와 풍흉의 정도(연분 9등)에 따라 조세를 차등 수취하였다.

12 ④

신석기 시대의 유물들이다. 신석기 시대에는 간석기를 사용하고 농경과 목축이 시작되었으며, 강가나 해안가에 거주지가 형성되었다. 특히 농경이 시작되면서 이와 관련된 토기와 도구들이 제작되었고, 갈돌과 갈판은 곡식을 갈아 음식을 먹는데 이용되었다. 신석기 시대의 대표적인 유적지로 서울 암사동과 부산 동삼동 유적지가 있다.

①② 청동기 시대의 유물이다.
③ 구석기 시대의 유적지이다.

13 ①

고대 국가인 부여에 관한 내용이다. 〈삼국지 위지 동이전〉에 실린 부여의 법률은 다음과 같다.

> (1) 사람을 죽인 사람은 사형에 처하고 그 집안사람은 적몰(籍沒)하여 노비(奴婢)로 삼는다.
> (2) 도둑질을 하면 12배를 변상케 한다.
> (3) 남녀 간에 음란한 짓을 하거나 부인이 투기하면 모두 죽였다.
> (4) 투기하는 것을 더욱 미워하여 죽이고 나서 그 시체를 나라의 남산 위에 버려서 썩게 한다. 친정집에서 가져가려면 소와 말을 바쳐야 내어 준다.

이를 통해 부여의 형벌이 매우 엄격하다는 것을 알 수 있으며, 노동력을 중시하고 사유재산제, 가부장적 사회 등의 모습을 살펴볼 수 있다.

① 고조선의 8조법에 해당하는 내용이다.

14 ④

유물론에 입각하여 사회경제사학을 연구한 백남운의 주장이다. 그는 일제 식민사관의 정체성론을 비판하면서 우리 역사도 중세 봉건 사회 이행을 통한 세계사적 보편주의 발전 법칙에 의해 설명할 수 있음을 주장하였다. 저서로는 〈조선봉건사회경제사〉, 〈조선사회경제사〉 등이 있다.

①② 민족 정신을 강조한 민족주의 역사학자는 박은식, 신채호, 정인보 등이 있다. 박은식은 근대사를 연구하며 민족 혼을 강조하였고, 신채호는 고대사를 연구하며 민족 정신, 낭가 사상을 강조하였다. 정인보는 민족 얼을 강조하였다.

③ 문헌고증 사학을 강조한 인물은 이병도, 조윤제, 손진태 등으로 이들은 랑케의 실증주의 사학을 중시하고 진단학회를 설립하였다.

15 ③

ⓒ 4세기 고구려 미천왕(300~331)
ⓔ 5세기 백제 개로왕(455~475)
ⓙ 6세기 신라 법흥왕(514~540)
ⓛ 6세기 신라 진흥왕(540~576)

16 ②

삼국유사 만파식적에 관한 고사이고 이는 신라 신문왕 대의 내용이다. 신문왕은 김흠돌의 반란을 계기로 강력한 중앙집권체제를 유지하기 위해 집사부 시중의 권한을 강화시키고 진골 귀족의 영향력을 축소하였다. 그 결과 관리들에게 토지의 수조권만 허용하는 관료전을 지급하고, 귀족의 경제 기반이었던 녹읍을 폐지하였다. 또한 9서당 10정의 군사체제를 정비하고, 지방을 9주 5소경으로 하여 행정 체제를 정비하였다.

① 신라 경덕왕 대에 진골 귀족들의 반발로 녹읍이 부활하였다.

③ 신라 성덕왕 대에 왕토사상을 기반으로 백성들에게 정전을 지급하였다.

④ 신라 문무왕 대에 당의 한반도 지배 야욕에 대항하여 안승을 고구려 왕으로 임명하고 고구려 부흥운동을 지원하였다.

17 ①

해당 조약은 1876년 체결된 강화도 조약이다. 운요호 사건을 계기로 체결된 강화도 조약은 우리나라 최초의 근대적 조약이자 영사재판권(치외법권), 해안 측량의 자유권 등을 인정한 불평등 조약이었다.

① 흥선대원군이 왕권강화를 위해 서원철폐와 더불어 실시(1865)한 것으로 강화도 조약 체결 이전이다.

② 대한제국 시기에 이루어졌다(1902).

③ 강화도 조약 체결 이후 개화 정책을 관장하는 기구로 설치되었다(1880).

④ 2차 수신사로 일본에 파견된 김홍집이 황준헌의 〈조선책략〉을 가지고 들어온 이후 이에 반대하며 일어난 사건이다(1881).

18 ③

ⓒ 계유정난(1453) : 수양 대군이 난을 일으켜 단종을 폐위하고 왕으로 즉위하게 된 사건(세조)

ⓔ 무오사화(1498) : 김종직의 '조의제문' 사건을 훈구파가 문제삼아 사림들이 대대적으로 탄압(연산군)

ⓙ 기묘사화(1519) : 조광조의 개혁정치에 훈구파가 문제삼아 조광조를 비롯한 사림이 탄압받은 사건(중종)

ⓛ 을묘왜변(1555) : 일본이 전라남도 강진, 진도 일대에 침입한 사건으로 이전에는 3포 왜란 등이 있었다(명종)

19 ②

폐정개혁안 12개조는 동학농민군이 전주성 점령 이후 정부에 요구한 개혁안이다. 당시 동학농민군의 요구는 수용되지 못했지만 대신 전주화약을 체결하여 집강소가 설치되었다. 동학농민군의 개혁 요구안 일부는 갑오개혁에서 실현되었다. 특히 갑오개혁의 사회적 측면에서 신분제가 철폐되고 조혼 금지, 과부 재가 허용, 고문과 연좌제 금지 등의 봉건적 악습이 철폐가 된 것에서 살펴볼 수 있다.

ⓛ 토지제도의 개혁은 이루어지지 않았다.

ⓒ 갑오개혁은 일본이 경복궁을 무단 점령한 이후 일본의 강요에 의해 이루어진 조약이다.

20 ④

ⓔ 대한광복회(1915) : 박상진과 김좌진을 중심으로 결성된 단체로 공화정을 추구하며 친일파를 처단하고 군자금 모금 활동을 전개하였다.

ⓛ 의열단(1919) : 김원봉을 중심으로 결성된 무장단체로 김상옥, 나석주 등으로 하여금 식민 통치 기관을 파괴하는 활동을 전개하였다. 신채호는 의열단 선언문인 〈조선혁명선언〉을 작성하기도 하였다.

ⓒ 참의부(1923) : 대한민국 임시정부의 직할부대이다.

ⓜ 근우회(1927) : 민족유일당 운동으로 사회주의와 민족주의 계열 간 통합이 이루어지면 신간회가 창립되었고, 그 자매 단체로 근우회가 설립되었다. 여성 인권 운동 등을 전개하였다.

ⓐ 조선의용대(1938) : 김원봉이 중심이 되어 조직된 군대로 중국 관내에서 조직된 최초의 한인 무장 부대였다. 이후 충칭 임시정부 산하 한국광복군에 합류하였다.

2020. 6. 20.
소방공무원 시행

---

1 ①

고조선의 '범금(犯禁) 8조'에 관한 내용이다. 해당 법 조항을 통해 살펴본 고조선의 사회 모습은 사유재산재의 존재와 계급, 생명 및 노동력을 중시한다는 것을 알 수 있다. 또한 고조선은 상·대부·장군 등의 관직 체계가 존재했다.

① 영고는 부여의 제천행사이다.

2 ④

6세기 백제 성왕(523~554) 때 신라와 치른 관산성 전투이다. 성왕은 기존의 수도였던 웅진에서 사비성으로 천도(538)를 단행하고 국호를 남부여로 하였다. 천도 이후 행정 체제를 개편(22부, 5부5방)하고, 일본에 불교 전파하는 등 중앙 집권체제 정비에 힘쓰고, 대외적으로는 신라와 연합하여 한강유역을 수복했다. 하지만 한강유역을 둘러싸고 신라와의 주도권 경쟁 과정에서 관산성 전투를 치렀으나 패배하였다.

• 나제동맹 : 고구려 장수왕의 남하정책에 대해 신라와 백제 간에 동맹 체결(5세기)

• 웅진천도 : 고구려 장수왕이 백제의 한성을 공격하여 백제 문주왕이 웅진성으로 천도(5세기)

3 ②

8세기 말경 이후 나타난 신라 하대의 사회 모습이다. 신라 하대에는 진골 귀족들 간의 왕위쟁탈전이 심화되면서 신문왕 때 폐지된 녹읍이 부활하고 화백회의를 주관하던 진골 귀족의 대표 상대등의 권한이 강화되기 시작하였다. 반면 집사부 시중의 권한은 약화되면서 지방에서는 대규모의 민란이 발생하기도 했다. 반면 6두품 세력들은 골품제에 반발하며 지방호족세력과 연합하는 등의 반신라적 성격을 보이거나 혹은 당나라 빈공과에 급제해 관리가 되기도 하였다. 당대를 대표하는 6두품으로는 최치원이나 최승우가 있었다. 계원필경은 최치원이 저술하였다.

① 6세기 신라 지증왕 때 이사부

③ 7세기 신라 신문왕

④ 10세기 고려 광종

4 ④

발해에 관한 설명이다. 발해는 대조영이 건국한 이후 소수의 고구려 출신이 지배층, 다수의 말갈족이 피지배층을 형성하였다. 전국을 5경 15부 62주로 정비하였으며 중앙 행정체제는 당의 3성 6부제를 모방하였으나 그 운영 방식과 기구의 명칭은 독자성을 유지하였다. 중앙 행정은 정당성을 중심으로 운영되었으며 정당성의 대내상이 국정을 총괄하였다. 관리들을 감찰하기 위한 기구로 중정대를 설치하여 운영하였다.

④ 신라의 지방 세력 감찰기구이다.

5 ①

(가)는 고려 최씨 무신정권기에 조직된 삼별초이다. 13세기 몽고의 침략으로 고려 조정은 강화도로 천도를 하고 대몽항쟁을 이어나갔지만 몽고의 기세에 개경으로 환도를 하게 되었다. 이 과정에서 삼별초는 개경 환도를 거부하고 이후 강화도에서 진도, 제주도로 이동하면서 대몽항쟁을 이어나갔다.

② 김윤후가 이끈 처인성 전투
③ 윤관의 별무반
④ 조선 후기 훈련도감

6 ②

고려 후기 지눌이다. 지눌은 불교의 세속화와 종파 대립을 비판하고 신앙결사 운동을 전개하였다. 그는 정혜결사를 조직하고 수선사를 중심으로 신앙결사운동을 전개하면서 돈오점수(頓悟漸修), 정혜쌍수(定慧雙修)를 주장하였다.
• 주장 → 참선 강조
• 발전 : 혜심(유불 일치설), 요세(만덕사 → 백련결사 제창)
① 고려 전기 고승 제관이 천태종의 중심사상을 요약한 불교경전
③ 초조대장경을 보완한 것으로 의천이 주도하였다.
④ 고려 후기 승려 요세

7 ②

고려 후기 충렬왕이다. 원의 내정 간섭을 받기 시작하면서 고려는 원의 부마국으로 전락하고 왕실 용어도 격하되었다. 기존의 2성 6부체제는 첨의부와 4사 체제로 전환되었고, 중추원은 밀직사로 변경되는 등의 관제에도 변화가 나타났다. 뿐만 아니라 고려 조정을 감시하기 위해 정동행성이 설치되고 감찰관인 다루가치가 상주하였다.
① 고려 후기 충선왕 때 원나라 연경(북경)에 설치한 독서당
③ 고려 후기 충목왕 때 설치된 정치개혁 기구
④ 고려 후기 충선왕 때 정동행성과 별개의 행성을 설치하는 친원세력의 제안

8 ①

고려 경종 때 시행된 시정전시과이다. 시정전시과는 관리들의 관품과 인품을 고려하여 관리들에게 전지와 시지를 차등 지급하였다. 이후 개정전시과(목종), 경정전시과(문종)을 거치면서 전시과 체제는 정비되었다.
② 고려 말에 시행된 과전법이다.
③ 조선 전기에 시행된 관수관급제이다.
④ 고려 초에 시행된 역분전이다.

9 ②

조선 후기 영조이다. 영조는 붕당정치의 폐단을 개혁하고 왕권을 강화하기 위해 탕평책을 시행하였다. 이를 위해 탕평파를 육성하고 서원을 정리, 이조전랑직의 권한 축소, 산림의 공론 축소를 시행하였고 속대전을 편찬하였다. 또한 민생 안정을 위해 신문고를 부활하는 등의 정책을 시행하였다.
① 세도정치의 폐단을 개혁하기 위해 흥선대원군이 시행하였다.
③ 조선 후기 왕권 강화를 위해 정조가 시행하였다.
④ 조선 후기 삼정의 문란을 시정하기 위하여 철종이 설치하였다.

10 ④

율곡 이이와 관련된 사실이다. 서인의 대표적 성리학자였던 이이는 주기론(主氣論)을 주장하면서 경험적 세계의 현실 문제의 개혁을 중시하였다. 그는 이기일원론(理氣一元論)을 주장하면서 이통기국론(理通氣局論), 이기지묘설(理氣至妙說), 사회경장론(社會更張論)을 강조하였다. 대표적인 저서로는 성학집요, 격몽요결 등이 있다.
① 이황
② 정제두.
③ 윤휴, 박세당

11 ②

조선 태종 대에 제작된 혼일강리역대국도 지도이다. 혼일강리역대국도 지도는 당시의 세계관을 반영한 세계지도로 조선과 중국, 일본, 아프리카, 유럽, 인도 등이 묘사되어 있다. 태종 대에는 강력한 중앙집권체제를 확립하기 위하여 6조직계제를 실시하고 사병을 혁파하였다. 또한 백성 통제를 위해 호패법을 실시하기도 하였다.
① 조선 세종
③ 조선 성종
④ 조선 세조

12 ③

홍선대원군의 세도정치 폐단의 개혁에 관한 내용이다. 홍선대원군은 세도정치를 혁파하여 왕권강화 정책을 시도하였다. 이를 위해 비변사 철폐, 서원 정리, 의정부와 삼군부의 기능을 부활시켰다. 뿐만 아니라 민생 안정을 위해 삼정의 문란을 시정했지만, 경복궁 중건 과정에서 부역 노동 강화, 당백전 발행 등은 사회적 혼란과 민심 이반을 초래하였다.
① 조선 세조 때 설치된 물가 조절 기구
② 조선 중종 때 조광조의 개혁정치에서 시행
④ 조선 정조

13 ③

1894년 갑오 2차 개혁 당시 고종이 반포한 '홍범 14조'이다. 갑오 2차 개혁은 김홍집, 박영효 연립내각이 수립되어 정치적으로는 내각 제도 실시(의정부), 8아문을 7부로 개편, 지방 행정 체계 개편(8도→23부), 지방관 권한 축소, 재판소 설치(사법권을 행정권에서 분리) 등이 이루어졌다.
③ 6조를 8아문으로 개편한 것은 갑오 1차 개혁에서 이루어졌다.
① 대한제국 수립 직후(1899)
②④ 을미개혁(1895)

14 ③

1919년 3·1 운동의 계기가 된 기미독립선언서 '공약 3장'이다. 3·1운동은 계급을 초월한 전민족적 운동으로 그 결과 일제의 식민통치 방식이 문화 통치를 바뀌고, 중국 및 동남아시아의 독립운동에 영향을 주었다. 또한 조직적인 민족 독립 운동의 열망 속에 1919년 12월에는 상하이 임시정부가 수립되는 계기가 되었다.
① 신민회(1907~1911)
② 광주학생항일운동(1929)
④ 사회주의 노동운동(1920년대 후반)

15 ①

민족의 혼(정신)을 강조한 대표적 민족주의 역사학자 박은식이다. 박은식은 성리학 중심의 보수적 유교 질서 체제를 비판하고 실천적 유학 정신을 강조하면서 '유교구신론'(1909)을 저술하였다. 이후 일제강점기에도 민족 정신을 강조하면서 '한국통사', '한국독립운동지혈사'를 저술하였다.
② 문일평
③ 신채호
④ 정인보

16 ④

(나) 대한독립군단이 자유시에서 소련의 적군에 의해 참변을 당함(1921)
(다) 지청천이 이끈 한국독립군이 중국 호로군과 연합하여 한·중연합 작전 전개(1932)
(가) 김원봉이 중심이 되어 중국의 한커우에서 창립되었고 중국 관내에서 결성된 우리나라 최초의 독립군 부대(1938)
(라) 임시 정부가 충칭으로 이동한 이후 한국광복군 조직(1940)

17 ③

(가)는 을미사변과 단발령에 반발하여 발생한 을미의병(1895)이고 (나)는 1908년 13도 창의군의 서울 진공 작전에 대한 내용이다. 안중근이 하얼빈에서 이토 히로부미를 저격한 것은 1909년이다.
① 을사늑약(1905)
②④ 헤이그 특사 파견이 발각된 이후 일제는 고종의 강제 퇴위와 군대를 강제 해산(1907)

18 ③

조선건국준비위원회는 해방 직후 여운형과 안재홍이 주도하여 결성한 건국 준비 단체(1945), 제1차 미소공동위원회는 모스크바 3상 회의에서 결정된 한반도 신탁 통치안을 둘러싼 문제 해결을 위해 개최(1946), 5·10 총선거는 UN 소총회의에서 남한만의 단독 총선거가 실시가 결정되고 나서 제헌 의원 선출(1948). 김구와 김규식은 남한만의 단독 총선거에 반대하면서 김일성과 남북협상을 진행.
① (가) 1945년 12월 16일
② (나) 제헌의회에서 관련 법률 제정(1948)
④ (라) 좌우합작위원회(1946)

19 ④

7·4 남북공동성명(1972)는 박정희 정부 때 체결된 남북합의문으로 평화 통일 3대 원칙인 자주 통일, 평화 통일, 민족적 대화합의 원칙을 제시하였다. 남북한이 동시에 유엔에 가입한 시기는 노태우 정부 때인 1991년이다. 7·7선언(1988)은 소련을 중심으로 하는 공산권 국가들이 개혁 개방을 선언하던 시대적 흐름에 따라 남북관계와 북방정책에 관한 노태우 정부의 방향이 제시된 특별선언이다.
① 김대중 정부(1998년)
② 김대중 정부(2000)
③ 박정희 정부(1971)

20 ④

6·25 전쟁에서 중공군이 참전하여 발생한 1·4 후퇴이다. 연합군과 미군의 참전 속에서 인천상륙작전이 성공하면서 국군은 평양을 탈환하고 북진하여 압록강까지 진격하던 중 예고없이 중공군이 참전하면서 전세가 역전되는 상황이 발생하였다.

2020. 7. 11.
인사혁신처 시행

1 ③

㉠는 구석기 시대이다. 함경북도 구석기 시대 유적지로는 동관진, 굴포리가 있으며 거주지는 주로 강가의 막집이나 동굴을 이용하였다. 무리를 지어 이동하며 사냥이나 물고기 잡이, 채집 등을 통해 경제생활을 영위했다. 구석기 시대를 대표하는 도구로는 뗀석기가 있다.
① 반달돌칼은 청동기 시대의 농경 도구이다.
② 갈판과 갈돌은 신석기 시대의 농경 도구이다.
④ 영혼 숭배 사상은 신석기 시대의 원시 신앙 형태이다.

2 ④

㉠는 최충헌이고 해당 내용은 고려 최씨 무신 정권기에 발생한 만적의 난이다. 최충헌은 무신 집권자였던 이의민을 제거하고 정권을 잡은 인물로 앞선 무신들과 달리 체제를 안정시키고 사회 개혁안인 봉사 10조를 제시하였다. 또한 무신들의 하극상에 대비하기 위하여 정무 기구인 교정도감과 군사적 기반인 도방을 설치하였다. 이를 기반으로 최씨 무신 정권은 이후 최우, 최항, 최의로 이어졌으며 몽고의 침입으로 무너졌다.
①② 인사기구로 정방을 설치하고, 치안유지를 위해 야별초를 설립한 것은 최우이다. 야별초는 이후 좌별초와 우별초로 분리되고, 신의군과 합쳐 삼별초가 되었다.
③ 무신정변을 일으킨 정중부에 의해 제거되었다.

3 ③

③ 〈동문선〉은 조선 전기 서거정을 중심으로 삼국시대~조선 까지 시와 산문 중에서 빼어난 작품을 선정하여 편찬하였다. 이를 편찬하면서 우리 글이 중국의 글과 다른 독자성을 가지고 있음을 강조하였다.

① 〈어우야담〉은 조선 중기 문신인 유몽인이 저술한 것으로 임진왜란 전후의 생활상을 풍자한 야사, 가설, 향담 등을 엮어 만든 설화집이다. 이와 같은 야담, 잡기류는 양난 이후 조선 후기 사회에서 주로 편찬되었다.
② 유서(類書)로 불리는 백과사전에는 이수광의 〈지봉유설〉, 이익의 〈성호사설〉, 이규경의 〈오주연문장전산고〉 등이 있으며 조선 후기에 많이 편찬되었다.
④ 중인층을 중심으로 시사가 결성되어 문학 활동을 벌였다.

4 ②

개화기 윤선학의 상소문에 나타난 동도서기(東道西器)론에 관한 내용이다. 이는 우리의 질서와 정신은 지키되 서양 문물을 선별적으로 수용할 것을 강조한 내용이고 김윤식을 비롯한 온건개화파의 개화 사상을 지지하는 근거가 되었다.
① 개항 반대를 주장한 위정척사파 최익현의 주장이다.
③ 갑신정변을 주도한 세력은 김옥균, 박영효를 비롯한 급진개화파이며 이들은 문명개화론을 기반으로 개화를 추구하고자 하였다.
④ 사회진화론으로 이후 애국계몽운동, 실력양성운동 등 개화지식인들의 기반 사상이 되었다.

5 ④

㉠는 고려 예종 때 설치한 구제도감이다. 이는 당시 개경 백성들 사이에 역병이 유행하자 이들을 치료하고 병으로 사망한 가난한 백성들의 시체를 묻어주기 위해 설치하였다.
① 의창은 고려 성종 대에 설치된 빈민 구휼기구로 고려 태조의 흑창을 계승하였다.
② 제위보는 고려 광종 대에 설치된 빈민 구휼기구로 기금을 마련하여 운영하였다.
③ 혜민국은 고려 예종 대에 설치한 의료 기구이다.

6 ②

백제의 초기 왕도는 한강 유역의 한성이다. 5세기 고구려 장수왕의 남하 정책으로 인하여 백제는 개로왕이 전사하고 수도 한성을 함락당했다. 이후 문주왕 원년에 웅진성으로 천도하였다(475). 고려 시대 남경은 3경(서경, 동경, 남경) 중 하나로 한성을 지칭한다.
① 고려 명종 대에 공주 명학소에서 발생하였다(1176)
③ 순천 송광사를 지칭한다.
④ 북진정책의 전진 기지는 서경이다.

7 ①

해당 사건은 조선 후기 고종 대에 미국이 제너럴 셔먼호 사건을 빌미로 강화도를 공략한 신미양요(1871)이다. 당시 고종의 아버지인 흥선대원군이 서구 열강의 접근에 대해 대외적으로는 쇄국정책을 추진하였고, 대내적으로는 왕권 강화를 위하여 서원 철폐, 비변사 혁파, 경복궁 중건 등의 정책을 시행하였다. 동시에 삼정의 문란을 시정하여 민생 안정을 도모하였는데 전정에 대한 개혁으로는 양전사업을 시행하여 은결을 색출하였고, 군정에 대해서는 호포제를 시행하여 양반들에게도 군포를 징수하였다. 또한 환곡에 대한 개혁으로 사창을 시행하였다.

② 조선 정조 때 시행되었다(1791)

③ 조선 영조 때 시행된 균역법이다(1751)

④ 영정법은 조선 인조 때 시행되었다(1635)

8 ④

낙랑군 축출(고구려 미천왕. 313), 광개토대왕릉비 건립(고구려 장수왕. 414), 살수대첩 승리(고구려 영양왕. 612), 안시성 전투 승리(고구려 보장왕. 645), 고구려 멸망(고구려 보장왕. 668)

④ 매소성 전투(675)와 기벌포 전투(676)는 백제와 고구려 멸망 이후 한반도의 주도권을 놓고 신라와 당 사이에 벌어진 나당전쟁으로 신라가 승리하면서 삼국통일을 완성하는 계기가 되었다.

① 동진의 마라난타에 의해 백제 침류왕이 불교를 공인하였다.(384)

② 고구려 영양왕이 요서 지방을 선제공격하고 이후 수 문제가 고구려에 침입하는 배경이 되었다.(594)

③ 백제 의자왕(642) 대에 발생하였다.

9 ③

고려 원 간섭기 충렬왕 대에 이승휴에 의해 편찬된 제왕운기(1287)이다. 제왕운기는 중국 역사와 우리 역사를 운율시 형태로 서술한 것으로 단군 조선~충렬왕 대까지의 우리 역사를 서술하면서 우리 역사의 독자성과 자주의식을 엿볼 수 있는 역사서이다.

① 고려 말 공민왕 대 이제현이 저술한 〈사략〉이다.

② 조선 전기 성종 대 서거정 등이 고대~고려 말까지의 역사를 기록한 〈동국통감〉이다.

④ 조선 전기 세종 대 권도가 편찬한 〈동국세년가〉이다.

10 ④

광복 직후의 시대적 상황에 관한 내용이다. 1948. 8. 15. 광복을 전후로 하여 한반도는 미국과 소련에 의해 38도선을 경계로 남과 북에 각각 미군과 소련군이 주둔하였다. 해외로 이주한 동포들이 대거 귀국하고 38도선이 확립되며 인구의 남하까지 이루어지며 인구의 사회적 증가가 이루어졌으나 식량 공급 사정이나 식료품 생산 등이 위축되었다. 문제를 해결하기 위해 미군정은 화폐를 대량 발행하기도 하고 식량 문제 해결에 있어서 일제 강점기 운영되었던 배급제와 공출제를 폐지하고 쌀의 자유 거래를 허용하였다. 하지만 이는 투기꾼들에 의한 쌀의 매점매석을 초래하여 곡가가 급등하는 등의 문제가 발생하게 되었고, 이를 통제하기 위해 1946년 1월에 미곡수집령을 시행하였다. 미곡수집령은 농가의 잉여곡물을 매입하여 비농가에 배급하고자 했던 정책인데 이미 농가가 보유한 잉여 곡물이 거의 없어 해당 정책은 또 다른 혼란을 초래하였다.

④ 미곡수집제 폐지, 토지개혁 실시를 주장하는 대규모 시위는 1946년 1월 이후에 발생하였다.

11 ③

신라 말기 진성여왕 대 발생한 원종과 애노의 난(889)이다. 신라 말기는 진골귀족 간의 왕위쟁탈전이 치열해지면서 지방에 대한 중앙통제력이 약화되고, 자연재해와 조세 수탈로 인한 백성들의 삶은 더욱 어려워져 원종과 애노의 난을 비롯한 민란이 각 지방에서 발생하였다. 당시 6두품 출신이었던 최치원은 당의 빈공과에 급제하였고 신라로 귀국 후 신라 사회 문제를 해결하기 위한 방안으로 '시무 10여 조'를 진성여왕에게 건의하였다.

① 발해 멸망(925) : 거란의 침입으로 멸망하였다.

② 국학 설치(682) : 신라 신문왕 대에 설치되었다.

④ 청해진 설치(828) : 신라 흥덕왕 대에 설치되었다.

12 ①

독도가 우리 영토임을 증명하는 일본 측 문서로 은주시청합기(1667년), 삼국접양지도(1785년), 태정관 지령문(1877년) 등이 있다.

ⓒ 시마네현 고시(1905년) : 1900년 대한제국은 칙령 제41호를 통해 울릉도와 독도가 우리 영토임을 밝혔지만, 일본은 러일전쟁 중이던 1905년 시마네 현 고시 제40호를 통해 독도를 자국 영토로 불법 편입하였다.

13 ②

(가)는 동아일보이다. 1920년대 일제가 문화통치로 식민통치 방식을 전환하면서 표면적으로 언론, 출판의 자유를 허용하였고 당시 창간된 신문으로 조선일보와 동아일보가 있었다. 1924년 이광수의 〈민족적 경륜〉이라는 사설을 실은 신문은 동아일보이다. 동아일보는 1931년 농촌계몽운동의 일환으로 브나로드 운동을 전개했으며, 조선일보는 문자보급 운동을 전개하였다.
① 조선일보이다.
③ 천도교가 주도하였다.
④ 신간회는 조선일보 사장이었던 이상재를 회장으로 선출했다.

14 ①

해당 인물은 김유신이다. 김유신은 김춘추와 더불어 삼국통일의 초석을 다진 인물로 황산벌에서 계백이 이끈 백제의 결사대를 물리치고 백제를 멸망시켰다. 이후 고구려 정벌과 한반도에서 당나라 군대를 축출하기 위해 노력하였다.
② 원광법사
③ 김춘추
④ 김인문

15 ③

(가)는 서얼, (나)는 중인층이다. 서얼은 양반과 첩의 사이에서 태어난 서자를 말하고, 중인층은 기술관직을 포함한 광범위한 관료들을 말한다. 이들은 신분적 한계로 인하여 관직에 진출하거나 승진에 있어 제한을 받았다. 특히 서얼은 문과 과거 응시에 제한을 받았지만 숙종 이후 법적인 제한이 해제되어 과거 응시에 제한을 받지 않게 되었다. 이후 정조 대에는 청직에 진출할 수 있도록 요구하는 통청운동을 적극적으로 전개하였다. 이는 중인층에게도 영향을 주어 소청운동을 전개하는 계기가 되었다.
③ 유득공, 박제가, 이덕무 등은 서얼 출신이다.

16 ②

인내천(人乃天) 사상을 주장한 사람은 동학의 최제우이다. 동학은 경주의 몰락 양반 출신인 최제우가 창시하였는데 당시 서학(천주교)가 백성들 사이에 유행하며 정부에서는 이를 사교로 지정하고 탄압하였고, 평등 사상을 주장한 동학에 대해서도 동일한 조치를 취하여 최제우는 처형당했다. 이후 동학 교도들에 의해 최제우의 인내천 사상과 교리를 담은 〈동경대전〉과 〈용담유사〉가 편찬되었다.
① 순조 즉위 이후 대탄압을 받은 것은 천주교이다.
③ 홍경래의 난(1811)은 서북민에 대한 차별에 대한 저항으로 발생하였다.
④ 진주민란(임술농민봉기, 1862)은 과도한 수탈(삼정의 문란)에 대한 저항으로 발생하였다.

17 ②

수출액 100억달러 돌파, 제2차 석유파동은 모두 1970년 후반에 나타난 경제 현상이다. 그리고 우리나라가 경제 협력 개발 기구(OECD)에 가입한 것은 김영삼 정부 때인 1996년이다. 따라서 (가)는 1970년대 후반~1990년 중반까지의 사실에 해당한다. 1980년대 후반 우리나라는 수출이 증가해 경제 성장률이 높아지는데 이는 당시 국제적으로 저금리, 저유가, 저달러의 3저 호황이 있었기 때문에 가능하였다.
① 1972년
③ 1966년
④ 1965년

18 ④

해당 법령은 1925년 일제가 제정한 치안유지법이다. 이는 1920년대 초반 사회주의 사상이 유입되고 민족 독립 운동가들 중에서 사회주의 운동을 전개하는 것을 탄압하기 위하여 제정되었다. 이 법이 폐지된 것은 1945년 10월이다.
① 1912년 제정되었고, 일제 무단통치의 상징성을 지니고 있었다.
② 1923년에 설립되었다.
③ 1920년부터 전개된 국산품 애용운동이다.

19 ③

향전(鄕戰)은 조선 후기 기존의 향촌 세력과 새로운 향촌 세력 간에 향권(鄕權)을 둘러싸고 나타난 다툼이다. 조선 후기에는 농업 및 상공업이 발달하면서 신흥 지주층이 새로운 향촌 지배 세력(新鄕)이 되고, 기존의 향촌 재지 세력(舊鄕)은 몰락하는 경우가 발생하면서 이들 사이에 향촌의 지배권을 놓고 대립 현상이 빈번하게 나타났다. 이 과정에서 기존의 향회의 권한이 추락하고 향회가 수령의 부세자문 기구로 전락하면서 수령의 권한은 강화되고, 신향층은 수령 및 향리층과 결탁하며 자신의 세를 확장하고자 하였다. 반면 구향은 동계와 동약을 통해 향촌 사회에 대한 영향력을 유지하고자 하였다.

③ 경재소는 유향소를 통제하기 위해 설립되었고, 수령이 경재소와 유향소를 연결하여 지방통치를 강화하려 한 것은 조선 전기이다.

20 ④

해당 내용은 1941년 충칭 대한민국 임시정부가 선언한 〈대일 선전 포고문〉이다. 당시 일본의 중국 침략과 진주만 습격 등에 반대하며 선언하였고, 이후 임시정부의 한국광복군은 연합군에 참여하였다. 〈대한민국 건국 강령〉은 1941년에 제정되었다.

① 1942년
② 1943년
③ 1942년

기출지문

하루 10분! key word로 보는 기출지문 O/X

2016. 3. 19. 사회복지직 시행

1 key word : 박제가
실학자 박제가는 서얼 출신으로 규장각 검서관에 등용되었다. (O/X)

2 key word : 주요 사건의 시기
서울 올림픽 개최는 2002년이다. (O/X)

3 key word : 장보고가 활동하던 시기
장보고가 활동하던 시기에는 산둥 반도와 양쯔 강 하류에 신라방과 신라소가 있었다. (O/X)

4 key word : 좌우합작 7대원칙
좌우합작 7대원칙 내용 중에는 미ㆍ소 공동위원회의 속개를 요청하는 공동 성명 발표가 있다. (O/X)

5 key word : 고려시대 토지제도
태조 23년에 후삼국 통일에 공을 세운 조신ㆍ군사 등에게 지급한 수조지는 전시과이다. (O/X)

6 key word : 황성신문
황성신문은 천도교 측에서 발행하여 일진회 등의 매국행위를 비판하였다. (O/X)

7 key word : 옥저
옥저는 해산물이 풍부하였으며, 민며느리제가 있었다. (O/X)

8 key word : 국민대표회의
국민대표회의는 1921년 3월에 개최되었다. (O/X)

9 key word : 의창
의창은 고려시대 승려들을 위하여 설치된 장학재단이다. (O/X)

10 key word : 삼국 통일 과정
신라군이 당나라 군대 20만 명을 매소성에서 크게 물리친 시기는 660년이다. (O/X)

11 key word : 법흥왕
법흥왕은 율령을 공포하고, 백관의 공복을 제정하였다. (O/X)

12 key word : 조선시대 북방 정책
최명길은 청나라의 군신관계 요구에 대해 무력항쟁을 주장하였다. (O/X)

13 key word : 조선 후기의 문화
주자학에 대한 비판이 높아짐에 따라 역사서술에서 강목체는 사라졌다. (O/X)

14 key word : 삼국시대 금속 제작기술
철광석 생산이 풍부하고 제작기술이 발달한 가야에서는 철로 만든 불상이 유행하였다. (O/X)

15 key word : 영조
영조는 「속대전」, 「속오례의」 등을 편찬하였다. (O/X)

16 key word : 일제강점기
'궁성요배'라 하여 서울의 남산을 비롯하여 전국 각지의 중요한 장소에 신사를 세우고 예배하도록 하였다. (O/X)

17 key word : 석탑
고려 후기에는 경천사 10층 석탑이 지어졌다. (O/X)

18 key word : 역사적 사건
신미년에 미국인이 강화도를 침범하자 어재연이 광성보에서 그들과 맞서 싸운 사건은 병인양요다. (O/X)

19 key word : 경제적 구국운동
국채보상운동은 대구에서 시작되어 전국적으로 확대되었다. (O/X)

20 key word : 정치적 상황
영조 4년에 정권에서 배제된 소론과 남인의 과격파가 연합하여 무력으로 정권을 탈취하려 했던 사건은 홍경래의 난이다. (O/X)

1 O
박제가는 서얼 출신으로 정조 때 규장각 검서관에 등용되었다.

2 X
서울 올림픽 개최는 1988년이다. 2002년에는 한·일 월드컵대회가 개최됐다.

3 O
이 시기의 신라는 당과의 활발한 교역을 하고 있었고, 이 때문에 신라방과 신라소를 설치했다.

4 O
1946년 10월 4일, 좌우대표가 회담한 후 서로의 안을 절충하여 7원칙을 결정하였다.

5 X
후삼국 통일에 공을 세운 조신·군사 등에게 인품과 공로에 기준을 두어 지급한 수조지는 역분전이다.

6 X
황성신문은 남궁억이 창간한 국한문혼용체의 신문으로 민족의식을 고취하였다.

7 O
민며느리제는 여자가 남자 집에 미리 가서 살다가 결혼하는 제도이다.

8 X
국민대표회의는 1923년 1월에 개최되었다.

9 X
의창은 고려와 조선시대에 농민 구제를 위해 각 지방에 설치한 창고이다.

10 X
신라군이 당나라 군대 20만 명을 매소성에서 크게 물리친 시기는 675년이다.

11 O
병부의 설치, 연호 '건원'사용, 금관가야 정복 등은 신라 법흥왕의 업적이다.

12 X
최명길은 병자호란이 일어나자 주화론의 입장에서 청과의 강화를 주장하였다.

13 X
조선 후기의 대표적인 강목체 역사서로는 안정복의 「동사강목」, 유계의 「여사제강」등이 있다.

14 X
가야는 철광석 생산이 풍부하고 제작기술이 발달했지만 철로 만든 불상이 유행하지는 않았다.

15 O
영조의 또 다른 업적으로는 이조전랑의 후임자 추천권 폐지가 있다.

16 X
궁성요배란 매일 천황이 사는 곳을 향해 절을 하는 것을 말한다.

17 O
경천사 10층 석탑은 원나라의 영향을 받아 만들어진 것이다.

18 X
다음은 신미양요에 대한 설명으로 1871년에 일어난 사건이다.

19 O
국채보상운동은 1907년 대구에서 서상돈 등의 제안으로 일본에서 도입한 차관 1,300만 원을 갚아 주권을 회복하고자 발단된 주권수호운동이다.

20 X
1728년(영조 4)에 일어났던 사건은 이인좌의 난이다.

2016. 4. 9. 인사혁신처 시행

1 key word : 역사서
「삼국유사」는 충렬왕 때 일연에 의해 저술되었다. (O/X)

2 key word : 충선왕
고려의 충선왕은 정방을 폐지하고 사림원을 설치했다. (O/X)

3 key word : 사료를 탐구하는 자세
사실로서의 역사는 주관적 의미의 역사이다. (O/X)

4 key word : 모스크바3상회의 결정문
모스크바3상회의 결정문의 주요 내용은 우리나라에 대한 신탁통치와 독립의 유예에 대한 것이다. (O/X)

5 key word : 갑신정변
갑신정변은 청군의 공격을 받은 개화당 세력과 일본군이 철수하면서 실패로 끝났다. (O/X)

6 key word : 개항기 통상 협약
방곡령 규정이 합의된 통상 협약은 1876년의 조 · 일 통상장정이다. (O/X)

7 key word : 백제 역사
백제가 마한 잔여 세력을 정복하고 수군을 정비하여 요서지방까지 진출한 것은 개로왕 때의 일이다. (O/X)

8 key word : 통일신라시대의 신분층
6두품은 식읍 · 전장 등을 경제적 기반으로 하였다. (O/X)

9 key word : 임진왜란 주요 전투
권율 장군이 행주산성에서 왜군을 크게 무찌른 전투는 진주대첩이다. (O/X)

10 key word : 대동법
대동법은 토지 결수를 과세 기준으로 삼았다. (O/X)

11 key word : 소수림왕
소수림왕은 유학 교육 기관인 태학을 설치하였다. (O/X)

12 key word : 독립운동
1920년대 만주지역에서 대종교 계통 인사들이 신민부를 결성하였다. (O/X)

13 key word : 사회 모습
유향소를 통제하기 위하여 경재소가 설치된 것은 조선 후기때이다. (O/X)

14 key word : 퇴계 이황
퇴계 이황은 주희의 성리설을 받아들였으며, 이기철학에서이(理)의 절대성을 주장하였다. (O/X)

15 key word : 의열단
의열단은 민족혁명당 창당에 가담하였다. (O/X)

16 key word : 광무정권
광무정권은 한성은행, 대한천일은행 등 민족계 은행을 지원하였다. (O/X)

17 key word : 풍수지리사상
풍수지리사상은 신라 말기에 도선과 같은 선종 승려들로부터 전파되었다. (O/X)

18 key word : 전시과 제도
4색 공복을 기준으로 등급을 나눈 것은 경정전시과이다. (O/X)

19 key word : 고조선
기원전 108년, 고조선에 한(漢)의 창해군이 설치되었다. (O/X)

20 key word : 토지조사사업
1912년부터 1918년까지 실시한 토지조사사업은 토지와 임야를 함께 조사하도록 시행되었다. (O/X)

1 O

「삼국유사」는 단군조선을 계승한 자주의식에 입각하여 서술되었다.

2 O

사림원은 고려 충선왕 때 왕명의 출납과 문서를 작성하고 인사행정을 관장하던 중앙관청이다.

3 X

사실로서의 역사는 객관적 의미의 역사이다.

4 O

이 결정문에 근거하여 미·소 공동위원회가 개최되었다.

5 O

갑신정변 때 일본 공사관이 불타고 일본군이 청군에 패퇴하였다.

6 X

방곡령 규정이 합의된 통상 협약은 1883년의 개정 조·일 통상장정이다.

7 X

백제가 마한 잔여 세력을 정복하고 수군을 정비하여 요서 지방까지 진출한 것은 4세기 중반 근초고왕 때의 일이다.

8 X

진골귀족은 식읍·전장 등을 경제적 기반으로 하였다.

9 X

권율 장군이 행주산성에서 왜군을 크게 무찌른 전투는 행주대첩(1593년 2월)이다.

10 O

대동법은 광해군 때 경기도에서 처음 실시하여 숙종 때 전국적으로 확대 실시하였다.

11 O

고구려의 소수림왕은 불교를 수용하고 관등제를 정비하였다.

12 O

1920년대 만주지역에서는 독립군 연합부대가 봉오통 전투에서 승리하는 일도 있었다.

13 X

유향소를 통제하기 위하여 경재소가 설치된 것은 조선 중기인 15세기의 일이다.

14 O

퇴계 이황은 성리학을 체계화해 '동방의 주자'라 불리었다.

15 O

의열단은 일본 제국의회와 황궁을 공격할 계획을 세우기도 했다.

16 O

광무정권은 한성전기회사를 통하여 서울에 전차노선을 개통하기도 했다.

17 O

풍수지리사상은 신라 말기에 호족이 자기 지역의 중요성을 자부하는 근거로 이용되기도 했다.

18 X

4색 공복을 기준으로 등급을 나눈 것은 시정전시과이다.

19 X

기원전 128년, 고조선에 한(漢)의 창해군이 설치되었다.

20 X

토지조사사업은 농경지에 한해 시행되었다.

1 key word : 신석기 시대

빗살무늬 토기는 신석기 시대에 사용되었다. (O/X)

2 key word : 통일신라시대

통일신라시대에는 국가에 봉사하는 대가로 관료에게 토지를 나누어 주는 전시과 제도가 운영되었다. (O/X)

3 key word : 고려 시대의 특수행정구역

향·소·부곡의 주민은 지방 호족 출신으로 지방 행정의 실무를 담당하였다. (O/X)

4 key word : 수취 제도

균역법은 광해군 때 경기도에서 처음으로 실시되었다. (O/X)

5 key word : 농지개혁법

농지개혁법의 시행 결과 소작지가 크게 줄어들고 자작지가 늘어났다. (O/X)

6 key word : 역사의 시기

백제는 562년에 사비로 도읍을 옮기고 국호를 남부여로 고쳤다. (O/X)

7 key word : 숙종의 재위 기간

숙종 때에 지방 호족을 견제하기 위해 사심관과 기인 제도가 도입되었다. (O/X)

8 key word : 지눌

지눌은 국청사를 창건하고 천태종을 창시하였다. (O/X)

9 key word : 영조

영조는 붕당의 폐단을 제거하기 위해 서원을 대폭 정리하였다. (O/X)

10 key word : 조선태형령

조선태형령은 1908년에 제정되었다. (O/X)

11 key word : 원종·애노의 난

원종·애노의 난은 조선 후기에 발생했다. (O/X)

12 key word : 임오군란

임오군란은 보국안민, 제폭구민을 기치로 내걸었다. (O/X)

13 key word : 제1차 갑오개혁

제1차 갑오개혁에는 연좌법 폐지가 포함되었다. (O/X)

14 key word : 백제의 무령왕

무령왕 때 고구려의 남진 정책에 맞서 나제동맹을 처음 결성하였다. (O/X)

15 key word : 김부식

김부식은 성리학적 유교 사관에 입각한 사략을 저술하였다. (O/X)

16 key word : 역사의 시기

1222년에 금속활자로 상정고금예문을 인쇄하였다. (O/X)

17 key word : 조선의 세종

세종 때 금양잡록이 편찬되었다. (O/X)

18 key word : 조선 후기 사회 모습

조선 후기에 양민의 대다수를 차지한 농민을 백정(白丁)이라고 하였다. (O/X)

19 key word : 역사의 시기

1923년에 김좌진을 중심으로 한 신민부가 조직되었다. (O/X)

20 key word : 남인

남인은 기사환국으로 다시 집권하였다. (O/X)

✔ 정답과 해설

1 O

신석기 시대에는 농경과 정착 생활이 이루어졌다.

2 X

전시과 제도는 고려 시대의 일이다. 통일신라시대에는 관료에게는 관료전이, 백성에게는 정전이 지급되었다.

3 X

제시된 내용은 향리에 대한 설명이다. 향·소·부곡의 주민은 양인의 신분이었지만 사회적 차별을 받았다.

4 X

광해군 때 경기도에서 처음 실시된 수취 제도는 대동법이다.

5 O

농지개혁법의 시행으로 지주의 권한이 줄어들고 자기 땅을 가진 소작농이 증가하였다.

6 X

백제는 538년에 사비로 도읍을 옮기고 국호를 남부여로 고쳤다.

7 X

제시된 내용은 태조 때 있었던 일이다. 숙종 때는 여진 정벌을 위해 윤관이 건의한 별무반이 설치되었다.

8 X

제시된 내용은 의천이 한 일이다. 지눌은 불교계를 개혁하기 위해 수선사 결사를 주도하였다.

9 O

영조가 실시한 다른 정책으로는 속대전을 편찬하여 법령을 정비한 것 등이 있다.

10 X

조선태형령은 일본의 무단통치 시기인 1912년에 제정되었다.

11 X

원종·애노의 난은 신라 하대 진성여왕 때 발생했다.

12 X

제시된 내용은 동학농민운동에 대한 설명이다. 임오군란은 고종 때 구식군대가 일으킨 병란이다.

13 O

1894년에 일어난 제1차 갑오개혁은 군국기무처의 주도 하에 추진되었다.

14 X

제시된 내용은 비유왕 때 일이다. 무령왕 때는 지방에 22개의 담로를 두고 왕족을 파견하여 지방에 대한 통제를 강화하였다.

15 X

제시된 내용은 이제현에 대한 설명이다. 김부식은 현존하는 우리나라의 최고(最古) 역사서를 편찬하였다.

16 X

금속활자로 상정고금예문을 인쇄한 시기는 1234년이다.

17 X

금양잡록은 조선 성종 때 강희맹이 편찬하였다. 세종 때는 칠정산이 만들어졌다.

18 X

제시된 내용은 고려 시대 때의 일이다. 조선 후기의 사회 모습 중 하나는 서얼의 청요직 진출이 부분적으로 허용되었다는 것이다.

19 X

김좌진을 중심으로 한 신민부가 조직된 시기는 1925년이다.

20 O

남인은 기사환국으로 서인을 대거 숙청하고 다시 집권하였다.

1 key word : 부여
부여에는 순장의 풍습이 있었다. (O/X)

2 key word : 삼국 간의 경쟁 과정
6세기에 백제 의자왕은 신라의 대야성을 함락시켰다. (O/X)

3 key word : 삼국시대의 사상과 문화
고구려의 겸익은 인도에서 율장을 가지고 돌아온 계율종의 대표적 승려로서 일본 계율종의 성립에도 영향을 주었다. (O/X)

4 key word : 발해
발해 문왕은 일본에 보낸 외교문서에서 고구려 계승 의식을 천명하였다. (O/X)

5 key word : 고려시대 대장경
초조대장경의 제작은 거란의 침입을 받으면서 시작되었다. (O/X)

6 key word : 역사의 시기
1183년에 김보당의 난이 발생했다. (O/X)

7 key word : 고려의 정치와 사회
고려의 지방제도는 5도 양계 및 경기로 구성되었고 태조 때부터 12목을 설치하였다. (O/X)

8 key word : 충선왕
충선왕은 정치도감을 두어 부원 세력을 척결하였다. (O/X)

9 key word : 요동정벌 운동
태조 이성계는 요동정벌을 추진하였다. (O/X)

10 key word : 서적
「동의보감」은 영조 대에 편찬되었다. (O/X)

11 key word : 조선 전기 일본과 관계된 주요 사건
1418년에 부산포, 제포, 염포 등 3포를 개항하였다. (O/X)

12 key word : 인물
성리학의 입장에서 천주교를 비판하는 천학문답을 저술한 사람은 이승훈이다. (O/X)

13 key word : 근대의 구국 계몽 운동
송수만, 심상진은 대한자강회를 조직했다. (O/X)

14 key word : 대한제국의 성립 과정
고종은 환구단에서 황제 즉위식을 거행하였다. (O/X)

15 key word : 제1차 한·일 협약
제1차 한·일 협약은 1904년 8월에 체결되었다. (O/X)

16 key word : 인물
윤치호는 1872년에 철종의 딸 영혜옹주와 결혼하였다. (O/X)

17 key word : 대한민국 정부 수립 이후 사건
반민족 행위 특별 조사 위원회 설치는 1947년 10월에 이루어졌다. (O/X)

18 key word : 1950년대 정치와 사회
이승만 정권은 1951년 자유당을 조직하였다. (O/X)

19 key word : 1910년대 토지조사사업
1910년대 토지조사사업으로 인해 다수의 분쟁이 발생하였다. (O/X)

20 key word : 사건의 시기
김대중 납치 사건이 발생한 시기는 1979년이다. (O/X)

1 ㅇ

부여에는 왕이 죽으면 노비 등을 함께 묻는 순장의 풍습이 있었다.

2 X

백제 의자왕이 신라의 대야성을 함락시킨 시기는 7세기이다.

3 X

겸익은 백제 성왕 때의 승려이다.

4 X

제시된 내용은 발해 무왕 때 있었던 일이다.

5 ㅇ

대장경이란 경·율·논 삼장으로 구성된 불교 경전을 말한다.

6 X

김보당의 난이 발생한 시기는 1173년이다.

7 X

12목을 설치하여 최초로 지방관을 파견한 것은 고려 성종 때이다.

8 X

제시된 내용은 충목왕이 한 일이다. 충선왕은 왕권을 강화하고 개혁을 주도하기 위한 기구로 사림원을 두었다.

9 ㅇ

정도전은 태조의 요동정벌 운동을 적극 지지했다.

10 X

「동의보감」은 광해군 때 허준이 편찬한 의학서이다. 영조 대에 편찬된 서적은 「동국문헌비고」이다.

11 X

부산포, 제포, 염포 등 3포를 개항한 시기는 1426년 세종 때의 일이다.

12 X

천학문답을 저술한 사람은 안정복이다.

13 X

송수만, 심상진은 보안회를 조직하고 일본의 황무지 개척에 반발하는 운동을 전개하여 이를 철회시켰다.

14 ㅇ

고종은 연호를 광무, 국호를 대한제국으로 정하고 환구단에서 황제 즉위식을 거행하였다.

15 ㅇ

제1차 한·일 협약의 공식명칭은 '외국인 용빙(傭聘)협정'으로 한일협정서라고도 한다.

16 X

1872년 철종의 딸 영혜옹주와 결혼한 사람은 박영효이다.

17 X

반민족 행위 특별 조사 위원회가 설치된 것은 1948년 10월 이다.

18 ㅇ

1950년대 이승만 정권은 신국가보안법을 제정하였고, 반공 청년단을 조직했다.

19 ㅇ

일본에 의해 국유지로 편입된 토지에 대하여 다수의 분쟁이 발생하였다.

20 X

김대중 납치 사건이 발생한 시기는 1973년이다.

1 key word : 유적지
단양 수양개에서 발견된 아이의 뼈를 '흥수아이'라 부른다. (O/X)

2 key word : 삼국시대 정치제도
신라 화백회의는 만장일치가 원칙이다. (O/X)

3 key word : 헌의 6조
헌의 6조에는 외국인에게 기대지 않고 전제 황권을 견고하게 하자는 내용이 있다. (O/X)

4 key word : 북벌론
인조는 전쟁의 치욕을 벗기 위해 북벌론을 적극 추진하였다. (O/X)

5 key word : 대마도 정벌
대마도 정벌은 왜구의 소굴인 대마도를 정벌한 일이다. (O/X)

6 key word : 텐진 조약
1880년에 텐진 조약이 체결되었다. (O/X)

7 key word : 율곡 이이
율곡 이이는 이기이원론적 이기론을 주장하였다. (O/X)

8 key word : 정약용의 토지제도 개혁안
정전제는 마을 단위의 공동 농장을 만들어 작물을 공동 생산하고, 노동력에 따라 수확량을 나누어 가지는 제도이다. (O/X)

9 key word : 사절단
보빙사는 1883년에 미국에 파견되었다. (O/X)

10 key word : 한성순보
한성순보는 한문체로 발간된 관보의 성격을 띠었다. (O/X)

11 key word : 고려의 중류층
고려 시대에 궁중 실무 관리를 담당하던 중류층은 잡류이다. (O/X)

12 key word : 고조선
기원전 2세기 초, 위만은 고조선에 망명해 와 있다가 준왕을 몰아내고 왕이 되었다. (O/X)

13 key word : 의열단
의열단에 속한 나석주는 1926년 식산 은행과 동양 척식 주식회사에 들어가 폭탄을 던지고 권총으로 관리들을 저격하였다. (O/X)

14 key word : 통일신라시대 사회와 경제
헌강왕대에 녹읍이 부활되고, 경덕왕대에 관료전이 폐지되었다. (O/X)

15 key word : 백두산정계비
조선과 청의 대표는 현지 답사를 생략한 채 백두산정계비를 세웠다. (O/X)

16 key word : 조선시대의 교육제도
성균관에는 생원이나 진사만 입학할 수 있었다. (O/X)

17 key word : 저서
「농가집성」에서 이양법이 언급되었다. (O/X)

18 key word : 모스크바 3국 외상 회의
미·소 공동위원회를 통해 임시민주정부가 수립되었다. (O/X)

19 key word : 고려시대 귀족
귀족의 자제는 음서를 통해 관직에 진출할 수 없었다. (O/X)

20 key word : 신간회
좌우익 세력은 1927년 1월 신간회를 발기하고, 그 해 2월 신간회창립대회를 가졌다. (O/X)

1 X

'흥수아이'는 청원 두루봉 동굴 유적에서 발굴된 구석기 시대의 인류 화석이다.

2 O

화백회의의 의장은 상대등이다.

3 O

헌의 6조는 1898년 관민공동회에서 채택됐다.

4 X

북벌론은 청에 포로로 잡혀갔다 돌아온 효종과 송시열 등 서인에 의해 제기되었다.

5 O

대마도 정벌은 고려 말 조선 초에 왜구를 근절시키기 위해 대마도를 정벌한 일을 의미한다.

6 X

1885년에 청일 간에 체결된 텐진 조약으로 인해 일본은 조선에 대한 파병권을 얻게 되었다.

7 X

이기이원론적 이기론을 강조한 것은 이황이다. 이이는 이기 일원론을 주장하였다.

8 X

제시된 내용은 여전제에 대한 설명이다. 정전제는 국가가 백성들에게 일정한 토지를 나누어주어 자영농을 육성하는 제도이다.

9 O

보빙사는 1883년 조선에서 최초로 미국 등 서방 세계에 파견된 외교 사절단이다.

10 O

1883년에 창간된 한성순보는 우리나라 최초의 신문이다.

11 X

궁중 실무 관리를 담당하던 중류층은 남반이다. 잡류는 중앙 관청의 말단 서리이다.

12 O

위만조선은 기원전 108년 한나라의 침입에 의해 멸망했다.

13 O

의열단은 1919년 11월 만주 지린성에서 조직된 항일 무력독립운동 단체이다.

14 X

귀족들의 반발로 경덕왕대에 관료전을 폐지하고 녹읍을 부활시켰다.

15 X

조선과 청의 대표는 현지를 답사하고 비를 세웠다.

16 X

생원이나 진사가 우선적으로 입학하고, 승보나 음서에 의해 입학하기도 하였다.

17 O

「농가집성」은 신속이 저술한 책으로 이양법을 언급하였다.

18 X

한국 내 신탁통치 반대 세력과 미·소의 대립 등으로 인해 미·소 공동위원회를 통한 임시민주정부 수립은 불발되었다.

19 X

귀족의 자제는 음서를 통해 관직에 진출할 수 있었다.

20 O

신간회는 1920년대 후반에 좌우익 세력이 합작하여 결성된 대표적인 항일단체이다.

2017. 4. 8. 인사혁신처 시행

1 key word : 6두품

6두품은 관등 승진에서 중위제를 적용받았다. (O/X)

2 key word : 고구려의 발전 과정

고구려의 발전 과정을 살펴보면 태학 설립이 신라를 도와 왜를 격퇴한 시기보다 먼저다. (O/X)

3 key word : 5가작통법

5가작통법은 농민의 도망과 이탈을 방지하기 위해 시행되었다. (O/X)

4 key word : 갑신정변 이후 국내외 정세

갑신정변 이후 조·청 상민수륙무역장정을 체결하여 청나라 상인에게 통상 특혜를 허용하였다. (O/X)

5 key word : 국민대표회의

국민대표회의에서 창조파와 개조파 등의 주장이 대립되었다. (O/X)

6 key word : 역사의 시기

현량과 실시는 연산군 때 있었던 일이다. (O/X)

7 key word : 동예

동예에서는 후·읍군·삼로 등이 하호를 통치하였다. (O/X)

8 key word : 화통도감

화통도감은 예종 때 최무선의 건의에 따라 설치되었다. (O/X)

9 key word : 헌의 6조 이후

헌의 6조 이후 황제권 강화 작업의 일환으로 원수부가 설치되었다. (O/X)

10 key word : 독도

대한제국 칙령 제41호와 삼국접양지도는 독도가 우리나라 영토임을 입증하는 증거가 된다. (O/X)

11 key word : 활구

활구가 사용된 시기에는 책, 차 등을 파는 관영상점이 있었다. (O/X)

12 key word : 정도전

정도전은 왜구의 소굴인 쓰시마 섬을 정벌하였다. (O/X)

13 key word : 민족운동

하와이에 자치 기관인 경학사와 부민단이 만들어졌다. (O/X)

14 key word : 조선후기의 실학자

홍대용은 「임하경륜」에서 균전제를 주장하였다. (O/X)

15 key word : 한일신협약(정미7조약)

한일신협약 체결·군대해산 이후 연합 의병 부대인 13도 창의군이 결성되어 서울 진공 작전을 계획하여 성공하였다. (O/X)

16 key word : 기유각서

기유각서는 일본에 의해 강제로 체결된 외교 문서이다. (O/X)

17 key word : 조선 후기의 경제 상황

조선 후기에는 모든 지방에서 도조법으로 지대를 납부하였다. (O/X)

18 key word : 풍수지리 사상

풍수지리 사상은 문종 때 남경 설치의 배경이 되었다. (O/X)

19 key word : 손진태

손진태는 「조선상고사」를 저술하였다. (O/X)

20 key word : 고려시대 의주

고려시대 의주는 청천강변에 위치하며 도호부가 설치된 곳이다. (O/X)

1 O

6두품 인물로는 대표적으로 설총과 최치원이 있다.

2 O

태학 설립은 372년이고, 신라를 도와 왜를 격퇴한 시기는 400년이다.

3 O

5가작통법은 농민의 도망과 이탈을 방지하여 부세와 군역을 안정적으로 확보하기 위해 시행되었다.

4 X

조·청 상민수륙무역장정은 1882년 임오군란을 계기로 체결되었다.

5 O

국민대표회의는 새 정보를 수립하자는 창조파와 임시정부 조직만을 개조하자는 개조파의 대립으로 결렬되었다.

6 X

현량과 실시는 중종 때 있던 일이다.

7 O

동예는 한반도 북부 동해안 지역에 있던 부족 국가이다.

8 X

화통도감은 고려 우왕 3년(1377)에 설치되었다.

9 O

1898년 10월 관민공동회에서 독립협회가 헌의 6조를 채택했다. 그러나 보수파의 반발로 독립협회는 해산되었고, 고종은 1899년 대한국국제를 선포하면서 원수부를 설치하였다.

10 O

대한제국 칙령 제41호에서는 울도군수가 석도(오늘날의 독도)를 관장하도록 했다. 삼국접양지도에는 울릉도와 독도가 우리나라의 영토로 표기되어 있다.

11 O

활구(은병)는 고려 숙종 때 만들어졌다.

12 X

쓰시마 섬 정벌은 이종무가 한 일이다. 정도전은 「조선경국전」을 편찬하여 왕조의 통치 규범을 마련하였다.

13 X

경학사와 부민단이 만들어진 곳은 서간도이다. 하와이에서는 군사 양성 기관인 대조선 국민군단이 창설되었다.

14 O

홍대용은 「임하경륜」에서 성인 남자에게 2결의 토지를 나누어 주자는 균전제를 주장하였다.

15 X

서울 진공 작전을 계획하였으나 실패하였다.

16 O

기유각서는 1909년에 일본이 한국의 사법권 및 감옥 사무 처리권을 빼앗기 위하여 강제로 체결한 외교 문서이다.

17 X

조선 후기에는 일부 지방에서 도조법으로 지대를 납부하였다.

18 O

풍수지리 사상은 산세·지세·수세 등을 판단하여 이것을 인간의 길흉화복에 연결시키는 사상이다.

19 X

「조선상고사」를 저술한 사람은 신채호이다. 손진태는 「진단학보」를 발간한 진단학회의 발기인으로 활동하였다.

20 X

의주는 압록강변에 위치하며 도호부가 설치되지 않았다.

1 key word : 한반도 선사시대
구석기시대 전기에는 주먹도끼와 슴베찌르개 등이 사용되었다. (O/X)

2 key word : 신채호
신채호는 을지문덕, 최영, 이순신 등 애국명장의 전기를 써서 애국심을 고취하였다. (O/X)

3 key word : 군사제도
고려시대의 군사제도는 9서당 10정이다. (O/X)

4 key word : 부여
부여에서는 남의 물건을 훔쳤을 때 5배로 배상하게 하였다. (O/X)

5 key word : 인물
최치원, 최승우, 최언위는 당나라에 유학하여 빈공과에 급제하였다. (O/X)

6 key word : 장보고
장보고는 법화원을 건립하였다. (O/X)

7 key word : 백제의 통치체제
백제 고이왕은 중앙관청을 22개로 확대하고 수도는 5부, 지방은 5방으로 정비하였다. (O/X)

8 key word : 정약용
정약용은 「열조통기」를 편찬하였다. (O/X)

9 key word : 고려 전기
고려 전기에는 해동통보와 은병 같은 화폐를 만들어 사용하였다. (O/X)

10 key word : 지눌
지눌은 정혜결사를 조직해 불교의 개혁을 추진하였다. (O/X)

11 key word : 조선시대 도성 한양
경복궁의 동쪽에 사직이, 서쪽에 종묘가 각각 배치되었다. (O/X)

12 key word : 공법
공법은 토지의 비옥도에 따라 조세를 차등 징수하는 제도이다. (O/X)

13 key word : 임진왜란
도순변사 신립은 상주에서 일본군과 맞서 싸웠지만 패배하였다. (O/X)

14 key word : 균역법
균역법은 조선시대 군역의 부담을 경감하기 위하여 만들어진 세법이다. (O/X)

15 key word : 우리나라 족보
현존하는 가장 오래된 족보는 성종 7년에 간행된 「문화류씨가정보」이다. (O/X)

16 key word : 헌법
1954년 2차 개헌 이후 평화통일론을 주장한 진보당의 정당 등록이 취소되었다.

17 key word : 조선책략
「조선책략」은 1880년 수신사 김홍집이 일본에서 귀국하며 가져온 책이다. (O/X)

18 key word : 조소앙
조소앙은 제헌 국회의원에 당선되었다. (O/X)

19 key word : 시대별 교육문화
1970년대 국가주의 이념을 강조한 국민교육헌장이 제정되었다. (O/X)

20 key word : 반민족행위처벌법
반민족행위처벌법령은 여수·순천 10·19 사건 직후에 국회에서 통과되었다. (O/X)

✓ 정답과 해설

1 X
구석기시대 전기에는 주먹도끼와 찍개 등이 사용되었고, 슴베찌르개는 후기에 사용되었다.

2 O
신채호는 「을지문덕전」, 「최도통전」, 「이순신전」 등을 저술하여 애국심을 고취하였다.

3 X
9서당 10정은 통일신라 때 군사제도이다. 고려시대의 군사제도는 중앙은 2군과 6위, 지방은 주현과 주진군으로 구성된다.

4 X
부여에서는 남의 물건을 훔쳤을 때 12배로 배상하게 하였다.

5 O
최치원, 최승우, 최언위는 '신라 3최'로 6두품 출신의 학자이다.

6 O
장보고는 법화원을 건립하고 이를 지원하였다.

7 X
제시된 내용은 6세기 백제 성왕의 업적이다.

8 X
「열조통기」는 안정복이 편찬하였다. 정약용은 홍역 관련 의서를 종합해 「마과회통」을 저술하였다.

9 O
고려 숙종대에는 화폐에 대하여 적극적인 정책을 채택하여 숙종 7년에는 해동통보 1만 5천 개를 발행하기도 하였다.

10 O
지눌은 돈오점수와 정혜쌍수를 주장하며 선교일치를 추구하였다.

11 X
고대 도성의 주요시설을 배치하는 원칙의 하나인 좌묘우사의 원칙에 따라 경복궁의 동쪽에 종묘를, 서쪽에 사직을 배치하였다.

12 O
공법은 토지 상태에 따라 6개의 등급으로 나누고, 다시 그 해의 농사의 풍흉에 따라 9개의 등급으로 나누어 세율을 조정하여 1결당 20두에서 4두까지 차등있게 내도록 하였다.

13 X
상주에서 일본군과 맞서 싸운 인물은 이일이다.

14 O
균역법은 영조 26년에 만들어졌다.

15 X
현존하는 가장 오래된 족보는 성종 7년(1476)에 간행된 「안동권씨성화보」이다. 「문화류씨가정보」는 1562년에 간행되었다.

16 O
1958년 1월 진보당이 북한의 주장과 유사한 평화통일론을 주장하였다는 혐의로 정당등록이 취소되고 위원장 조봉암이 사형을 당했다.

17 O
「조선책략」은 청국인 황준헌(黃遵憲)이 러시아의 남하정책에 대비하기 위해 조선, 일본, 청국 등 동양 3국의 외교정책에 대해 서술한 책이다.

18 X
조소앙은 남한 단독 정부 수립에 반대하여 제헌 국회의원 선거에 불참하였다.

19 X
국민교육헌장은 우리나라의 교육이 지향해야 할 이념과 근본 목표를 세우고, 민족중흥의 새 역사를 창조할 것을 밝힌 교육지표로, 1968년 12월 5일에 반포되었다.

20 X
반민족행위처벌법은 1948년 9월 제정되었다. 여수·순천 사건은 1948년 10월에 일어난 사건이다.

1 key word : 조선 후기에 전개된 국학 연구

한치윤은 「기언」을 지어 토지제도의 개혁을 주장하였다. (O/X)

2 key word : 조선 후기 경제 변화

조선 후기에 소라 불리는 특수지역에서 수공업이 이루어졌다. (O/X)

3 key word : 고려 공민왕

고려 공민왕 때 전민변정도감이 설치되었다. (O/X)

4 key word : 고려시대 토지제도

고려시대에 6품 이상의 관리는 전시과 이외에도 공음전을 받아 자손에게 물려줄 수 있었다. (O/X)

5 key word : 모스크바 3상회의

모스크바 3상회의에는 미국, 영국, 소련이 참여하였다. (O/X)

6 key word : 거문도 사건

거문도 사건은 영국이 러시아의 조선 진출을 견제하기 위해 거문도를 불법 점령한 사건이다. (O/X)

7 key word : 서경파

서경파는 칭제 건원과 요나라 정벌을 주장하였다. (O/X)

8 key word : 요세

요세는 강진의 토호세력의 도움을 받아 백련사를 결성하였다. (O/X)

9 key word : 남북 기본합의서

남북 기본합의서는 1991년에 체결되었다. (O/X)

10 key word : 책

단군조선의 역사를 다룬 책은 「표제음주동국사략」이다. (O/X)

11 key word : 삼국 통일 과정

675년에 나·당 연합군이 평양성을 함락시켰다. (O/X)

12 key word : 임진왜란 이후의 정책

광해군은 공납제도의 문제점을 보완하기 위해 대동법을 실시하였다. (O/X)

13 key word : 전주화약

전주화약에는 집강소 및 폐정개혁에 관한 규정이 포함되었다. (O/X)

14 key word : 역사적 사건

5·18 민주화운동, 6·10 민주항쟁, 6·29 민주화선언 순으로 진행됐다. (O/X)

15 key word : 한일신협약

한일신협약 이후 대한제국 군대가 해산되었다. (O/X)

16 key word : 세조

세조는 간경도감을 두어 「월인석보」를 언해하여 간행하였다. (O/X)

17 key word : 율곡 이이

이이는 「기자실기」를 저술하였다. (O/X)

18 key word : 흥선대원군

흥선대원군은 통리기무아문을 폐지하지 않았다. (O/X)

19 key word : 대한민국 임시 정부

임시 정부 수립 직후 임시 의정원을 구성하였다. (O/X)

20 key word : 부여

부여에는 형이 죽으면 형수를 아내로 삼는 풍습이 있었다. (O/X)

1 X

「기언」은 허목의 시문집이다. 한치윤의 저서로는 「해동역사」가 있다.

2 X

소는 고려시대에 중앙정부에서 필요로 하는 각종 물품을 생산·공급하는 기구였다.

3 O

공민왕은 전민변정도감을 설치하여 권문세족이 부당하게 빼앗은 토지를 원래의 주인에게 돌려주고, 억울하게 노비가 된 양민을 해방시켰다.

4 X

공음전은 5품 이상의 관리에게 주었다.

5 O

모스크바 3상회의는 1945년 소련 수도 모스크바에서 개최되었다.

6 O

거문도 사건은 고종 22년(1885) 3월 1일부터 1887년 2월 5일까지 약 2년간 영국이 거문도를 불법으로 점령한 사건이다.

7 X

서경파는 칭제 건원과 금나라 정벌을 주장하였다.

8 O

요세는 강진의 토호세력의 도움을 받아 백련사를 결성하여 대중에게 참회를 닦기를 권하였다.

9 O

남북 기본합의서는 노태우 정부 때 체결되었다.

10 O

「표제음주동국사략」은 조선 중종 때 유희령이 「동국통감」을 대본으로 하여 단군으로부터 고려시대까지를 간략히 줄여 찬술한 통사이다.

11 X

나·당 연합군이 평양성을 함락시킨 시기는 668년이다.

12 O

대동법은 조선시대에 공물(특산물)을 쌀로 통일하여 바치게 한 납세제도이다.

13 O

전주화약은 1894년 동학농민운동 당시 농민군이 전주를 점령하고 정부와 맺은 조약이다.

14 O

5·18 민주화운동(1980) → 6·10 민주항쟁(1987) → 6·29 민주화선언(1987)

15 O

일제는 협약의 후속조치로 경비 절약의 이유를 들어 한국군대를 해산하였다.

16 O

「월인석보」는 1459년에 세조가 세종이 지은 「월인천강지곡」을 본문으로 하고 자신이 지은 『석보상절』을 설명부분으로 하여 합편한 책이다.

17 O

이이는 사림이 추구하는 왕도정치가 기자에서 시작되었다는 평가를 담은 「기자실기」를 저술하였다.

18 X

임오군란으로 재집권한 흥선대원군은 통리기무아문을 폐지하고 삼군부에 그 기능을 담당하도록 하였다.

19 X

임시 의정원은 대한민국 임시정부의 입법부 역할을 맡았던 기관으로 1919년 4월 10일 개원했으며 대한민국 임시정부의 사전조직이기도 했다.

20 O

부여사회에서 친족집단의 공동체적 성격이 강하게 유지되었음을 알 수 있다.

1 key word : 신라촌락(민정)문서
촌락을 통제하기 위해서 지방관으로 촌주가 파견되었다. (O/X)

2 key word : 세종
세종은 압록강과 두만강 지역에 4군 6진을 설치하였다. (O/X)

3 key word : 백제의 성왕
백제의 성왕은 국호를 남부여로 고쳤다. (O/X)

4 key word : 고려시대 토지 종목
고려의 전시과 제도가 붕괴된 후 그에 대한 해결책으로 녹과전이 시행되었다. (O/X)

5 key word : 고구려
고구려에서 신랑은 처가 쪽에 머물며 자식이 장성한 다음에야 부인을 데리고 본가로 돌아왔다. (O/X)

6 key word : 황룡사 9층 목탑
황룡사 9층 목탑은 자장 율사가 건의하여 세워졌다. (O/X)

7 key word : 고려의 현종
고려의 현종은 지방관이 없는 속군에 감무를 파견하였다. (O/X)

8 key word : 의천
의천은 우리나라 천태교학의 전통을 원효에게서 찾았다. (O/X)

9 key word : 발해의 통치 체제
발해에는 중앙의 핵심 군단으로 9서당이 있었다. (O/X)

10 key word : 진골
진골은 중앙 관부와 지방행정 조직의 장관직에 오를 수 없었다. (O/X)

11 key word : 신미양요
신미양요는 전국 여러 곳에 척화비가 세워지는 계기가 되었다. (O/X)

12 key word : 신간회
신간회는 광주 학생 항일 운동의 진상 조사 활동을 펼쳤다. (O/X)

13 key word : 카이로 선언
1943년에 미국의 루즈벨트 대통령, 영국의 처칠 수상, 중국의 장제스 총통은 카이로 선언을 발표했다. (O/X)

14 key word : 박정희 정권
제1~2차 경제 개발 5개년 계획 시기에 연간 수출 총액이 늘어나 100억 달러를 돌파하였다. (O/X)

15 key word : 조선시대 의궤
가례도감의궤는 임진왜란 이후부터 편찬되기 시작하였다. (O/X)

16 key word : 조선 후기 평안도
조선 후기 평안도는 두 차례의 호란 직후 사회가 불안정해져 인구가 급감하였다. (O/X)

17 key word : 1904~1917 시기의 사건
일제가 '105인 사건'을 일으켜 윤치호 등을 체포한 시기는 1898년이다. (O/X)

18 key word : 조선 후기의 사상 동향
정조는 기존의 문체에 얽매이지 않는 신문체를 장려하였다.

19 key word : 의열단
의열단에 속한 김익상이 조선총독부에 폭탄을 투척하였다. (O/X)

20 key word : 남북 관계
남북이 유엔에 동시에 가입한 시기는 1998년이다. (O/X)

1 X

촌주는 중앙에서 파견된 지방관이 아니라 촌락의 토착민이다.

2 O

4군 6진은 조선 세종 때 여진족을 몰아낸 뒤 군사적인 목적으로 만든 행정 구역이다.

3 O

성왕은 도읍을 사비로 옮기고 국호를 남부여로 고쳤다.

4 O

원종 12년(1271)에 도병마사의 건의로 녹봉을 제대로 받지 못하는 관리에게 경기 8현을 지급한다는 원칙을 마련하고, 이듬해에 녹과전을 시행하였다.

5 O

제시된 내용은 고구려의 서옥제이다.

6 O

황룡사 9층 목탑은 당나라에서 유학을 마치고 귀국한 자장의 요청으로 건조되었다.

7 X

예종 1년(1106)부터 감무를 파견하였다.

8 O

의천은 『신편제종교장총록』을 편찬했다.

9 X

제시된 내용은 통일신라에 대한 설명이다. 발해의 중앙 군사 조직은 10위이다.

10 X

진골은 중앙 관부와 지방행정 조직의 장관직에 오를 수 있었다.

11 O

신미양요를 계기로 흥선대원군은 서울의 종로와 전국 각지에 척화비를 세워 통상수교거부정책을 더욱 강화하였다.

12 O

신간회는 1929년 11월 광주 학생 운동이 일어나자 진상조사단을 파견하였다.

13 O

카이로 선언에는 '한국인이 노예적 상태에 있음에 유의하여 적당한 절차를 밟아 한국을 독립시키기로 결의한다.'는 내용이 담겼다.

14 X

제1~2차 경제 개발 5개년 계획 시기는 1962~1971까지이다. 연간 수출 총액이 100억 달러를 돌파한 시기는 1977년이다.

15 X

조선 왕실의 가례를 위해 가례도감을 설치한 것은 1397년으로 이때부터 가례도감의궤를 작성한 것으로 추정된다.

16 X

평안도의 경우 호란 이후 유입된 여진족이나 한인들로 인해 다른 지역에 비해 급감하지는 않았다.

17 X

일제가 '105인 사건'을 일으켜 윤치호 등을 체포한 시기는 1911년이다.

18 X

정조는 기존의 문체에 얽매이지 않는 신문체를 억압하고 고문체로 돌아갈 것을 주장하였다.

19 O

의열단은 일제의 요인 암살과 식민 지배 기관 파괴를 목표로 삼았다.

20 X

남북 유엔 동시 가입은 1991년 9월에 이루어졌다.

1　key word : **치안유지법**
　치안유지법으로 인해 처벌된 사건에는 김상옥의 종로경찰서 폭탄투척 사건이 있다.

2　key word : **신석기 시대**
　신석기 시대에 조개무지(패총)를 많이 남겼다.

3　key word : **백과사전**
　지봉유설은 1589년에 편찬되었다. (O/X)

4　key word : **일제강점기의 문화예술계**
　1920년대에 일본 주류 대중음악의 영향을 받은 트로트 양식이 정립되었다. (O/X)

5　key word : **역사적 사건**
　대한제국정부의 국외중립 선언은 1904년 2월에 이루어졌다. (O/X)

6　key word : **홍범도**
　홍범도는 산포수들을 모아 의병을 구성하였다. (O/X)

7　key word : **조선 혁명 선언**
　조선 혁명 선언은 한인 애국단의 활동 지침이다. (O/X)

8　key word : **고구려**
　광개토왕릉비가 건립된 시기는 371년이다. (O/X)

9　key word : **조선시대의 서적**
　동문선은 우리 풍토에 맞는 약재와 치료법을 정리한 책이다. (O/X)

10　key word : **개항 이후 조약**
　강화도 조약은 1876년(고종 13년) 2월 강화도에서 조선과 일본이 체결한 조약이다.

11　key word : **신간회**
　신간회 설립 당시 회장은 이상재, 부회장은 홍명희가 맡았다. (O/X)

12　key word : **이익**
　이익은 성호사설을 저술하였다. (O/X)

13　key word : **유재론**
　이황은 유재론을 저술하였다. (O/X)

14　key word : **조선 전기 건축물**
　조선 전기 건축물에는 무위사 극락전 등이 있다. (O/X)

15　key word : **조선의 지방 행정 제도**
　조선에서 지방관은 행정 · 사법권을, 별도로 파견된 진장 · 영장은 군사권을 보유하였다. (O/X)

16　key word : **카이로 선언**
　카이로 선언은 미국, 영국, 중국의 정상이 모여 회담을 한 후 나온 선언이다. (O/X)

17　key word : **북한정권 수립 과정**
　북조선노동당이 결성된 후에 조선인민군이 창설되었다. (O/X)

18　key word : **진성여왕**
　진성여왕 때 위홍 등이 향가를 모아 삼대목을 편찬하였다. (O/X)

19　key word : **발해의 왕**
　무왕은 전륜성왕을 자처하고 황상이라는 칭호를 사용하였다. (O/X)

20　key word : **비변사**
　비변사는 왜구의 침입에 대비하여 16세기 초 상설기구로 설치되었다. (O/X)

✔ 정답과 해설

1 X

의열단 소속의 김상옥이 종로경찰서에 폭탄을 투척한 것은 1923년으로 치안유지법이 제정되기 이전이다.

2 O

조개무지는 해안 · 강변 등에 살던 선사시대인이 버린 조개 · 굴 등의 껍데기가 쌓여서 무덤처럼 이루어진 유적이다.

3 X

지봉유설은 1614년에 이수광이 편찬한 일종의 백과사전이다.

4 X

제시된 내용은 1930년대의 일이다.

5 X

대한제국정부의 국외중립 선언은 1904년 1월에 이루어졌다.

6 O

홍범도의 주요 활동지는 함경도 삼수, 갑산 등지였다.

7 X

조선 혁명 선언은 의열단의 활동 지침이다.

8 X

광개토왕릉비가 건립된 시기는 414년(장수왕)이다.

9 X

동문선은 1478년 성종의 명으로 서거정 등이 중심이 되어 편찬한 우리나라 역대 시문선집이다.

10 O

일본은 강화도 조약에서 조선을 '자주국'으로 명시하여 조선에 대한 청나라의 영향력을 약화시키고 침략을 꾀하였다.

11 O

신간회는 1927년에 조직되고 1931년까지 존속하였다.

12 O

성호사설은 천지 · 인사 · 만물 · 경사 · 시문 등 5개 부문으로 나누어 우리나라와 중국의 문화를 백과사전식으로 소개 · 비판한 책이다.

13 X

유재론을 저술한 사람은 허균이다. 허균은 유재론에서 조선 사회에 널리 퍼져 있는 적서차별의 분위기를 비판하였다.

14 O

무위사 극락전은 세종 12년에 만들어졌다.

15 X

조선의 지방관은 행정 · 사법권 및 군사권을 포괄적으로 보유하였다.

16 O

카이로 선언을 통해 처음으로 한국의 독립이 국제적으로 보장받았다.

17 O

북조선노동당 결성(1946. 8), 조선인민군 창설(1948. 2)

18 O

진성여왕은 신라의 51대 왕이다.

19 X

제시된 내용은 문왕에 대한 설명이다.

20 X

비변사는 16세기 초 임시기구로 설치되었다가 16세기 중반 을묘왜란을 계기로 상설기구로 설치되었다.

1 key word : 시대별 지방 행정 제도

조선시대에는 향리 통제를 위하여 사심관을 파견하였다. (O/X)

2 key word : 서희의 외교담판

서희는 거란과의 외교담판 이후 강동 6주를 경략하다. (O/X)

3 key word : 광개토대왕릉비

광개토대왕릉비에는 광개토대왕이 신라왕의 원군 요청에 의해 군사 5만 명을 이끌고 왜구를 물리친 내용이 적혀있다. (O/X)

4 key word : 인물

김구는 남조선 과도 입법 의원의 의장을 역임하였다. (O/X)

5 key word : 팔관회

팔관회는 국제 교류의 장이었다. (O/X)

6 key word : 왕

정조는 민간의 광산개발 참여를 허용하는 설점수세제를 처음 실시하였다. (O/X)

7 key word : 중종

중종 때 주세붕이 백운동 서원을 세웠다. (O/X)

8 key word : 국가 총동원법

국가 총동원법에 근거해 육군특별지원병령을 제정하여 지원병을 선발하였다. (O/X)

9 key word : 역사의 시기

1983년 백산에서 전봉준이 보국안민을 위해 궐기하라는 통문을 보냈다. (O/X)

10 key word : 토지조사국

토지조사국이 존속하던 시기에 신문에 연재 중인 소설 무정을 읽는 학생을 볼 수 있었다. (O/X)

11 key word : 혼일강리역대국도지도

혼일강리역대국도지도는 유럽과 아프리카 대륙까지 묘사하였다. (O/X)

12 key word : 신문왕

신문왕 때 국학을 설치하여 유학을 교육하였다. (O/X)

13 key word : 발해사

발해가 고구려를 계승했다는 것의 근거로 상경성 출토 온돌 장치를 들 수 있다.

14 key word : 신라 문무왕의 유언

문무왕의 유언에서 '협조하는 무리를 불러들여'에 부합하는 내용은 임존성에서 저항하던 지수신의 투항을 받아주었던 것이다. (O/X)

15 key word : 농광회사

농광회사는 황무지 개간권 요구에 대응하여 설립된 특허 회사였다. (O/X)

16 key word : 조선 성리학

중종 때 정지운의 『천명도』 해석을 둘러싸고 사단칠정 논쟁이 시작되었다. (O/X)

17 key word : 일제강점기 조선인의 생활 모습

일제강점기에 조선인 상류층이 한식 주택을 2층으로 개량한 영단 주택에 모여 살았다. (O/X)

18 key word : 역사의 시기

1970년에 국가 기간 산업인 울산 정유 공장이 가동되었다. (O/X)

19 key word : 고려시대 문인

이규보는 동명왕편을 썼다. (O/X)

20 key word : 해외 견문 기록

1488년에 해동제국기가 쓰여졌다. (O/X)

1 X

제시된 내용은 고려시대에 관한 설명이다.

2 O

서희의 외교담판은 거란의 제1차 침입 때 고려의 장수 서희가 거란장수 소손녕과 벌인 담판이다.

3 O

고구려는 신라를 도와준 후 신라 내정간섭을 강화하였다.

4 X

제시된 내용은 김규식에 관한 설명이다. 김구는 탁치 반대 국민 총동원 위원회를 조직하였다.

5 O

팔관회는 삼국시대에 시작되어 고려시대 국가행사로 치러진 종교행사이다.

6 X

제시된 내용은 효종에 관한 설명이다.

7 O

중종 때 풍기군수 주세붕에 의해 백운동 서원이 최초로 건립되었다.

8 X

육군특별지원병제는 국가 총동원법 시행 이전인 1938년 2월에 공포되었다.

9 X

백산에서 전봉준이 보국안민을 위해 궐기하라는 통문을 보낸 것은 1984년 3월의 일이다.

10 O

토지조사국은 1910년부터 1918년까지 존속하여 토지 조사 사업을 추진했다.

11 O

혼일강리역대국도지도는 1402년(태종 2)에 김사형, 이무, 이회 등이 만든 세계지도이다.

12 O

신문왕은 신라 제31대 왕이다.

13 O

발해가 고구려를 계승했다는 증거는 온돌 장치 외에도 연화무늬와당, 이불병좌상, 정혜공주묘, 모줄임천장 등이 있다.

14 X

지수신은 고구려로 망명하였다.

15 O

농광회사는 1904년에 설립되었다.

16 X

제시된 내용은 명종 때(1559년)의 일이다.

17 X

영단 주택은 1940년대 노동자의 주택난을 해결하기 위해 보급한 주거지다.

18 X

울산 정유 공장이 가동된 시기는 1964년이다.

19 O

동명왕편은 고려 후기에 이규보가 고구려 동명왕에 관해 쓴 장편 서사시다.

20 X

해동제국기는 1471년에 신숙주가 편찬한 일본에 관한 저서이다.

1 key word : 유물과 사회 모습

슴베찌르개가 사용되던 시기에 벼농사를 짓기 시작하였고 나무로 만든 농기구를 사용하였다. (O/X)

2 key word : 문화재

쌍봉사 철감선사탑은 선종의 영향을 받아 만들어졌다. (O/X)

3 key word : 서경

조위총이 정중부 등의 타도를 위해 서경에서 반란을 일으켰다. (O/X)

4 key word : 물산장려운동

물산장려운동은 조만식 등에 의해 평양에서 시작되어 전국으로 확산되었다. (O/X)

5 key word : 역사의 시기

신라가 안승을 고구려왕에 봉했던 시기는 677년이다. (O/X)

6 key word : 삼국시대의 정치제도

신라는 10정 군단을 바탕으로 영역을 확장하고 삼국통일을 이룩하였다. (O/X)

7 key word : 관직

대내상은 고구려의 최고 관등이다. (O/X)

8 key word : 문화재

덕수궁 석조전은 서양 고딕 양식의 건물이다. (O/X)

9 key word : 임원경제지

서유구는 임원경제지를 저술하였다. (O/X)

10 key word : 고려의 국가제사

태조 때에 환구단에서 풍년을 기원하는 제사를 올렸다. (O/X)

11 key word : 효종의 북벌론

효종은 북벌론을 이루기 위해 남한산성을 복구하고 어영청을 확대하였다. (O/X)

12 key word : 대한제국의 정책

대한제국 정부는 양전 사업을 시행하고자 양지아문을 설치하였다. (O/X)

13 key word : 의열단

의열단은 일부 구성원을 황푸군관학교에 보내 군사 훈련을 받도록 하였다. (O/X)

14 key word : 조선 후기 역사서

허목의 동사는 마한을 중시하고 삼국을 무통으로 보는 입장에서 우리 역사를 체계화하였다. (O/X)

15 key word : 역사적 사건

이순신이 명량에서 일본 수군을 격파한 시기는 1593년 2월이다. (O/X)

16 key word : 고려 전기의 문산계와 무산계

중앙 무반에게 무산계를 제수하였다. (O/X)

17 key word : 백범 김구

백범 김구는 평양에서 열린 남북 협상 회의에 참석하였다. (O/X)

18 key word : 한국 독립군

한국 독립군은 만주 지역에서 활동했던 한국독립당의 산하 조직이었다. (O/X)

19 key word : 한일신협약

한일신협약을 체결할 때, 일제는 대한제국 군대의 해산을 요구해 관철시켰다. (O/X)

20 key word : 7 · 4 남북공동성명

7 · 4 남북공동성명에는 남북조절위원회를 구성하기로 합의한 내용이 담겨 있다. (O/X)

✔ 정답과 해설

1 X
슴베찌르개는 구석기 후기에 사용하였다. 벼농사가 시작된 것은 청동기 시대다.

2 O
쌍봉사 철감선사탑은 통일신라시대 때 세워진 승탑이다.

3 O
서경은 고려시대 평양에 설치되었던 유수경(留守京)이다.

4 O
물산장려운동(1922)은 일제 강점기에 우리 민족이 펼친 경제 자립 운동이다.

5 X
신라가 안승을 고구려왕에 봉했던 시기는 674년이다.

6 X
지방군인 10정은 통일 신라 이후의 일이다.

7 X
고구려의 최고 관등은 대대로이다. 대내상은 발해의 정당성을 관장하는 관직이다.

8 X
덕수궁 석조전의 기둥 윗부분은 이오니아식, 실내는 로코코풍이다.

9 O
『임원경제지』는 홍만선의 『산림경제』를 토대로 한국과 중국의 저서 900여 종을 참고하여 엮어낸 백과전서다.

10 X
성종 때에 환구단에서 풍년을 기원하는 제사를 올렸다.

11 O
효종은 서울 근처의 방어기지인 남한산성을 보강했으며 내부 방어체계를 재정비했다.

12 O
대한제국 정부는 조세 수입원을 정확히 파악하고 더불어 조세 수입을 증대시키기 위한 목적으로 양지아문을 설치하여 양전 사업을 실시하였다.

13 O
의열단은 1919년 만주 지린성에서 조직된 항일 무력독립운동 단체이다.

14 X
제시된 내용은 안정복의 동사강목에 대한 설명이다.

15 X
이순신이 명량에서 일본 수군을 격파한 시기는 1597년 9월이다.

16 X
중앙 무반에게 문산계를 부여하였다.

17 O
김구는 1948년에 열린 남북 협상 회의에 참석하였다.

18 O
한국 독립군은 한국독립당의 당군으로 창립되었다.

19 O
이때 해산된 군인의 상당수는 일본군과 격전을 벌인 후 의병 부대에 합류하였다.

20 O
7·4 남북공동성명은 1972년에 이루어졌다.

1 key word : 고려의 문화

고려는 세계 최초로 금속활자를 발명하였다. (O/X)

2 key word : 조선 전기의 서적

본조편년강목은 조선 전기에 편찬되었다. (O/X)

3 key word : 통일신라시대의 경제제도

처음으로 백성들에게 정전을 지급한 시기는 신문왕 때이다. (O/X)

4 key word : 무신집권기 지방민과 천민의 동요

조위총은 백제 부흥을 위해 봉기하였다. (O/X)

5 key word : 역사적 사건

아관파천은 1896년에 일어났다. (O/X)

6 key word : 한일기본조약

한일기본조약에서 재일 교포의 법적 지위 및 대우에 관한 협정도 함께 체결되었다. (O/X)

7 key word : 고려시대의 경제생활

성종은 건원중보를 만들어 전국적으로 사용하게 하려 했으나 성공하지 못하였다. (O/X)

8 key word : 조선시대의 국방정책

영조 때 금위영을 발족시켜 5군영 제도가 성립되었다. (O/X)

9 key word : 구석기시대 사람들의 생활상

구석기시대 사람들은 대체로 동굴이나 바위그늘에서 생활하였다. (O/X)

10 key word : 통일신라

신라 중대 때는 주로 원성왕의 후손들이 즉위하면서 비교적 강력한 왕권을 행사하였다. (O/X)

11 key word : 6두품

최치원, 김운경, 최승우, 최언위는 모두 당나라의 빈공과에 급제한 후 귀국하였다. (O/X)

12 key word : 지청천

지청천은 한국 독립군을 이끌고 쌍성보 전투에서 일본군을 격파하였다. (O/X)

13 key word : 금나라

묘청 일파는 금나라 정벌을 주장하였다. (O/X)

14 key word : 역사의 시기

금강산 관광이 시작된 시기는 6·15 남북 공동 선언 이후다. (O/X)

15 key word : 조선시대의 대외관계

태조는 북방의 여진족을 몰아내고 4군 6진을 개척하였다. (O/X)

16 key word : 두 차례의 양요

어재연이 이끄는 조선군은 프랑스군을 상대로 승리를 거두었다. (O/X)

17 key word : 조선시대 신분제

유교의 적서구분에 의해 서얼에 대한 차별이 심했기 때문에 서얼은 관직에 진출하지 못하였다. (O/X)

18 key word : 근대 교육기관

경신학교는 고종의 교육 입국 조서에 따라 설립된 관립 학교이다. (O/X)

19 key word : 이황

이황은 기(氣)보다는 이(理)를 중시했고, 예안향약을 만들었다. (O/X)

20 key word : 대한민국의 민주화 여정

1990년대 대선결과에 따라 평화적 정권교체가 실현되었다. (O/X)

1 O

고종 때의 금속활자로 『상정고금예문』(1234)을 인쇄했다.

2 X

본조편년강목은 고려 후기에 편찬되었다. 조선 전기의 서적으로는 의방유취, 삼국사절요, 농사직설 등이 있다.

3 X

처음으로 백성들에게 정전을 지급한 시기는 성덕왕 때(722)이다.

4 X

백제 부흥을 위해 봉기한 것은 이연년의 난이다.

5 O

아관파천은 1896년 고종과 왕세자가 러시아 공관으로 임시 피신한 사건이다.

6 O

한일기본조약은 1965년 6월 22일 체결되었다.

7 O

건원중보는 고려 성종 때 주조된 한국 최초의 화폐이다.

8 X

숙종 8년(1682)에 금위영을 발족시켜 5군영 제도가 성립되었다.

9 O

구석기시대 사람들은 대체로 동굴이나 바위그늘에서 생활하였으며 불을 사용할 줄 알았다.

10 X

신라 중대 때는 무열왕의 직계 자손들이 즉위하면서 비교적 강력한 왕권을 행사하였다.

11 O

위의 인물들은 6두품 출신으로 모두 당나라의 빈공과에 급제하였다.

12 O

지청천은 한국 독립당 창당에 참여하였고 한국 독립군 총사령관을 지냈다.

13 O

금은 여진족이 건국한 중국의 왕조(1115~ 1234)이다.

14 X

금강산 관광 시작(1998년), 6 · 15 남북 공동 선언(2000년)

15 X

북방의 여진족을 몰아내고 4군 6진을 개척한 것은 세종 때이다.

16 X

어재연이 이끄는 조선군은 광성보와 갑곶 등에서 미군을 상대로 승리를 거두었다.

17 X

유교의 적서구분에 의해 서얼에 대한 차별이 있었으나 신분상승 운동으로 정조 때부터 서얼들을 관리로 등용하기 시작했다.

18 X

경신학교는 1886년에 미국 초대 선교사 언더우드가 서울에 설립한 중등과정의 사립학교이다.

19 O

이황은 이기이원론을 계승하여 기(氣)보다는 이(理)를 중시하였다.

20 O

대한민국의 제15대 대통령인 김대중은 헌정 사상 처음으로 대선결과에 따라 평화적인 정권교체를 실현하였다.

1 key word : 청동기시대의 유적과 유물
강화 부근리에서는 탁자식 고인돌이 발견되었다. (O/X)

2 key word : 동예
동예에서는 다른 부족의 영역을 침범하면 책화라 하여 노비나 소, 말로 변상하였다. (O/X)

3 key word : 고려 인종
고려 인종 때 서경파는 서경에 대화궁을 짓게 하고 칭제건원을 주장하였다. (O/X)

4 key word : 3·1 운동 이후
3·1 운동 이후 임병찬이 독립의군부를 조직하였다. (O/X)

5 key word : 조선 성종 때의 서적
『국조오례의』는 세종 때 편찬되기 시작하여 성종 때 완성되었다. (O/X)

6 key word : 전시과 체제
시정전시과는 산관이 지급 대상에서 제외되었으며 무반의 차별 대우가 개선되었다. (O/X)

7 key word : 역사의 시기
을미사변 이후 시전상인을 중심으로 황국중앙총상회가 조직되었다. (O/X)

8 key word : 발해 무왕
무왕 때 장문휴가 당의 등주를 공격하였다. (O/X)

9 key word : 한국인 부대
조선의용대는 한국독립당의 산하부대로 동경성 전투도 수행하였다. (O/X)

10 key word : 임란 이후 경제
임란 이후 신해통공이 반포되어 육의전의 금난전권이 폐지되었다. (O/X)

11 key word : 단군에 대한 인식
이규보의 「동명왕편」은 단군의 건국 과정을 다루고 있다. (O/X)

12 key word : 삼국유사
삼국유사는 불교 중심의 고대 민간 설화를 수록하였다. (O/X)

13 key word : 전주화약
전주화약 이후 남접군과 북접군이 논산에서 합류하여 연합군을 형성하였다. (O/X)

14 key word : 신라의 경제 상황
지증왕 때 백성에게 정전을 처음으로 지급하였다. (O/X)

15 key word : 우리나라 문화유산
부여 정림사지 5층 석탑에서는 백제 무왕의 왕후가 넣은 사리기가 발견되었다. (O/X)

16 key word : 서원
서원은 학문 연구와 선현의 제사를 위해 설립된 사설 교육기관이다. (O/X)

17 key word : 조약
강화도 조약에 이어 몇 달 뒤 체결된 조약은 조미수호통상조약이다. (O/X)

18 key word : 이조좌랑
이조좌랑은 삼사의 관리를 추천하는 권한이 있었다. (O/X)

19 key word : 유교구신론
유교구신론은 정인보가 저술하였다. (O/X)

20 key word : 역사의 시기
조선 건국 준비 위원회가 결성된 시기는 1948년이다. (O/X)

1 O

청동기시대에는 계급의 분화가 일어나 지배층의 무덤으로 고인돌이 제작되었다.

2 O

동예는 족외혼, 책화 등의 풍습이 있었다.

3 O

고려 인종 때 이자겸의 난과 서경천도운동이 발생했다.

4 X

3·1 운동(1919), 독립의군부 조직(1912)

5 O

『국조오례의』는 국가의 여러 행사에 필요한 의례를 정비한 의례서이다.

6 X

제시된 내용은 경전전시과에 대한 설명이다.

7 O

을미사변(1895), 황국중앙총상회(1898)

8 O

무왕은 장문휴로 하여금 당의 산둥반도 등주를 공격하게 하였다.

9 X

제시된 내용은 한국 독립군에 대한 설명이다.

10 X

신해통공(1791)은 정조 때 시행된 정책으로 육의전을 제외한 모든 시전에서의 금난전권을 폐지시켰다.

11 X

동명왕편은 고려 후기 이규보가 지은 한문 서사시로 고구려 동명왕(주몽)과 관련된 사실을 서술하고 있다.

12 O

삼국유사는 고려 후기 충렬왕 때 승려 일연이 저술하였다.

13 O

전주화약은 1894년 동학농민운동 당시 농민군이 전주를 점령하고 정부와 맺은 조약이다.

14 X

백성에게 정전을 처음으로 지급한 때는 성덕왕 때(722)이다.

15 X

부여 정림사지 5층 석탑이 아닌 익산 미륵사지 석탑에서 발견되었다.

16 O

조선 중종 때 풍기군수 주세붕이 건립한 백운동 서원이 우리나라 서원의 효시이다.

17 X

강화도 조약에 이어 몇 달 뒤 체결된 조약은 조일무역규칙(1876)이다. 조미수호통상조약은 1882년에 체결되었다.

18 O

이조좌랑은 비록 관직은 낮지만 삼사 관리 임명과 후임자 추천권을 가지고 있어 권한이 막강하였다.

19 X

유교구신론을 저술한 사람은 박은식이다. 박은식은 유교구신론을 통해 유교의 개량과 혁신을 주장하였다.

20 X

조선 건국 준비 위원회는 1945년에 결성되었다.

1 key word : 부여

부여에는 사출도라는 구역이 있었다. (O/X)

2 key word : 소수림왕

소수림왕은 태학을 설립하고 율령을 반포하였다. (O/X)

3 key word : 통일신라의 경제상황

통일신라시대에는 시비법과 이앙법 등의 발달로 농민층에서 광작이 성행하였다.

4 key word : 서적 편찬 시기

의방유취가 편찬된 시기는 조선 광해군 때이다. (O/X)

5 key word : 삼국시대 문화

사신도가 그려진 강서대묘는 돌무지무덤으로 축조되었다. (O/X)

6 key word : 고려 태조 왕건

태조 왕건은 혼인정책과 사성정책을 통해 호족을 포섭하였다. (O/X)

7 key word : 인물

요세는 원의 불교인 임제종을 들여와서 전파시켰다. (O/X)

8 key word : 조선 세종

세종은 사형의 판결에는 삼복법을 적용하였다. (O/X)

9 key word : 자장율사

자장율사는 대국통으로 있으면서 계율을 지키는 일에 힘을 보탰다. (O/X)

10 key word : 임진왜란

성혼의 『우계집』에는 임진왜란 당시의 상황이 묘사되어 있다.

11 key word : 정도전

정도전은 만권당에서 원의 학자들과 교류하였다. (O/X)

12 key word : 조약

임오군란 이후 양화진에 청국인 상점을 허용하는 조약이 체결되었다. (O/X)

13 key word : 대한제국의 정책

대한제국은 『독립신문』의 창간을 지원하였다. (O/X)

14 key word : 조선후기 서학

윤지충 사건을 계기로 하여 기해박해가 일어났다. (O/X)

15 key word : 대한민국 임시정부

대한민국 임시정부는 미군전략정보국(OSS) 지원 아래 국내 진공작전을 준비하였다. (O/X)

16 key word : 의열단

의열단은 한국독립당, 조선혁명당 등과 함께 민족혁명당을 결성하였다. (O/X)

17 key word : 지원병 제도

지원병 제도는 학생들도 모집 대상으로 삼았다.

18 key word : 흥선대원군

흥선대원군은 세도정치의 폐단을 개혁하기 위해 비변사를 철폐하고 삼군부의 기능을 약화시켰다. (O/X)

19 key word : 농지개혁법

농지개혁법에 따르면 정부로부터 농지를 분배받은 농민은 평년 생산량의 30%를 5년간 상환하여야 했다.

20 key word : 1960년대 파병

1960년대 베트남 파병은 한·미 상호방위원조협정을 체결하는 계기가 되었다. (O/X)

1 O

부여는 5부족 연맹체로 구성된 연맹 왕국으로 마가, 우가, 구가, 저가를 비롯한 제가 세력들이 사출도를 통치하였다.

2 O

소수림왕은 불교를 수용하고 율령 정비, 태학을 설립하여 중앙집권 체제를 마련하였다.

3 X

시비법과 이앙법의 발달로 광작이 성행한 시기는 조선 후기이다.

4 X

의방유취가 편찬된 시기는 세종 때(1445)이다.

5 X

강서대묘는 굴식돌방무덤으로 고구려 후기 무덤 양식이다. 고분 벽화가 그려질 수 있는 무덤은 굴식돌방무덤이다. 돌무지무덤은 고구려 초기 무덤 양식으로 장군총이 대표적이다.

6 O

태조 왕건은 호족 세력을 통합하여 왕권을 강화하고자 혼인 정책과 사성정책, 기인 제도, 사심관 제도를 실시했다.

7 X

제시된 내용은 보우에 대한 설명이다.

8 O

세종은 사형수에 대해 3심제를 적용하는 금부삼복법을 제정하였다.

9 O

선덕여왕은 자장을 대국통에 임명하여 모든 승려들의 규범에 관한 일을 주관하도록 위임하였다.

10 O

우계집에는 임진왜란 당시 수도 한양이 왜적에게 점령당하여 선조가 의주로 피난 간 이후의 상황이 나타나 있다.

11 X

제시된 내용은 이제현에 대한 설명이다.

12 O

임오군란 이후 조청상민수륙무역장정이 체결되었다.

13 X

독립신문은 독립협회가 창간했으며, 대한제국은 입헌군주제를 지향하는 독립협회를 해체하고자 하였다.

14 X

윤지충으로 인해 발생한 천주교 탄압 사건은 정조 때 일어난 신해박해(1791)이다.

15 O

대한민국 임시정부는 한국광복군을 조직해 연합군에 가담하여 대일 항쟁에 나섰고, 동시에 미국 정보기관인 OSS로부터 훈련을 받으며 국내 진공 작전을 준비하였다.

16 O

의열단은 1919년 김원봉이 조직하였으며 나석주, 김상옥 등을 중심으로 항일 무장 활동을 전개하였다.

17 O

일제는 1930년대 국가총동원법(1938)을 선포하였다. 이후 강제 징용과 징병, 공출제가 실시되었다.

18 X

홍선대원군은 비변사를 철폐하고 삼군부를 부활시켜 삼수병을 강화했다.

19 O

농지개혁법(1949)은 대한민국 정부 수립 이후 제정되었다.

20 X

한 · 미 상호방위원조협정은 1950년에 체결되었다.

1 key word : 고조선
고조선에서 진대법이 시행되었다. (O/X)

2 key word : 백제의 발전과정
지방에 22담로를 설치한 때는 근초고왕 때이다. (O/X)

3 key word : 가야
가야는 철기를 만들 때 사용하는 덩이쇠를 화폐와 같은 교환 수단으로 이용하기도 하였다. (O/X)

4 key word : 발해의 사회 모습
발해는 당, 신라, 거란, 일본 등과 무역하였는데, 대신라 무역의 비중이 가장 컸다. (O/X)

5 key word : 삼국의 사회 · 문화
백제의 승려 원측은 당나라에 가서 유식론을 발전시켰다. (O/X)

6 key word : 고려시대 군사제도
북방의 양계지역에는 주현군을 따로 설치하였다. (O/X)

7 key word : 고려 성종
성종은 연등회를 축소하고 팔관회를 폐지하여 국가적인 불교행사를 억제하였다. (O/X)

8 key word : 고려시대 불교계 동향
재조대장경은 고려 전기에 만들어졌던 대장경 판목이 거란의 침입으로 불타버렸기 때문에 무신집권기에 다시 만든 것이다. (O/X)

9 key word : 무신집권기
무신집권기에 최충의 9재 학당을 비롯한 사학 12도가 융성하였다. (O/X)

10 key word : 조선 태종 대의 주요 정책
조선 태종은 사섬서를 두어 지폐인 저화를 발행하였다. (O/X)

11 key word : 대동법
대동법이 실시되면서 왕실과 관청에서 필요한 수요품을 구해 납품하는 덕대가 등장하였다. (O/X)

12 key word : 조선 후기 실학자
정약용은 토지 소유의 균등한 분배를 추구하는 균전론을 주장하였다. (O/X)

13 key word : 의서
의방유취가 동의보감보다 먼저 편찬되었다. (O/X)

14 key word : 조선 후기 지도 편찬
대동여지도가 완성되자 나라의 기밀을 누설시킬 우려가 있다고 하여 판목은 압수 소각되었다. (O/X)

15 key word : 위정척사 운동
기정진 등 영남 유생들이 만인소를 올려 조선책략을 들여온 김홍집의 처벌을 요구하였다. (O/X)

16 key word : 미국
미국은 조미수호통상조약 체결 이후 운산 금광 채굴권을 차지하였다. (O/X)

17 key word : 한일신협약
한일신협약 이후 만국평화회의에 이상설 등이 파견되었다. (O/X)

18 key word : 일제강점기의 사건
물산장려운동은 3 · 1 운동 이후에 일어났다. (O/X)

19 key word : 4 · 19 혁명
4 · 19 혁명 이후 조봉암이 진보당을 결성하였다. (O/X)

20 key word : 유신헌법
유신헌법 이후 재야 인사들이 명동성당에 모여 '3 · 1 민주구국선언'을 발표하였다. (O/X)

1 X

진대법은 고구려 고국천왕 때 시행된 빈민 구휼 제도이다.

2 X

지방에 22담로를 설치한 때는 무령왕 때이다.

3 O

가야는 철 생산이 풍부하여 중계무역의 이익을 독점하였다.

4 X

발해의 대외 무역에 있어 가장 비중이 큰 나라는 당이었다.

5 X

원측은 7세기 신라의 승려이다.

6 X

북방의 군사적 요충지인 양계에는 병마사를 임명하고 그 특수성을 반영하여 주진군을 별도로 설치하였다.

7 O

성종은 유교 정치이념에 따라 유교 이외의 사상과 종교를 배제하고자 하였다.

8 X

초조대장경의 소실은 거란이 아닌 몽고의 침입으로 발생했다.

9 X

사학 12도가 융성한 때는 고려 문종 때이다.

10 O

조선 태종은 저화의 유통과 보급을 위해 사섬서를 설치하였다.

11 X

덕대는 조선 후기 광산을 경영하던 사람이다. 관청수요품 조달은 공인(어용상인)이 담당했다.

12 X

균전론을 주장한 사람은 유형원이다.

13 O

의방유취(1445), 동의보감(1610)

14 X

대동여지도는 목판본으로 제작되었고, 현재 그 일부는 남아 있다.

15 X

이만손, 홍재학 등이 만인소를 올렸다.

16 O

미국은 평안북도 운산 · 수안 금광 채굴권을 강탈했다.

17 X

한일신협약(정미 7조약)은 1907년에 체결되었으며, 헤이그 만국평화회의에 특사를 파견한 것은 정미조약 체결 이전이다.

18 O

물산장려운동(1923), 3 · 1 운동(1919)

19 X

4 · 19 혁명은 1960년대에 발생했다. 진보당 사건은 1958년에 있었던 일이다.

20 O

박정희 정권의 유신헌법 이후 유신 독재 체제를 반대하는 운동이 전국적으로 일어났다.

1 key word : 한국의 선사시대

신석기시대에는 제주 고산리나 양양 오산리 등에서 목책, 환호 등의 시설이 만들어졌다. (O/X)

2 key word : 삼국의 항쟁

백제는 고구려의 남하 정책에 대항하여 신라의 눌지왕과 동맹을 체결하였다. (O/X)

3 key word : 단양 적성비

단양 적성비는 신라 법흥왕 때 축조되었다. (O/X)

4 key word : 무열왕 김춘추

무열왕 때 갈문왕 제도가 사실상 폐지되고 상대등의 권한이 약화되었다. (O/X)

5 key word : 고대국가의 문화

신라의 돌무지덧널무덤은 고구려와 백제의 영향을 받았다. (O/X)

6 key word : 한국 고대국가의 경제

통일신라에는 녹비법, 퇴비법 등의 시비법이 발달하고 윤작법이 보급되어 생산력이 증가하였다. (O/X)

7 key word : 역사적 사건

왕건이 국호를 고려라 정하고 송악으로 천도하였던 시기는 935년이다.

8 key word : 고려시대의 토지 제도

성종 때 시정전시과가 실시되어 관품과 인품을 고려하여 전지와 시지를 지급하였다. (O/X)

9 key word : 고려시대의 역사적 사실

『삼국유사』는 1281년에 편찬되었다. (O/X)

10 key word : 고려 후기의 문화

고려 후기에는 단아하고 균형 잡힌 석등이 꾸준히 만들어졌으며 법주사 쌍사자 석등이 대표적인 작품이다. (O/X)

11 key word : 서적

1485년에 고조선부터 고려 말까지 역사를 정리한 『동국통감』이 간행되었다. (O/X)

12 key word : 조선 시대 호적

조선 시대의 호적은 3년에 한 번씩 관청에서 호주의 신고를 받아 작성하였다. (O/X)

13 key word : 조선 시대 정치 세력

남인 세력은 예송에서 왕의 예는 일반 사대부와 다르다고 주장하였다. (O/X)

14 key word : 조선 후기 영조

영조는 신문고 제도를 부활시켰다. (O/X)

15 key word : 동학농민운동

일본군이 청일전쟁을 일으킨 후 손병희의 북접 농민군과 전봉준의 남접 농민군이 충청도 논산에서 합류하였다. (O/X)

16 key word : 유길준

유길준은 1894년 제1차 갑오개혁 당시 군국기무처의 회의원으로 참여하였다. (O/X)

17 key word : 대한제국의 광무개혁

대한제국의 광무개혁 때 교육 입국 조서를 반포하고 교육 개혁을 추진하였다. (O/X)

18 key word : 한일의정서

한일의정서는 1904년 2월에 체결되었다. (O/X)

19 key word : 역사의 시기

1935년에 윤봉길이 상하이에서 폭탄을 던져 일본군 장성과 다수의 고관을 살상하였다.

20 key word : 사사오입 개헌

사사오입 개헌 이후 이승만 대통령이 반공 포로를 석방하였다. (O/X)

✔ 정답과 해설

1 X

목책이나 환호는 방어용 시설로 청동기 시대 이후에 만들어졌다.

2 O

고구려는 장수왕 대에 적극적인 남하 정책을 추진하였다. 이에 대항하여 백제와 신라는 나제동맹을 체결하였다.

3 X

단양 적성비는 신라 진흥왕 때 세워졌다.

4 O

갈문왕 제도 폐지와 상대등 권한 약화는 왕권 강화를 위한 조치였다.

5 X

신라의 돌무지덧널무덤은 신라 고유의 무덤 양식이다.

6 X

녹비법, 퇴비법 등의 시비법이 발달하고 윤작법이 보급되어 생산력이 증가한 시기는 고려 시대이다.

7 X

왕건이 국호를 고려라 정하고 송악으로 천도하였던 시기는 918년이다.

8 X

시정전시과는 경종 때 시행되었다.

9 O

『삼국유사』는 고려 충렬왕 때 편찬되었다.

10 X

법주사 쌍사자 석등은 통일신라 성덕왕 때 유물이다.

11 O

동국통감은 조선 성종 때 서거정이 작성한 역사서이다.

12 O

호적은 조세 수취의 근거 자료이다.

13 O

남인 세력은 효종의 왕위 정통성을 인정했다.

14 O

영조는 민생 안정을 위해 신문고 제도를 부활시켰다.

15 O

손병희의 북접 농민군과 전봉준의 남접 농민군은 논산에서 집결하여 일본군을 몰아내기 위해 서울로 진격하였다.

16 O

유길준은 조선 말기의 개화사상가다.

17 X

제2차 갑오개혁에 해당하는 내용이다.

18 O

한일의정서는 한반도의 주도권을 놓고 러시아와 일본이 러일전쟁을 치르는 과정에서 일본에 의해 체결된 협약이다.

19 X

상하이 훙커우 공원 의거는 1932년에 발생했다.

20 X

사사오입 개헌(1954), 반공 포로 석방(1953)

1 key word : 신라 진흥왕

신라 진흥왕 때 북한산 순수비가 건립되었다. (O/X)

2 key word : 고려 광종

광종은 노비안검법을 시행하였다. (O/X)

3 key word : 박은식

박은식은 일본의 침략상을 폭로하는 『한국통사』를 저술하였다. (O/X)

4 key word : 근우회

근우회는 1907년에 조직된 여성 단체이다. (O/X)

5 key word : 문화유산

아관파천 후 고종은 경희궁에 머물렀다. (O/X)

6 key word : 옥저

옥저에서는 민며느리를 받아들이는 읍군의 모습을 볼 수 있었다. (O/X)

7 key word : 조선 명종

명종 때 문정왕후가 수렴청정하며 불교를 옹호하였다. (O/X)

8 key word : 별무반

별무반은 거란족에 대처하기 위해 조직되었다. (O/X)

9 key word : 대가야

대가야는 호남 동부 지역까지 세력을 확장하였다. (O/X)

10 key word : 발해 왕의 재위 기간

발해 문왕 재위 기간에 통일 신라에서는 독서삼품과가 설치되었다. (O/X)

11 key word : 조선 후기 실학자

박지원은 『북학의』를 저술하였다. (O/X)

12 key word : 조선 세종

조선 세종 대에 정도전의 요동정벌이 추진됐다. (O/X)

13 key word : 통리기무아문

강화도 조약 체결 이후 개화 정책을 추진할 기구로 통리기무아문이 설치되었다. (O/X)

14 key word : 세계유산

한양도성은 세계유산으로 등재됐다. 〈2019년 12월 31일 기준〉 (O/X)

15 key word : 독립협회

독립협회는 국민 계몽을 위해 회보를 발간하고 만민공동회 등 대규모 집회를 열었다. (O/X)

16 key word : 이회영

이회영은 독립운동 단체인 경학사를 조직하였다. (O/X)

17 key word : 1960년대 3차 개헌

3차 개헌에는 민의원과 참의원으로 구성된 국회 조항이 있다. (O/X)

18 key word : 홍건적의 난 이후

홍건적의 난 이후 공민왕은 기철 일파를 제거하고 쌍성총관부의 관할 지역을 수복하였다. (O/X)

19 key word : 기사환국

기사환국 때 송시열과 김수항 등이 처형당하였다. (O/X)

20 key word : 사건의 시기

1948년에 여운형과 김규식은 좌우합작위원회를 조직하였다. (O/X)

1 O

진흥왕 때 단양 적성비와 4개의 순수비가 세워졌다.

2 O

광종은 왕권 강화를 위해 과거제와 노비안검법을 시행하였다.

3 O

박은식은 구한 말 역사학자이다.

4 X

근우회는 1927년에 조직된 여성 단체이다.

5 X

아관파천 후 고종이 머문 곳은 덕수궁이다.

6 O

옥저는 군장 국가였으며, 일종의 매매혼인 민며느리제 풍속이 있었다.

7 O

명종은 12세의 어린 나리로 왕위에 즉위했기 때문에 어머니인 문정왕후 윤씨가 수렴청정을 하였다.

8 X

별무반은 여진족에 대처하기 위해 조직되었다.

9 O

대가야가 대외로 세력을 확장하던 시기에는 전라북도 일부 지역까지 그 영향력을 행사하였다.

10 O

발해 문왕(737~797), 원성왕(785~798)때 독서삼품과가 설치되었다.

11 X

『북학의』를 저술한 사람은 박제가이다. 박지원은『과농소초』를 저술했다.

12 X

정도전의 요동정벌은 조선 태조 대의 일이다.

13 O

통리기무아문(1880)은 강화도 조약 체결 이후 개화 정책을 추진하기 위해 설치된 기구이다.

14 X

한양도성은 세계문화유산 등재 신청을 했지만 실현되지 않았다.

15 O

독립협회는 열강의 이권 침탈이 심화되자 서재필을 중심으로 설립되었다.

16 O

이회영은 일제강점기에 활동한 독립운동가다.

17 O

허정 과도 정부가 수립되면서 양원제와 내각책임제를 규정한 헌법 개정안을 통과시켰다.

18 X

제시된 내용은 공민왕의 반원자주개혁 정책으로 홍건적의 난 이전의 사건이다.

19 O

기사환국은 숙종과 희빈 장씨 사이의 아들 세자 책봉 문제를 둘러싸고 남인과 서인의 대립으로 발생한 사건이다.

20 X

여운형과 김규식이 좌우합작위원회를 조직한 시기는 1946년 7월이다.

1 key word : 신라의 고승 원효
원효는 대승기신론소를 저술했다. (O/X)

2 key word : 개헌
대통령 직선제, 국회양원제의 내용이 들어있는 개헌안은 발췌개헌안이다. (O/X)

3 key word : 박제가
박제가는 상공업을 육성하고 선박, 수레, 벽돌 등 발달된 청의 기술을 적극적으로 수용하자고 제안하였다. (O/X)

4 key word : 조선 후기 광업
조선 후기에는 정부의 통제 정책으로 잠채가 사라졌다. (O/X)

5 key word : 고려의 지방제도
양계 지역은 계수관이 관할하였다. (O/X)

6 key word : 고려의 무신 최충헌
최충헌은 교정도감을 설치하여 국정을 장악하는 한편 도방을 통해 군사적 기반을 강화하였다. (O/X)

7 key word : 시일야방성대곡
시일야방성대곡이 발표되는 계기가 된 사건은 을사늑약이다. (O/X)

8 key word : 고려 토지제도
개정전시과 체제에서 실직이 없는 산관은 토지 지급대상에서 제외되었다. (O/X)

9 key word : 조선 후기 정조
정조는 인재를 양성하기 위해 초계문신제를 시행하였다. (O/X)

10 key word : 향약집성방
향약집성방은 조선 성종 대에 편찬되었다. (O/X)

11 key word : 대동법
대동법이 실시된 뒤 현물 징수가 완전히 없어졌다. (O/X)

12 key word : 신석기 시대
신석기 시대에는 갈돌과 갈판 등 간석기를 사용하였다. (O/X)

13 key word : 부여
부여에서는 남에게 상처를 입힌 자는 곡식으로 갚게 했다. (O/X)

14 key word : 백남운
백남운은 〈조선사회경제사〉를 저술하였다. (O/X)

15 key word : 역사의 시기
신라가 건원이라는 독자적인 연호를 만든 때는 진흥왕 때이다. (O/X)

16 key word : 신라 신문왕
신문왕은 9주 5소경을 설치하였다. (O/X)

17 key word : 강화도 조약 체결 이후
강화도 조약 체결 이후 만동묘가 철폐되었다. (O/X)

18 key word : 조선시대 사건
계유정난은 무오사화 이전에 일어난 사건이다. (O/X)

19 key word : 폐정개혁안
폐정개혁안의 일부는 갑오개혁에 반영되었다. (O/X)

20 key word : 독립운동단체 결성 시기
의열단이 대한광복회보다 먼저 결성되었다. (O/X)

1 O

대승기신론소는 《대승기신론》에 대하여 원효가 주석한 책이다.

2 O

발췌개헌안(1952)은 이승만 정부 때 통과됐다.

3 O

박제가는 조선 후기 중상학파 실학자이다.

4 X

조선 후기에는 잠채가 성행하였다.

5 X

양계에는 병마사가 파견되었으며, 계수관은 3경, 4도호부, 8목의 수령을 지칭한다.

6 O

최충헌은 무신 집권자였던 이의민을 제거하고 정권을 잡은 인물이다.

7 O

시일야방성대곡은 1905년 《황성신문》에 실린 장지연의 논설로 을사늑약의 부당성을 비판했다.

8 X

개정전시과 체제에서 산관은 여전히 토지를 지급받았으며, 경정전시과에서 산관에 대한 토지 지급은 소멸되었다.

9 O

정조는 신진 관료나 하급 관료들을 대상으로 재교육을 하는 초계문신제를 시행하였다.

10 X

향약집성방은 조선 세종 대에 편찬되었다.

11 X

대동법이 시행되고 난 이후에도 별공과 진상은 여전히 남아 있어 농민들의 부담이 되었다.

12 O

갈돌과 갈판은 곡식을 갈아 음식을 먹는데 이용되었다.

13 X

제시된 내용은 고조선의 8조법에 해당한다.

14 O

백남운은 우리나라 경제사학 발전에 큰 기여를 했다.

15 X

신라가 건원이라는 독자적인 연호를 만든 때는 법흥왕 때이다.

16 O

신문왕은 9서당 10정의 군사체제를 정비하고, 지방을 9주 5소경으로 하여 행정 체제를 정비하였다.

17 X

만동묘 철폐는 흥선대원군이 왕권강화를 위해 서원철폐와 더불어 실시(1865)한 것으로 강화도 조약 체결 이전이다.

18 O

계유정난(1453), 무오사화(1498)

19 O

동학농민군의 개혁 요구안 일부는 갑오개혁에서 실현되었다.

20 X

대한광복회(1915), 의열단(1919)

1 key word : 고조선

고조선에는 영고라는 제천행사가 있었다. (O/X)

2 key word : 관산성 전투

백제 성왕 때 관산성 전투가 일어났다. (O/X)

3 key word : 신라 하대의 사회 모습

신라 하대에는 『계원필경』을 저술하는 6두품의 모습을 볼 수 있었다. (O/X)

4 key word : 발해

발해는 중앙에서 지방을 견제하기 위해 외사정을 파견하였다. (O/X)

5 key word : 삼별초

삼별초는 근거지를 옮기며 몽골에 저항하였다. (O/X)

6 key word : 지눌

지눌은 조계산에서 수선사를 개창하였다. (O/X)

7 key word : 고려 후기 충렬왕

충렬왕 때 정동행성이 설치되었다. (O/X)

8 key word : 시정전시과

시정전시과는 고려 목종 때 시행되었다. (O/X)

9 key word : 조선 후기 영조

영조는 속대전을 편찬하였다. (O/X)

10 key word : 율곡 이이

이이는 이(理)는 두루 통하고 기(氣)는 국한된다고 하였다. (O/X)

11 key word : 혼일강리역대국도 지도

혼일강리역대국도 지도는 조선 세종 대에 만들어졌다. (O/X)

12 key word : 흥선대원군

흥선대원군은 삼군부를 부활시켰다. (O/X)

13 key word : 갑오 2차 개혁

건양이라는 연호를 제정한 시기는 갑오 2차 개혁 이전이다. (O/X)

14 key word : 3·1 운동

3·1 운동은 대한민국 임시 정부 수립의 계기가 되었다. (O/X)

15 key word : 인물

문일평은 유교구신론을 발표하여 유교 개혁을 주장하였다. (O/X)

16 key word : 사건의 시기

대한독립군단이 자유시에서 참변을 당한 시기는 1938년이다. (O/X)

17 key word : 사건의 시기

안중근이 하얼빈에서 이토 히로부미를 저격한 시기는 1905년이다. (O/X)

18 key word : 남북 협상

김구와 김규식이 남북 협상을 제안하여 1948년 평양에서 회의가 개최되었다. (O/X)

19 key word : 7·7 선언

1971년에 민족자존과 통일 번영을 위한 특별선언(7·7 선언)이 발표되었다. (O/X)

20 key word : 1·4 후퇴

1·4 후퇴는 1951년 발생했다. (O/X)

1 X

영고는 부여의 제천행사이다.

2 O

관산성 전투는 554년에 관산성에서 백제와 신라가 싸워 백제가 대패한 전투이다.

3 O

『계원필경』은 최치원이 저술하였다.

4 X

외사정은 신라의 지방 세력 감찰기구이다.

5 O

삼별초는 개경 환도를 거부하고 이후 강화도에서 진도, 제주도로 이동하면서 대몽항쟁을 이어나갔다.

6 O

지눌은 수선사를 중심으로 신앙결사운동을 전개했다.

7 O

정동행성은 고려 후기에 원나라가 고려에 두었던 관청이다.

8 X

시정전시과는 고려 경종 때 시행되었다.

9 O

영조는 통치의 기틀을 마련하여 왕권을 강화하기 위해 〈속대전〉을 편찬하였다.

10 O

이이는 이통기국론을 주장하였다.

11 X

혼일강리역대국도 지도는 조선 태종 대에 제작되었다.

12 O

흥선대원군은 세도정치를 혁파하고 왕권을 강화하기 위해 삼군부를 부활시켰다.

13 X

을미개혁(1895) 때 건양이라는 연호를 제정하였다. 갑오 2차 개혁은 1894년에 있었다.

14 O

3·1 운동은 상하이 임시 정부 수립의 계기가 되었다.

15 X

유교구신론을 발표하여 유교 개혁을 주장한 사람은 박은식이다.

16 X

대한독립군단이 자유시에 참변을 당한 시기는 1921년이다.

17 X

안중근이 하얼빈에서 이토 히로부미를 저격한 시기는 1909년이다.

18 O

김구와 김규식은 남한만의 단독 총선거에 반대하면서 김일성과 남북협상을 진행했다.

19 X

7·7 선언이 발표된 시기는 1988년이다.

20 O

1·4 후퇴는 1951년 중공군의 공세에 따라 정부가 수도 서울에서 철수한 사건이다.

1 key word : 구석기 시대

구석기 시대에는 사냥이나 물고기잡이 등을 통해 식량을 얻었다. (O/X)

2 key word : 최충헌

최충헌은 봉사십조를 올려 사회개혁안을 제시하였다. (O/X)

3 key word : 조선 전기 문화

조선 전기에 유서(類書)로 불리는 백과사전이 널리 편찬되었다. (O/X)

4 key word : 동도서기론

동도서기론은 근대 문물 수용의 사상적 기반이 되었다. (O/X)

5 key word : 구제도감

구제도감은 고려 광종 대에 설치되었다. (O/X)

6 key word : 한성

고려 문종 대에 한성에 남경이 설치되었다. (O/X)

7 key word : 조선 후기 고종

고종 대에 군포에 대한 양반들의 면세특권이 폐지되었다. (O/X)

8 key word : 역사의 시기

고구려 멸망 이전에 신라가 매소성에서 당군을 격파하였다. (O/X)

9 key word : 제왕운기

제왕운기는 원 간섭기에 중국과 구별되는 우리 역사의 독자성을 강조하였다. (O/X)

10 key word : 광복 직후의 사회 현상

1945년 9월에 미곡수집제 폐지, 토지개혁 실시를 주장하는 대규모 시위가 일어났다. (O/X)

11 key word : 신라 진성여왕

최치원이 시무책 10여 조를 진성여왕에게 건의하였다. (O/X)

12 key word : 독도

독도가 대한민국의 영토임을 증명하는 자료로는 은주시청합기, 삼국접양지도 등이 있다. (O/X)

13 key word : 동아일보

동아일보는 『한글원본』을 만들었다. (O/X)

14 key word : 김유신

김유신은 황산벌에서 백제군을 물리쳤다. (O/X)

15 key word : 신분층

중인층에 해당하는 인물로는 정조 때 규장각 검서관으로 등용된 유득공, 박제가, 이덕무 등이 있다. (O/X)

16 key word : 인내천 사상

인내천 사상을 바탕으로 『동경대전』과 『용담유사』가 편찬되었다. (O/X)

17 key word : 우리나라 경제성장 과정

우리나라가 저금리, 저유가, 저달러의 3저 호황을 경험한 시기는 1960년대이다. (O/X)

18 key word : 치안유지법

치안유지법은 1925년에 제정되었으며, 1945년에 폐지되었다. (O/X)

19 key word : 향촌사회

조선 후기 수령은 경재소와 유향소를 연결하여 지방통치를 강화하였다. (O/X)

20 key word : 대일 선전 포고문 이후

대일 선전 포고문 발표 이후 「대한민국 건국 강령」이 제정되었다. (O/X)

1 ○

구석기 시대에는 무리를 지어 이동하며 사냥이나 물고기잡이, 채집 등을 통해 경제생활을 영위했다.

2 ○

최충헌은 무신 집권자였던 이의민을 제거하고 정권을 잡은 인물이다.

3 X

유서(類書)로 불리는 백과사전이 많이 편찬된 시기는 조선 후기이다.

4 ○

동도서기론은 온건개화파의 개화 사상을 지지하는 근거가 되었다.

5 X

구제도감은 고려 예종 때 설치되었다.

6 ○

고려 시대 남경은 3경(서경, 동경, 남경) 중 하나로 한성을 지칭한다.

7 ○

고종 대에 호포제가 시행되어 양반들에게도 군포를 징수하였다.

8 X

매소성 전투(675)는 고구려 멸망(668) 이후에 일어났다.

9 ○

제왕운기(1287)는 고려 충렬왕 대에 이승휴에 의해 편찬되었다.

10 X

미곡수집제 폐지, 토지개혁 실시를 주장하는 대규모 시위는 1946년 1월 이후에 발생하였다.

11 ○

최치원은 사회 문제를 해결하기 위한 방안으로 시무 10여 조를 진성여왕에게 건의하였다.

12 ○

독도가 우리 영토임을 증명하는 일본 측 문서로 은주시청합기, 삼국접양지도, 태정관 지령문 등이 있다.

13 X

『한글원본』은 조선일보가 만들었다. 동아일보는 브나로드 운동을 전개하였다.

14 ○

김유신은 황산벌에서 계백이 이끈 백제의 결사대를 물리치고 백제를 멸망시켰다.

15 X

유득공, 박제가, 이덕무 등은 서얼 출신이다.

16 ○

인내천 사상을 주장한 사람은 동학의 최제우이다.

17 X

우리나라가 3저 호황을 경험한 시기는 1980년대 후반이다.

18 ○

치안유지법은 1925년 일제가 사회주의 운동이 확산되는 것을 막기 위하여 제정한 법령이다.

19 X

수령이 경재소와 유향소를 연결하여 지방통치를 강화하려 한 것은 조선 전기 때 일이다.

20 X

대일 선전 포고문 발표(1941. 12), 대한민국 건국 강령 제정(1941. 11)

서원각이 취업을 찢었다!

봉투모의고사 찐!5회 횟수로 플렉스해 버렸지 뭐야 ~

지역농협 6급 봉투모의고사(직무능력평가)

서울교통공사 Seoul Metro 봉투모의고사(직업기초능력평가)

합격을 위한 준비
서원각 온라인강의

요점만 담은
알짜이론

믿고보는
교수진

www.sojungedu.co.kr

공 무 원	자 격 증	취 업	부사관/장교
9급공무원	건강운동관리사	NCS코레일	육군부사관
9급기술직	관광통역안내사	공사공단 전기일반	육해공군 국사(근현대사)
사회복지직	사회복지사 1급		공군장교 필기시험
운전직	사회조사분석사		
계리직	임상심리사 2급		
	텔레마케팅관리사		
	소방설비기사		